郑玄论丛

郑玄论丛

教育部人文社会科学重点研究基地山东师范大学齐鲁文化研究院
齐鲁文化传承与山东文化强省建设协同创新中心资助成果

耿天勤 著

北京联合出版公司

郑学研究的新收获（代序）
——耿天勤和他的郑学研究

赵　捷

自孔子删定六经、汉武帝时确立儒术独尊地位，儒家学说一直是中国古代传统文化的主导思想。而作为训解和阐述儒家经典的学问——经学，在两汉时就已发展到鼎盛时期。周予同先生在为皮锡瑞《经学历史》所写的出版《序言》中，把经学研究归纳为"西汉今文学、东汉古文学、宋学"三大派别，汉代就占了两大派，可见两汉经学发展之盛。学界历来都很重视对两汉经学及其代表人物生平思想的研究，整理出版了大量有价值的著作，但对集汉代经学之大成的郑玄却研究较少。山东师范大学历史与社会发展学院耿天勤教授多年来致力于此，曾发表有关论文多篇，并有郑玄《周礼注》点校、《郑玄志》、《郑玄研究资料汇编》等书出版。最近，《郑玄志》又修订再版，影响较大，得到好评，实在是可喜可贺。

要想了解郑玄在中国经学史上的地位及其贡献，必须要先弄清楚两汉经学的发展情况与今古文之争。秦始皇焚书和楚汉战争，使六经典籍毁坏殆尽。西汉初年搜求儒学经典，一种方法是靠故秦博士或官吏至汉初尚在者，如伏生、浮丘伯、叔孙通、张苍等人，凭记忆进行口头传授，将这种口授经文用当时通行的隶书记录下来，即为"今文经"，依此系统在社会上授受使用的经学就是今文经学。第二种是在民间还有一部分秘藏的典籍未被秦火、战争毁坏，这时候有的被识书者征求出来，有的为藏者主动献给官府。这些旧藏，是用过去的古文大篆写成的，由此被称为"古文经"；以古文经授受使用的经学，便叫古文经学。汉武帝时设立的五经博士，以至宣、元时期到东汉初年陆续分增的十四博士，都是今文博士。古文经书应该是在孝惠帝四年（前191）废除"挟书律"之后才敢于现世的。其陆续出现的主要有河间献王刘德搜求的先秦旧书，鲁恭王刘馀坏孔宅旧壁得到的汉前典籍，以及他人所秘藏的《礼古经》《左氏春秋》《古文尚书》《毛诗》等。西汉末年，刘歆痛斥今文说经的种种弊端，倡导古文经学，欲将其立于学官，遭到今文学派的激烈反对。孔子删定的六经，最原始的应该只有一个本子。今、古文经的差别从形式上看，也就是书写文字和来源渠道的不同。即使同为今文经或古文经，由于不同人的传抄授受，也会出现文字或内容上的差异。这本来是很正常的事情，那么只要用当时刘向、刘歆父子"校理秘书"的办法，来一次古籍整理，将每一种经书都统一出一个通行的本子来，问题也就解决了，断不会发生什么今古文之争。但事实并非这么简单，是深刻的社会政治原因导致了这次经学发展史上的大分野，造成了两汉经学的根本对立，其分歧论争贯穿于中国经学发展的全部历史，双方势如水火之不能相容。荀悦在《申鉴·时政篇》中说道："仲尼作经，本一而已，古今文不同，而皆自谓真本经。古今先师，义一而已，异家别说不同，而皆自谓古今。"[1] 原来今古文经两派的最大分歧不是在形式上，而是由于各自的立场观点不同，对经文进行了不同的理解和阐释，造成了"异家别说"。今文经说功利时务，注重社会政治，以董仲舒治《公羊春秋》为代表的今文经学，根据西汉初年社会政治的需要，发挥儒家学说，以其"微言大义"鼓吹天人合一，君权神授，天不变道

---

[1] ［汉］荀悦：《申鉴·时政篇》，民国二十五年（1936）上海中华书局据《汉魏丛书》校刊铅印本。

亦不变，完全符合汉武帝加强中央集权的要求，所以很快被立于学官，成为汉代的统治思想。古文经重于"名物训诂"，擅长对古代礼制及道德的说教，虽然它注重历史事实，比较真实可靠，但因为未去迎合官方的需要，长期不能设立博士获得认可。今文经学被立于学官，今文经学家享受着高官厚禄，发展到西汉末东汉初，他们的微言大义竟然和谶纬混杂起来，陷入了神学迷信。这些经师们为利禄所使，拘守家法，多专一经，甚至一经需几人才能凑合起来。经师日多，经说也越来越穿凿附会，空虚烦琐，竟至"一经说至百余万言"，"《尧典》篇目两字之说至十余万言"，"但说'曰若稽古'三万言"，①使从学者皓首不能穷经，引起了世人的强烈不满，今文经学走向衰落。古文经学追求"真道"、重视学术、尊重事实的长处逐渐被社会所认知，东汉时终于被立于学官，占据了经学的正统地位。

郑玄从学即不受门派的约束，兼及今、古，后来又师从经学大师马融学古文经学。他治经主张兼采众家，融会贯通，对西汉以来"今学守今学门户，古学守古学门户，今学以古学为变乱师法，古学以今学为党同妒真，相攻若仇，不想混合"②的今古文之争十分不满，从而立下了"但念述先圣之元意，思整百家之不齐"③的宏愿大志，终于使自己成了"括囊大典，网罗众家，删裁繁诬，刊改漏失"④的经学大师。郑玄在经学发展史上的主要贡献，就是打破今、古文经的师法家门，兼容今、古，遍注群经，对儒家经典进行了统一规范和精心的整理。他几乎注释了当时所有的经典，其注经原则虽然以古文为宗，但却兼采今文，择善而从，并能断以己意。他的经注使今、古文经融合为一，为天下儒生提供了一种内容统一、形式规范而又简约易读的经学范本。当时的儒

---

① 见《汉书·艺文志》注引及《汉书·儒林传》，中华书局1962年版。
② [清]皮锡瑞：《经学历史·经学中衰时代》，中华书局1959年版。
③ 《后汉书》卷35《郑玄列传》，中华书局1965年版。
④ 《后汉书》卷35《郑玄列传》，中华书局1965年版。

生久已为繁杂的经说和师法、家法所苦,"学徒劳而少功,后生疑而莫正"①。郑注一出,他们均为其精奥深刻、博大宏通所震撼,纷纷摈弃他注,翕然归郑,并称郑玄校理的经书为"郑学"。"经学至郑君一变","当时莫不仰望,称伊、洛以东,淮、汉以北,康成一人而已。咸言先儒多阙,郑氏道备"。②两汉今、古文经学长期纷争的局面结束了,郑学成了天下所宗的儒学,经学的发展又走向了统一。唐代颁行《五经正义》,郑玄的《毛诗传笺》《周礼注》《仪礼注》《礼记注》都被列入儒家经典的标准读本。宋代刊印《十三经注疏》,以上四种经注均被收入。在何晏《论语注》、唐玄宗御注《孝经》中,也兼采了部分郑说。虽然郑玄所注释的经典多已亡佚,但之后的《十三经注疏》却长期被作为封建统治者的官方教材,至今也是研究中国古代社会历史和学术文化发展的重要资料。郑玄经注流传下来的卓越成果,不知沾惠了历代多少学子。

两汉经学在今、古文论争中不断更新发展,并且达到了鼎盛时期。耿天勤教授正是将郑玄放在这一特定的历史背景下,从郑氏的经注入手,开始了认真刻苦的研究。他曾多年从事中国历史文献的教学和整理工作,有着深厚而扎实的功底。后来又几乎通读了郑玄传世的全部经注及有关著作,对其进行钩沉爬梳,去芜正缪,分门别类地做了大量卡片,逐步理顺了头绪,并产生了对某些问题的独特的看法。于是,陆续写出一些论文在报刊发表,主要有《论郑玄的学术成就》(《郑玄研究文集》,齐鲁书社1999年出版)、《郑玄遗迹觅踪》(《人文与自然》1999年第3期)、《郑玄的尚书学》(《历史文献研究》总第20辑,华中师范大学出版社2001年出版)、《中国古代杰出的文献学家郑玄》(《历史文献研究》总第25辑,华中师范大学出版社2006年出版)、《东汉经学大师郑玄》(《齐鲁晚报》2005年4月9日)、《郑学的产生与汉末经学

---

① 《后汉书》卷35《郑玄列传》,中华书局1965年版。
② [清]皮锡瑞:《经学历史·经学中衰时代》,中华书局1959年版。

的统一》(《历史文献研究》总第29辑，华东师范大学出版社2010年出版)、《郑玄注〈孝经〉考辨》(《古籍整理研究学刊》2010年第2期)。同时，他还在高密人文自然遗产保护促进会主办的刊物《高密人文自然遗产》刊物上发表研究郑玄的论文10多篇，如《郑玄经注及其文献学价值》(2008年第1期)、《中国古代伟大的经学教育家郑玄》(2009年第1期)、《东汉杰出的法律注解家郑玄》(2009年第3期)、《郑玄杂著略说》(2012年第1期)等，这些论文都有着一定的影响。

1993年，耿天勤教授参加了《齐文化丛书·郑玄集》的点校工作，认真校勘标点了郑玄的《周礼注》和《毛诗传笺》。后来，丛书编委会说因篇幅所限，将《毛诗传笺》删去。1997年齐鲁书社出书时，郑玄的经注只收了"三礼"注，实有遗憾。经学典籍本来就佶屈聱牙，深奥难读，再加上资料浩繁难找，许多学人把研究经学视为畏途。特别像现在的有些年轻人多急功近利，谁肯先坐十年八年冷板凳打下基础，再去到处翻找资料搞古籍整理及经学研究？这也是对经学及郑玄等某些经学家研究不够的一个客观原因。为方便查找，给学习、研究提供一套比较全面系统的资料，耿天勤教授经多年搜求，将积累的大量有关郑玄的资料汇集起来，进行认真的汰选和科学分类，编选出了一部《郑玄研究资料汇编》，2007年由山东文艺出版社出版。全书45.5万字，分《世系》《生平事迹》《著述》《弟子》《郑学及其传述》《遗址、遗存》《祀典、论赞、纪念》七章，另有《附录》，载《郑玄年谱书录》《历代郑学研究著作书目》《20世纪郑玄研究论文目录》等。其编选体例清晰明了，极便使用。其内容全面丰富、博采广收，除郑玄本人的著述基本未收外，对尔后至今有关的文献资料、文物考古资料、郑玄研究资料，如著作、评论、年谱、论文等均予以收录，为当前研究郑玄资料之集大成者。有些资料还极为珍贵，如郑玄后裔收藏的《郑氏族谱》，一向秘不示人。耿天勤教授曾多次到潍坊、高密等地图书馆访求，均无此谱。后来在郑玄故里镇政府和几位热心同志的帮助下，做了些工作才得以见到，遂收入此书，使其成为研究郑玄的重要资料。

《郑玄志》的编纂出版，是耿天勤教授郑玄研究的代表性成果。20世纪八九十年代，我国各省、地（市）、县（区）都先后编纂出版了一大批地方志书。这是社会主义文化建设中的大事，对存史、资政、教化都起到了重要的作用。但这批新编的地方志，时间上限一般都起始在1840年鸦片战争，那么各地古代的先贤圣哲、名家名人及其优秀的传统文化就不好安排，基本上都付诸阙如。为了弥补这一缺憾，山东省地方史志办公室曾多次组织有关专家学者策划讨论，专门成立了编纂诸子名家志的委员会，列出了山东历史上28位最为杰出的代表人物，为他们编志作传，以专体志书的形式将这一空白填补起来，《郑玄志》即是其中的一种。耿天勤教授对郑玄研究有成，编纂其志的任务便自然地落在了他的肩上。在原来已占有大量研究郑玄资料的基础上，耿天勤教授又进一步深读了《高密遗书》《郑氏佚书》《通德遗书所见录》等郑玄遗著的辑佚丛书，掌握了学术界对郑玄研究的基本状况，还先后多次到高密市、即墨市（今青岛市即墨区）、青州市、淄博市淄川区等地考察郑玄遗迹，激发了真情实感，又获得了第一手的资料。后经精心地考辨钩稽，翻陈出新，他写出了志书的初稿，于1999年通过了专家评审。根据专家的意见及建议，又经过了一年时间的增删修改，书稿质量进一步提高，2003年《郑玄志》由山东人民出版社出版。

郑玄治经，著述宏富，博大精深。要想通过二三十万字的志传就能将其全貌系统地反映出来，绝非易事。由于对郑玄生平事迹的熟练掌握，又抓住了郑氏治经的主要特点，耿天勤教授自有办法匠心独运，把《郑玄志》编好写好。他在书稿前先列《概述》，用极其精练的文字概说了郑玄的生平事迹及历史地位。后以《家世与生平》《经注、纬注和杂著》《学术成就》《思想》《郑学及其传述、研究》《遗迹、遗存、祀典》6篇23章安排全书内容，后又附录《郑玄列传》《郑玄别传》《纪念与颂扬郑玄诗、词、赋选辑》等。有些问题正文不好展开深讲细述，在有关文章之后再加附录，如《生平》篇后附《郑玄生平大事系年》《郑玄家世生平考略》《郑玄弟子名录》，《经注、纬注和杂著》篇后附《郑玄著述表》，《郑学及其传述、研究》篇后附《历代郑学研究著作书目》《20世纪八九十年代郑学研究论文目录》，等等。这不但有助于郑玄研究中一些疑难问题的解决，提高了志书的学术性，又使其书眉目清楚，详略得当，方便使用。书中表列郑玄著述84种，其中，今存5种，已佚34种，有辑本45种。可定为郑玄著作者74种，伪托7种，存疑3种，并对今存的"三礼"注及《毛诗传笺》进行了重点评价。郑玄注经的方法以及郑注的特点、价值是研究郑玄学术成就的重点，书中不惜笔墨，分别在几个篇章从不同的角度深入探讨，从正音校字、注释名物、解释经义、阐发己意等几个方面层层展开，总结出郑注的特点及其价值。这使读者更加明白，正因为郑玄能兼融今、古，以经说经，其注经释义又简约精要，全面系统，所以才能使郑注具有权威性，取代他注，使经学发展结束论争，走向了统一。书中对郑玄在校勘、训诂、教育、法律、自然科学等方面的成就也作了专门论述，有些细节也不肯放过。如作者在郑注中发现郑玄强调教育学生要用"心解"的办法，说"思而得之则深"，"学不心解则忘之易"。[①] 书中把它和孔子的启发式教学联系起来加以评说，认为至今还是行之有效的教育方式。志书编写有一定的格式和体例，其内容取材要真实可靠，立场观点要平稳公正，它的全面系统及其权威性也是不容质疑的，我看《郑玄志》的编写就完全符合这些要求，它不仅是可以存史、资政的规范志书，也是学习了解郑玄及其经注的通行读本，还是一部能提供研究参考使用的学术专著。

最近几年，他仍笔耕不辍，日以继夜，用了5年的时间，完成了郑玄全部遗著的整理点校，编辑成《郑玄遗著全集》，包括郑玄今存四部经注、清代关于郑玄遗著的三种辑佚丛书、郑玄的纬书注辑佚和能收

[①]《礼记正义》卷36《学记注》，载《十三经注疏》，中华书局1980年影印本。

集到的郑玄年谱等，达200多万字。此外，他还应山东大学儒学研究院之邀，撰写了《郑玄》这一普及读物，为《儒学小丛书》之一种，将由人民出版社出版。

耿天勤教授不仅做学问执着认真，勤奋刻苦，其为人处世也忠厚老实，与人为善。我和他的交往已有多年，20世纪70年代末我到山东师大读研的时候，他已经从东北某矿山调来教书。交谈起来，知道他和我同是1962年考入大学，他学的是中文，我学的是历史；他毕业分配到矿山，我毕业分配到农村。不过现在的身份变了，他是教师，我是学生。但他却没有一点好为人师的架子，经常和我一起到指导教师那里听课，还共同参加编写过历史文选课讲义。学校招我读研，本来是要培养留校教历史文选的，但我在毕业之后却进了出版社，这懒汉子干不了好汉子又不愿干的文选教学，就由他担当起来。但后来听说他竟干得有声有色，颇得好评。

2000年还是2001年的时候，他将自己所写的一部《四部名著述要》书稿交由我所在的出版社出版，但我社系小本经营，索要补贴。我帮不上忙，心怀歉疚，好长时间没有缓过劲来，幸亏有济南出版社给安排出版。还有一件事情更觉得对不起他，20世纪八九十年代由我参与组约同意接受出版的《郝懿行遗书》，里面的重要部分《晒书堂集》是耿天勤教授点校的，因为经费问题拖至今日没有付印。我为此苦恼多年，退休时还作为遗留问题向领导专门嘱托。听说最近有望安排出版，我真是比他自己还痴心地翘首以待。2009年4月，全国第19届书博会在济南举办。会前听说山东人民出版社又将《齐鲁诸子名家志》修订再版，还要在书博会上搞新闻发布，我专程赶到东郊书市现场，见耿天勤教授撰写的《郑玄志》也位列其中。这批再版的诸子名家志均为16开精装，印刷设计最为华美，洋洋大观，赏心悦目，成为书博会上的一大亮点。我为此高兴了好几天，想必天勤老兄，也会如此吧！

（原载《高密人文自然遗产》2010年第1期，总第11期。）

目 录

东汉经学大师郑玄 \ 1

中国古代杰出的文献学家郑玄 \ 15

中国古代伟大的经学教育家郑玄 \ 35

东汉杰出的法律注解家郑玄 \ 47

论郑玄的学术成就 \ 53

郑学的产生与汉末经学的统一 \ 63

郑玄今存四部经注 \ 77

郑玄的《六艺论》\ 85

郑玄的《尚书》学 \ 97

郑玄注《孝经》考辨 \ 113

郑玄散佚经注及辑佚 \ 125

郑玄杂著略说 \ 137

郑玄的纬书注 \ 155

郑玄与何休的论战 \ 163

郑玄《驳许慎五经异义》\ 169

论郑玄的政治思想及其成因 \ 175

郑玄在自然科学方面的成就\185

郑玄遗迹觅踪\197

《郑志》与《郑记》\203

辑郑玄遗著的丛书\209

张舜徽先生对郑玄和"郑学"研究的成就\219

后　记\233

东汉经学大师郑玄

郑玄（127—200），字康成，东汉北海国高密县（今山东省高密市）人，汉代集经学之大成的经学大师、杰出的文献学家和教育家。

一、庙古坟荒，郑公祠里祀大儒

从高密市城区乘车沿公路向西行 20 公里，就到达双羊镇，在镇西约 5 公里有一后店村，村西头有一长方形墓园，园内松柏常青，花草茂盛。这里有一代经学大师郑玄的墓和纪念他的郑公祠。

郑公祠坐落在墓园中部，为青石黑砖结构，南向，长 9.6 米，宽 5.7 米，高 8.1 米。从地面到祠宇门口筑有台阶，台高 5.5 米，22 级。台上建殿 3 间，起脊成坡状，黑瓦封顶，门窗上拱下方，相映成趣。

郑公祠始建于何时，史无记载。相传为东汉末年初建。唐代史承节撰《后汉大司农郑公之碑》，铭文有"云愁庙古，月暗坟荒"之句，据此推断，唐前有祠无疑。唐贞观年间，列郑玄于二十二"先师"之列，配享孔庙，在其墓旁建祠，是祭祀的需要。此后，历代从祀，宋代曾封为高密伯。明代还曾改祀于乡，祀必有祠。元代于钦《齐乘》卷 5 云："郑康成祠墓，胶州高密县西北五十里刘宗山下，山产磨石，古砺阜也。"① 这是元代有郑公祠之明证。

郑公祠于唐、金、元、清、民国皆曾重修。今祠之东侧有金承安五年（1200）重修郑公祠碑，白色大理石，高1.2米，宽0.6米，碑额篆刻"大金重修郑公祠碑记"。据清乾隆十九年（1754）《高密县志·杂稽》记载，清雍正九年，郑氏裔孙山东布政使郑禅宝重修祠、墓，置祭田20亩，邑人单伦又捐田10亩。今祠之西侧有清乾隆六十年（1795）重修郑公祠碑，青石料，高1.2米，宽0.6米，碑文以隶书镌刻。民国年间所修郑公祠内有郑玄、郑益恩、郑小同三座塑像，1953年捣毁。1988年，高密县成立修复郑公祠筹备委员会，对郑公祠进行修葺，重塑一座郑公像。2004年，潍坊市文化局又重塑郑玄、郑益恩、郑小同三座像。今祠有黑漆木门两扇，上书一联：文章凭人论，经学赖公传。门上横额题"郑公祠"。祠内西墙镶刻明弘治七年（1494）高密知县刘凤仪七律一首，名《谒郑公祠墓有感》，有"拜瞻遗像读残碑，人物文章百世师"句。祠前有古柏1株，仅存枯干，久而不朽，老干盘曲，状若虬龙，相传为郑玄弟子所植。

郑玄墓在郑公祠北约10米，墓前有清乾隆十四年（1749）高密知县钱廷熊所立碑，上书"汉郑康成先生之墓"。墓西竖有山东省人民政府1992年6月公布的"山东省重点文物保护单位"标志。郑玄墓西北里许，有其子益恩墓，再西北里许系其八世祖郑崇墓。郑公祠西10米处，有其孙小同墓，封土已无。

据文献记载，郑玄晚年为袁绍所逼，被迫随军，病逝于元城（今河北大名县），初葬剧东。关于剧东旧葬地，于钦《齐乘》卷5云："剧东旧葬地，即今益都府东五十里郑墓店是也。因高密有郑公乡，土人讹为郑母云。"②《山东通志·古迹》载："益都县，郑康成旧葬处，在县东

---

① ［元］于钦：《齐乘》卷5《古迹》，明嘉靖四十三年（1564）刻本。
② ［元］于钦：《齐乘》卷5《古迹》，明嘉靖四十三年（1564）刻本。

四十里郑墓店。袁绍屯官渡，逼康成随军，不得已，载病至元城，卒，葬于剧东，即今郑墓店也。"①郑墓店，后讹为郑母店，即今青州市郑母镇。此处古称剧东，是因汉初设剧侯国，治所在今昌乐县西，东汉改为剧县，而郑玄旧葬地在剧县东部，故称。剧东郑玄墓后坏，才归葬高密。《太平寰宇记》卷24引《高士传》曰："袁绍屯兵官渡，请玄随营，不得已，带病至元城，病笃，卒，葬于剧东。后以墓坏，归葬之砺阜，郡守以下缞绖者千余人。"②郑玄墓北有砺阜山，故称。

二、志于经学，遍访名师事马融

郑玄生于东汉顺帝永建二年（127）。郑氏的先世在西汉时是高密大族，士家豪族。郑玄的九世祖郑宾明法令，曾为御史，在汉元帝时与御史大夫贡禹共事，有公直的名声。其八世祖郑崇在汉哀帝时任尚书仆射，一度受到皇帝的信任，但因正直敢谏，被奸佞诬陷，冤死狱中。后家境衰落。到郑玄父亲这一代，生活贫困，以致不能供郑玄完成学业。

郑玄承先祖遗风，少年时代即志向远大，勤奋好学。他天资聪明，热爱读书，喜欢历数，八九岁就粗通算术，能下算乘除。他不入流俗，不慕虚荣。12岁那年，他随母亲到外祖母家，适逢腊月祭典，在座10多人都穿着漂亮的衣服，非常讲究修饰，夸夸其谈，但郑玄对此不感兴趣，漠然置之。母亲私下督责他，他竟说："此非我志，不在所愿。"③

郑玄尤其喜欢阅读儒家经书，13岁时已经能诵读《诗经》《尚书》《周易》《仪礼》《春秋》等五经。他兴趣广泛，爱好天文，对当时流行的占候、风角、隐术等五行占验之术也很有研究。东汉统治者崇尚灾异、

---

① 《山东通志》卷9《古迹》，载《四库全书·史部十一》，中国台北商务印书馆1983年影印《四库全书》文渊阁本。
② 《太平寰宇记》卷24《高士传》，商务印书馆1935年"丛书集成初编"本。
③ 《后汉书》卷35《郑玄列传》李贤注引《郑玄别传》，中华书局1965年版。

符瑞说,地方官常上报"符瑞"以歌功颂德。在郑玄16岁那年,高密县有人献上一株嘉禾和一株嘉瓜,十分罕见,但县里写表文时总也写不好。郑玄能写一手好文章,就为之改作,并著《嘉禾颂》《嘉瓜颂》各1篇,县吏大加赞赏,竟引起轰动,人称他为"神童"。还有这样一则传闻:郑玄17岁时,有一天正在家读书,忽然刮起大风,他立刻跑到县府报告,说据他推测,某时将发生火灾,宜做准备。到时果然应验,由于早有准备,没有造成大灾,于是郑玄能预测吉凶的传闻不胫而走,被人们视为"异人"。这事好像很神秘,其实和郑玄熟知天文有关。

郑玄虽然志于经学研究,并已有一定的造诣,但由于家境贫困,不允许他继续攻读。在18岁那年,他被迫中断学业,当了一名乡啬夫,即掌管听讼狱、收赋税的乡吏,后来又改任乡佐。他虽然担任乡吏,但是并不想放弃攻读经学的志愿,所以每逢休假,就到学官那里读经,向老师请教。县里对他这种贫而好学的精神给予赞美,而他父亲却表示反对,多次愤怒地训斥他,但他读经的志向不能移,仍坚持利用一切空闲时间进学修业。到21岁时,他已经成为一个"博极群书,精历数图纬之言,兼精算术"[①]的年轻学者了。

在郑玄为乡吏时,名士杜密调任北海相。杜密到高密县巡视时,见到郑玄,经过交谈,认为郑玄是一个不可多得的可造之才,非常器重他。为解决郑玄家贫无力求学的困难,杜密在北海给他安排了职务,以吏俸资助他完成学业,送他进入太学。从此,郑玄结束了三年的乡吏生涯,踏上了游学的征途。

郑玄先师从今文经学博士第五元先,跟他学习了《京氏易》《公羊春秋》两部今文经,还学习了《三统历》和《九章算术》等天文历算典籍;又跟古文经学家张恭祖学习了《周官》《礼记》《左氏春秋》《韩诗》

---

① [南朝·宋]刘义庆:《世说新语·文学》刘孝标注引《郑玄别传》,上海古籍出版社1982年版。

《古文尚书》。这一时期，他还往来于河北、山西、山东、河南之间，遍访名儒，执经问难，虚心求教。经过10余年的游学，郑玄已经成为一个有较深造诣的经学家。他自以为中原地区再无值得问学之人，于是西入长安，就教于马融。

马融字季长，博通经籍，是东汉著名的古文经学家。郑玄通过故友卢植，投于马融门下。其时马融门徒有400人，能登堂入室并被马融亲自教授的仅50人，弟子依次相传，所以郑玄在马融门下，3年未能见到他的面，只能听他的高足弟子传授。但郑玄并不因此放松学习，他在附近自建简易庐舍，日夜寻诵，毫无怠倦。有一次，马融召集他的高足弟子考论图纬，在演算浑天问题时，诸弟子没有人能解出这些疑难问题。有人说，郑玄擅长算术，或许能解。于是马融便把郑玄召到楼上，让他计算当时提出来的有关"剖裂"的7个问题。所谓"剖裂"者，即指勾股割圆法。郑玄运用学过的《九章算术》中的数学知识进行演算，很快就解答了5个，卢植也解答了3个。这使马融和他的高足弟子惊叹不已。马融还对卢植说："吾与汝皆弗如也！"①

马融召见郑玄以后，郑玄有了见马融的机会，便把平时读经时遇到的疑难问题拿来请教。马融授郑玄《费氏易》《周官经》。到郑玄40岁时，他已在马融门下7年，他"自篇籍之奥，无不精研"②，遂精通儒家经典。于是，郑玄以归养双亲为名，告辞马融。临别，马融拉着他的手说："大道东矣！子勉之。"③郑玄走后，马融又叹息着对诸弟子说："郑生今去，吾道东矣！"④郑玄在归途中继续游学，无论是在位的通人，还是隐居的大儒，都向他们请教，使他的经学研究又深入了一步。

---

① ［南朝·宋］刘义庆：《世说新语·文学》刘孝标注引《郑玄别传》，上海古籍出版社1982年版。

② ［晋］袁宏：《后汉纪》卷29，天津古籍出版社1987年版。

③ ［南朝·宋］刘义庆：《世说新语·文学》刘孝标注引《郑玄别传》，上海古籍出版社1982年版。

④ 《后汉书》卷35《郑玄列传》李贤注引《郑玄别传》，中华书局1965年版。

三、客耕讲学，遍注群经称"经神"

郑玄在外游学将近20年，当他回到阔别多年的故乡时，已是一位精通今、古文经的经学家，很多儒生慕名而来，投奔到他的门下，拜他为师。但他的家境依然贫困，不具备讲学条件。于是他"假田播植"，即向富家借田，令群弟耕种，以养双亲；又"客耕东莱"，即客居东莱，一面种田维持生活，一面收徒讲学。郑玄客耕之地在即墨东南20公里的不其山下，即今青岛市城阳区惜福镇书院村。不其山属崂山山脉，风景秀丽，环境幽静，是读书的好地方。郑玄带领诸弟子在那里建起房舍，边耕边读，其弟子最多时将近千人，崔琰、公孙方等都曾在这里就学。相传那里有一种草，长尺余，似薤，坚韧异常，人称"郑公书带草"。后来，由于粮食匮乏，只好遣散诸弟子，崔琰、王经等弟子就是在这时挥泪离开郑玄的。

凭借郑玄的学问和声誉，本来可以被推荐到朝廷去担任官职的，但不久发生的"党锢之祸"，对郑玄一生产生了重大影响。东汉后期，政治腐败，宦官和外戚两大集团的内部斗争，造成了极端的黑暗局面。他们制造的两次"党锢之祸"，使文人儒生多陷牢狱，海内涂炭，民不聊生。在第二次"党锢之祸"中，逮捕囚禁"党人"六七百人，"党人"的门生、故吏、父子、兄弟，一律禁锢。所谓"禁锢"，就是下令不准做官。郑玄因是杜密的故吏，也受到牵连，在灵帝建宁四年（171），与同郡孙嵩等40余人俱被禁锢。

郑玄被禁锢后，闭门不出，隐修经业，以全部精力授徒讲学，注释群经。在被禁锢的14年间，他先注《周礼》，再注《礼记》，后注《仪礼》，完成了对儒家经书"三礼"的注释。他还撰写了《六艺论》《答临硕难礼》等论著。

中平元年（184），统治者害怕"党人"与张角合谋，造成不可挽救的局面，于是下令解除党禁，大赦"党人"，郑玄也从禁锢中解脱出来。此时的郑玄已是著名的经学大师，为广大儒生所仰慕，有很高的声誉，所以当权者接连不断地征辟他。面对从政的机遇，他却采取回避的态度，始终保持"名士"的节操，屡次拒绝征辟。中平三年（186），大将军何进征辟，郑玄称病不到，但被地方官胁迫，不得已前往。他拒穿朝服，头戴幅巾、身穿缝掖相见，只隔了一夜，就逃离了。中平四年（187），三司府曾先后两次征辟，他都没去。中平五年（188），朝廷诏郑玄和荀爽、陈纪、韩融等人为博士，他称病不到。中平六年（189）四月，太傅袁隗表郑玄为侍中，郑玄以父丧不赴。九月，董卓入洛阳，废少帝，立献帝，备礼召郑玄，他未应召起程。不久，董卓迁都长安，公卿们又举郑玄为赵王相，他以黄巾阻断道路为由，未去就职。建安二年（197），大将军袁绍遣使请郑玄至邺（今河北临漳县），大会宾客。宾客提出许多疑难问题，郑玄一一作答，莫不叹服。袁绍举郑玄为茂才，表为左中郎将，他都谢绝了。建安三年（198），献帝以公车征郑玄为大司农，赐安车一辆，让所过之处长吏迎送。郑玄在家拜受后，乘车至许昌，又因病请求回归故里。后人称郑玄为"郑司农"，盖由于此，但他实未就职。

  郑玄多次拒绝当政者的征辟，虽与当时的名士、节操有一定的关系，但更重要的是，他早已抱定"述先圣之元意，思整百家之不齐"[①]的志向，志在学问而不在政治，于是继续授徒和注经。他曾再入不其山，又到嵩山（在今淄博市淄川区，那里有郑公书院）授徒讲学，完成了《古文尚书注》《毛诗传笺》《论语注》，并撰写了《毛诗谱》《仲尼弟子目录》。献帝初平二年（191），黄巾军攻占青州，郑玄避难徐州，他到南城山（在今山东平邑县境内），在一个石室内注释《孝经》。晚年，袁绍逼郑玄随军，来到元城（今河北省大名县），他又注释《周易》。他还曾注《春秋左氏传》，一次路遇服虔，先并不认识，当他得知服虔也

---

① 《后汉书》卷35《郑玄列传》李贤注引《郑玄别传》，中华书局1965年版。

在注《春秋左氏传》，且观点与己多相同时，就把未完稿送给了服虔，助服虔完成了《春秋左氏传注》。他还有《尚书大传注》《孟子注》等。

东汉末年，今、古文经学严重对立，互相攻击。特别是今文经学，长期立于学官，靠官方势力，继续维持其经学的垄断地位，极力压制、排挤古文经学的发展。当时有一位今文经学家，名叫何休，精心研究今文经，尤其好《春秋公羊传》，以17年的时间撰成《春秋公羊解诂》一书，系统地阐发《春秋》中的"微言大义"。为伸《公羊传》而驳《左氏传》《穀梁传》，他又著《公羊墨守》《左氏膏肓》《穀梁废疾》三书，意思是：《公羊传》义理深远，不可驳难，如墨子之守城，而《左氏传》和《穀梁传》义理乖谬，背《春秋》之旨，问题很多，病入膏肓，已成废疾，不可救药。何休以《公羊》学为武器，通过对《左氏传》《穀梁传》的驳斥，以吹嘘今文经学，排斥古文经学。郑玄看到何休的著作后，著《发墨守》《箴膏肓》《释废疾》，对何休的《公羊》学义理进行批驳，对何休曲解《左氏传》《穀梁传》的条目逐一进行争辩。他引经据典，摆事实，讲道理，使何休无可再辩。何休感叹地说："康成入吾室，操吾矛，以伐我乎！"①郑玄的著作连论敌都口服心服，这使广大经生无不为之感叹，于是"求学者不远千里，赢粮而至，如细流之赴巨海，京师谓康成为'经神'，何休为'学海'"②。

四、创立"郑学"，两汉经学归一统

郑玄注经，首先对经书进行整理。儒家典籍经秦始皇焚烧后，至汉复传，因书写所用的文字不同而分为今文经、古文经。靠老儒生的记忆，背诵而传出的，并且用汉代通行的文字隶书记录下来的，称为"今

---

① 《后汉书》卷35《郑玄列传》李贤注引《郑玄别传》，中华书局1965年版。
② ［晋］王嘉：《拾遗记》卷1，中华书局1981年版。

文经"；私人收藏与孔壁发现的，用战国时期的籀文写成的，称为"古文经"。汉代，今文经立于学官，有五经十四博士，而古文经只在民间流传。经过100多年的传授和多次传抄，至东汉末年，当时的今文经和古文经，不仅字体不同，而且内容也不一致，必须首先进行整理，才能进行注释。郑玄既学今文经，又学古文经，所以对今、古文经都非常熟悉。他针对东汉末年今、古文经的实际情况，做了许多耐心而细致的工作。他既对错简伪文认真审辨，又取今、古文异本仔细校勘，并且还将古文篇目次第的不同编排彼此互校，选择比较合理的肯定下来，然后再进行注释工作。

郑玄注经，兼采今、古文。从注"三礼"来看，他先注《周礼》，《周礼》是古文经，但有今书、故书的不同。他注《周礼》是以故书为主，对今书是择善而从。《仪礼》有今、古文之别，他本习《小戴礼》，是今文经，后以古文经校之，取其义长者，故今本郑注《仪礼》是混合今、古文经而成的。书中采今文经而于注内存古文经之异文，采古文经而于注内存今文经之异文。至于《礼记》，乃杂糅今、古文经而成，也有今、古文经异文的问题，郑玄或从今，或从古，在注中存其异文。他注《尚书》，用的是古文本。经文用杜林所传漆书古文本，又涉猎了《逸书》，并兼采大夏侯、小夏侯和欧阳氏三家今文经。他注《诗》，是对《毛诗》作笺。《毛诗》是古文经，他又兼采齐、鲁、韩三家今文经。他注《论语》，以《张侯论》为底本，而《张侯论》是张禹以《鲁论语》为基础、兼采《齐论语》而成，属今文经，当时极为盛行。郑玄又以《古论语》校之，于注中存异文。郑玄注《易》，采用《费氏易》，是古文经，他又兼采施、孟、梁丘、京氏四家今文经。

郑玄注经，其经文兼采今、古文，其注文也形成了自己的特点。第一，不拘门户之见。汉代，不仅有今文经、古文经的对立，而且一个经学派别内部，一经就有数家。就拿今文经来说，如《易》有施、孟、梁丘、京氏四家，《书》有大夏侯、小夏侯和欧阳氏三家，《诗》有齐、鲁、韩三家,《礼》有大戴、小戴和庆氏三家。一家又有数说。各守家法,不变师说,使经学陷入僵化状态。郑玄注经,不盲从师说,当他认为师说不妥时,即提出不同的观点。如他最初从张恭祖学《韩诗》,后又学了《毛诗》,认为《毛诗》优于《韩诗》,就以《毛诗》为底本作注,而基本舍弃了《韩诗》的师说。对于其师马融的学说,也不因马融是古文经学家而盲从。第二,广采群言,加以己见。在今、古文经对垒的情况下,郑玄虽然比较倾向于古文经,但在经注中不排斥今文经说,而能够力求采纳各家之精华。他笺《诗》,以《毛诗》为底本,又兼采齐、鲁、韩三家今文《诗》说,并断以己意。他注《周礼》,对于杜子春、郑兴、郑众三位古文经学家的注,或从其说于注中引用,或不从其说而于注中说明其非,或引其说又以为于义不足而于注中增成其义。凡引经师之说,皆一一注明,自己的见解则以"玄谓"提示,体例严谨。所以,郑玄这种广采众说的经注,并非东拼西凑,而是以一家学说为主,吸收其他各家的精华,同时加上自己的见解,从而构成严密的学说体系。第三,以经说经,权威性强。郑玄注经,常直接采用其他经的原文。如注《周礼》,引用的有《毛诗》《春秋左氏传》《春秋公羊传》《礼记》《孟子》等。注《仪礼》,引用的有《周易》《诗》《书》《周礼》《礼记》《春秋》《春秋左氏传》《论语》《孝经》等。其他经注也是如此。当时学者大多专攻一经,偶有能通数经的,郑玄精通诸经,故能以经说经,这是其他学者所做不到的。这种注释,权威性强,并沟通了儒家各经之间的联系,使经学有可能成为整体的学术。第四,简约精要,易于掌握。郑玄注经,能做到"举一纲而万目张,解一卷而众篇明"[1],所以表现出简约精要的特色。他摒弃了逐字逐句进行解释的章句形式,读者能明白的就不解释,只解释不明白的。虽广采众家,但笔墨只下在重点和

---

[1] 〔清〕袁钧辑《郑氏佚书·毛诗谱·序》,清光绪十四年(1888)浙江书局刻本。

难点上，致使经注往往少于经的原文。这与当时那种只解释《尧典》篇名两字就用10余万言的章句之学相比，风格截然不同。这些特点，对于那些墨守师传的学者来说，起到了思想解放的作用，使他们感到耳目一新。

汉代经学内部今、古文两派的长期对峙，造成了派系错综林立的状况，以致互相攻讦，势不两立。今文经学派指责古文经学派变乱师法，古文经学派指责今文经学派"党同妒真"。在这种情况下，无论从政治角度看，还是从学术角度而言，统一经学都是一种必然趋势。然而，东汉末年，统治腐败，不可能从政治上统一经学，而从学术角度统一经学就成为唯一的途径，此项伟大而艰巨的工作便历史性地落在了一介寒儒郑玄肩上。郑玄治经，不为利禄，而以经学为一门学问，穷其一生，孜孜不倦。他博贯今、古文学，旁及诸子百家、纬候术数，无所不通，在当时是个博学通儒。他平时所学，不专守一师之说，不专尊一派之书。他对今、古文经都有精深的研究，谙熟其治学方法、经说等各方面的长短优劣，有清醒的认识。他认为，只有把今、古文经融为一体，尽取其极致，铸成一家之言，才能使经学从死胡同走出一条新路来。他是通才大家，能以客观的态度对待今、古文经，做到兼融今、古。由于古文经文字近古，虚妄较少，故大体以古文经为宗，注"三礼"、笺《毛诗》如此，注《尚书》和《周易》也如此。他又立足古文经，兼取今文经之长，择善而从。所以，他整理的经书，实已兼融今、古文经；他的经注，融汇众家，又断以己意，而自成体系，人称"郑学"。郑玄打破了今、古文经的界限，冲破了家法的藩篱。当时为繁杂的师法、家法所苦的儒生，为经学派别斗争所困的学者们，对郑注皆闻而悦之，翕然归之。他们为其博大宏通所震撼，大批经生属意于郑注，不复更求各家。正如皮锡瑞在《经学历史》中所说："当时莫不仰望，称伊、洛以东、淮、汉以北，康成一人而已。咸言先儒多阙，郑氏道备。"①

自郑玄所注诸经行世，此前各守门户的今文经和古文经，不再为人们所遵信，并逐渐被摒弃、淘汰。于是，郑注古文费氏《易》流行，而今文的施、孟、梁丘、京氏四家《易》遂废止；郑注《古文尚书》流行，而今文的大夏侯、小夏侯和欧阳三家《尚书》便散失；郑笺《毛诗故训传》流行，今文的齐、鲁、韩三家《诗》即不显；郑注"三礼"流行，大、小戴和庆氏《礼》遂不行；郑注《论语》流行，鲁、古《论语》终散佚。一时之间，郑玄的经说压倒了其他各家经说。由于经生皆从郑氏，经学几乎成了郑玄的一统天下，"郑学"也几乎成了经学的代名词，正所谓"经学至郑君一变"。经学的这一重大变化，是郑学的产生带来的。它使今、古文经融合为一，从而结束了两汉今、古文经学长期纷争的局面，郑学成为"天下所宗"的儒学，出现了一个经学"小统一时代"。汉魏之际，郑玄弟子近万人，著名的有赵商、崔琰、王经、国渊、任嘏、张逸、田琼、刘琰、刘德、宋均、刘熙、韩益、程秉、孙乾、郗虑等，遍布各地，郑学风靡天下。曹魏之时，朝廷论讲用郑玄经注，魏帝曹髦亦主郑学。时魏之王基、孙炎、马昭、张融，蜀之许慈、姜维，吴之薛综、徐整，皆治郑学，宗郑学，并取得一定的学术成就。经学的统一，使得汉儒师法、家法崩溃，学术依赖政治的媒介被清除，取得了相对的独立，得到了解放，为魏晋玄学的产生奠定了思想基础。

郑学影响所及，还引起了郑学与王学的对峙。魏末，以王肃为代表起而批评郑学，他亦遍注群经，兼采今、古文经，然专与郑学对立，遂形成了与郑学对立的经学派别——王学。王氏位居三公，又与司马氏联姻以为政治靠山，故有恃无恐。西晋建立后，其学凭借皇家权威而盛行，所注"三礼"和《尚书》《诗》《左传》《论语》，及其父王朗所作《易传》，皆立于学官，置博士，王学盛行一时。时孔晁、孙毓并申王以

---

① ［清］皮锡瑞：《经学历史·经学中衰时代》，中华书局1959年版。

驳郑，而孙炎、马昭等又主郑以驳王。至东晋初，王学失去政治靠山，郑学的学术地位得到恢复，郑玄所注群经多立于学官，并置博士。南北朝时期，有南学和北学的对立。南朝承魏晋学风，经学中融入玄学，郑学受到新学派的挑战；北朝则承东汉学风，崇尚郑学。无论魏晋，还是南北朝，由于门阀士族重礼，而郑玄礼学功夫最深，水平最高，所以郑玄的"三礼"注始终受到重视，与《毛诗传笺》并立于学官，北朝还将郑注《易》《书》立于学官，故北学实是郑学。唐朝建立后，唐太宗诏孔颖达等撰《五经正义》，此后贾公彦等又撰写四部经书的正义，合称《九经正义》，其中的《诗经》和"三礼"四部经书的正义采用了郑注，其余未用，故郑注《易》《书》《论语》《孝经》等逐渐亡佚。然此后郑学的影响又持续了1000多年。至清代，特别是乾嘉时期，汉学大盛，郑学得到高度重视，郑学研究取得前所未有的成就。郑玄也受到儒家学者推崇，至有"读书不到康成处，不敢高声论圣贤"之语。随着封建王朝的灭亡，封建制度的崩溃，作为封建社会意识形态的经学不可避免地衰落并终结了，郑学作为一个经学派别也是如此，但今天我们用马克思主义的基本观点进行研究，仍然有许多工作要做。

（原载《齐鲁晚报》2005年4月9日《人文阅读·发现》，发表时篇幅有压缩，后又全文刊载于《高密人文自然遗产》2007年第1期，总第3期。）

中国古代杰出的文献学家郑玄

郑玄不仅是汉代集经学之大成的经学大师,也是中国古代杰出的文献学家。在孔子整理和编订了六经之后,郑玄第一次全面地、系统地整理和注释了几乎全部儒家经典文献,还注释了大量的纬书及法律文献。在整理和注释这些文献的过程中,他在校勘学、训诂学、目录学等领域都取得了卓越的成就,为文献学做出了突出的贡献,在中国文献学史上有十分重要的地位。

一、遍校群经,在校勘学上取得很高的成就

(一)遍注群经,遍校群经

郑玄遍注儒家经典。他注"三礼"(指《周礼》《仪礼》《礼记》),笺《毛诗》,还注《古文尚书》《尚书大传》《论语》《孟子》《孝经》《周易》等。这些儒家典籍,遭逢秦火,至汉复传之后,而有今、古文之别,讹误甚多,所以在注释之前,必须首先比较经文异同,也就是从校勘入手,通过校勘,找出经文在文字方面的错误。从流传至今的《毛诗笺》和"三礼"注来看,他是在为经作注时,对经的讹误进行订正,这种用注记载下来的内容相当于后世的"校勘记"。其内容包括以下几个方面:

第一,校正错简。

郑玄注经时,对经书因编绝而造成的简策脱乱,能审其错乱之

迹，予以校正。如《礼记·乐记》："爱者宜歌《商》，温良而能断者宜歌《齐》。夫歌者，直己而陈德也，动己而天地应焉，四时和焉，星辰理焉，万物育焉。故《商》者，五帝之遗声也。宽而静、柔而正者宜歌《颂》；广大而静、疏达而信者宜歌《大雅》；恭俭而好礼者宜歌《小雅》；正直而静、廉而谦者宜歌《风》，肆直而慈爱。"郑注："此文换简失其次。'宽而静'宜在上；'爱者宜歌《商》'，宜承此下行，读云'肆直而慈爱者宜歌《商》'。《商》，宋诗也。"下文："商之遗声也，商人识之，故谓之《商》；《齐》者，三代之遗声也，齐人识之，故谓之《齐》。"郑注："'商之遗声也'，衍字也，又误。上所云'故《商》者，五帝之遗声也'，当居此衍字处也。"① 郑玄认为，这段经文因错简造成脱乱，并进行了纠正。根据郑玄的校勘，这段文字应为："宽而静、柔而正者，宜歌《颂》；广大而静、疏达而信者，宜歌《大雅》；恭俭而好礼者，宜歌《小雅》；正直而静、廉而谦者，宜歌《风》；肆直而慈爱者，宜歌《商》；温良而能断者，宜歌《齐》……故《商》者，五帝之遗声也，商人识之，故谓之《商》；《齐》者，三代之遗声也，齐人识之，故谓之《齐》。"② 如此整理之后，则文从字顺，义无隔阂，原意大明。

第二，校正误字。

郑玄注经时，遇到经文显有误字，即在注中指出。所用术语，有"当为""当作"等，含义相同。如《周礼·天官·腊人》："凡祭祀，共豆脯、荐脯。"郑注："脯非豆实。豆当为羞，声之误也。"③ 又如：《诗经·小雅·斯干》："兄及弟矣，式相好矣，无相犹矣。"毛传："犹，

---

① 《礼记正义》卷39《乐记》，载《十三经注疏》，中华书局1980年影印本。
② 张舜徽：《郑学丛著·郑氏校雠学发微》，齐鲁书社1984年版。
③ 《周礼注疏》卷4《天官·腊人》，载《十三经注疏》，中华书局1980年影印本。

道也。"郑笺："犹当作瘎。瘎，病也。"①

第三，校出脱字。

郑玄注经时，遇到经书在传抄中出现的脱字，也于注中校正。如《礼记·杂记上》："吊者降，反位。"郑注："降反位者，出反门外位。无'出'字，脱。"②又如：《礼记·祭义》："霜露既降，君子履之，必有凄怆之心，非其寒之谓也；春，雨露既濡，君子履之，必有怵惕之心，如将见之。"郑注："霜露既降，《礼说》在秋。此无'秋'字，盖脱尔。"③

第四，校出衍文。

郑玄注经时，对经书在流传过程中出现的衍文，如同对待脱字一样，于注中指出。如《仪礼·大射》："公降，立于阼阶之东南，南乡。小臣师诏揖诸公卿大夫，诸公卿大夫西面，北上。揖大夫，大夫皆少进。"郑注："上言'大夫'，误衍耳。"贾公彦疏："云'上言大夫，误衍'者，以其大夫与公卿面有异，故下别言'大夫少进'，明上有'大夫'误，衍'大夫''大夫'四字也。"④

（二）校勘群经的原则和方法

郑玄对经文中错、讹、脱、衍的确定，是上承刘向遗法，并有所发展。他所遵循的校勘原则和采用的校勘方法，成为后世学者的楷模。

第一，广罗众本，校其异同。

广罗众本，校其异同，是刘向校书之法。郑玄校经，亦采用此法。《仪礼》有今文本、古文本之别，他校《仪礼》，用今、古文本互校。

---

① 《毛诗正义》卷11《小雅·斯干》，载《十三经注疏》，中华书局1980年影印本。
② 《礼记正义》卷41《杂记》，载《十三经注疏》，中华书局1980年影印本。
③ 《礼记正义》卷47《祭义》，载《十三经注疏》，中华书局1980年影印本。
④ 《仪礼注疏》卷16《大射》，载《十三经注疏》，中华书局1980年影印本。

《后汉书·儒林列传》云:"玄本习小戴《礼》,后以古经校之,取其义长者。"①注中有所谓"今文"者,即小戴本;有所谓"古文"者,是得自孔壁的古文《礼》。他校《周礼》,有故书、今书之异,亦于注中说明。《周礼·天官·大宰》贾公彦疏云:"郑注《周礼》时有数本。刘向未校之前,或在山岩石室,为古文经;考校后,为今文经。古、今不同,郑据今文经,注云'故书某作某'。"②《礼记》乃杂糅今、古文经而成,也有今、古文经异文的问题。郑玄校之,从古文则于注中存今文,从今文则于注中存古文,与《仪礼》在注中迻出今、古文同。郑玄校《尚书》,以杜林所传漆书古文本为底本,又参考《逸书》,并以大夏侯、小夏侯和欧阳氏三家今文经参校。郑玄为《毛诗》作笺,《毛诗》是古文经,他又以齐、鲁、韩三家今文经参校。郑玄注《论语》,以《张侯论》为底本,而《张侯论》是张禹以《鲁论语》为基础,兼采《齐论语》而成,属今文经,他又以《古论语》校之。郑玄注《易》,采用《费氏易》,是古文经,他又以施、孟、梁丘、京氏四家今文《易》参校。

第二,校出异文,妥善处理。

郑玄妥善处理所校出的经书中的异文,或择善而从,或并载存参,虽审知原文有误,犹因其旧文,不敢辄改,但于注中详之。《仪礼·士冠礼》"布席于门中",贾公彦疏曰:"郑注《礼》之时……或从今,或从古,皆逐义强者从之;若二字俱合义者,则互换见之。"③所谓"逐义强者从之",即择善而从;所谓"互换见之",即注出异文。郑玄在写定《仪礼》正文时,若从今文,则于注中迻出古文,注文曰"古文某作某"。如《士冠礼》:"主人酬宾,束帛俪皮。"郑注:"古文俪为离。"若从古文,则于注中迻出今文,注文曰"今文某作某"。如《乡

---

① 《后汉书》卷79《儒林列传》,中华书局1965年版。
② 《周礼注疏》卷2《天官·大宰》,载《十三经注疏》,中华书局1980年影印本。
③ 《仪礼注疏》卷1《士冠礼》,载《十三经注疏》,中华书局1980年影印本。

饮酒礼》："说屦，揖让如初，升，坐。"郑注："今文说为税。"①亦有今文、古文各有一字两作者。如"肵"为今文，"胾"为古文，而又云"今文肵或作植"；"缲"为古文，"璪"为今文，而又云"古文缲或作藻"。亦有经文中今文、古文并存之例。如《士冠礼》"加柶面枋"，郑注："今文枋作柄。"而《少牢馈食礼》："加二勺于二尊，复之，南柄。"郑注："古文柄皆为枋。"②校《周礼》，故书为主，凡从今书，则于注中存故书异文。校《礼记》，则于注中并存今、古文的不同，与《仪礼》同。又如以《古论语》校《张侯论》，亦于注中存异文。当时《张侯论》已通行，凡《古论语》文字有异者，他多从《古论语》，故注中屡云"《鲁》读某为某，今从《古》"。如《学而》"传不习乎"，郑注："《鲁》读传为专，今从《古》。"《公冶长》"崔子弑齐君"，郑注："《鲁》读崔为高，今从《古》。"③清代顾炎武在《日知录》卷7中说："考次经文，《礼记·乐记》'宽而静'至'肆直而慈'一节，当在'爱者宜歌《商》'之上，文义甚明。然郑康成因其旧文，不敢辄更，更注曰：此文换简失其次，'宽而静'宜在上，'爱者宜歌《商》'宜承此。"④郑玄校经遵循的这一原则，可使古籍的原貌得到保存，不辄妄改，故为后代学者所效法。

第三，校勘方法，综合运用。

刘向父子校书时提出所谓"校雠"的概念，实即后世的对校法。郑玄以今文、古文，或今书、故书相互对照，校其异同，即刘向校书之

---

① 《仪礼注疏》卷8《乡饮酒礼》，载《十三经注疏》，中华书局1980年影印本。
② 《仪礼注疏》卷47《少牢馈食礼》，载《十三经注疏》，中华书局1980年影印本。
③ [清]袁钧辑《郑氏佚书·论语注》，清光绪十四年（1888）浙江书局刻本。以下凡引郑玄经注辑佚及其他著作辑佚，如《尚书注》《周易注》《孝经注》《六艺论》《三礼目录》等，皆引自《郑氏佚书》。
④ [清]顾炎武：《日知录》，黄汝成集释，清同治十一年（1872）湖北崇文书局刻本。

法，亦即对校法。除此之外，郑玄还采用多种校勘方法。

有时据他书以定其误。如《礼记·内则》"脚、臐、膮、醢、牛炙"，郑注："以《公食大夫礼》馔校之，则膮、牛炙间不得有醢。醢，衍字也。"[1]《公食大夫礼》是《仪礼》的一篇，内有"脚以东臐、膮、牛炙"句，郑玄以之校《礼记·内则》，故知衍"醢"字。此即后世所谓"他校法"。

有时据本书他篇或本篇之文以定其误。如《礼记·郊特牲》："次路五就。"郑注："《礼器》言'次路七就'，与此乖，字之误也。"《礼器》是《礼记》的一篇，以彼校此。又如《礼记·内则》："栉、縰、笄、总角，拂髦。"郑注："角，衍字也。"（按，本篇上文"子事父母""妇事舅姑"两段文字中，内容与此相同，皆无"角"字，郑玄据上文校下文。）此即后世所谓"本校法"。

有时根据礼制、时俗、语例，以定是非。如《礼记·奔丧》："於又哭，免，袒，成踊；於三哭，犹免、袒、成踊。"郑注："为父於又哭，括发而不袒。此又哭、三哭皆言袒。袒，衍字也。"此据礼制以定衍文。《礼记·明堂位》："夏后氏尚明水，殷尚醴，周尚酒。"郑注："此皆其时之用耳。言尚，非。"此据时俗以定其误。《礼记·杂记下》："自袭以至小敛，不设冒则形，是以袭而后设冒也。"郑注："袭而设冒，言'后'，衍字耳。"此据语例以定其衍。

有时还将几种校勘方法综合运用。如《周礼·天官·夏采》："夏采掌大丧，以冕服复于大祖，以乘车建绥复于四郊。"郑注："故书绥为䘏。杜子春云：'当为绥，䘏非是也。'玄谓：《明堂位》曰'凡四代之服器，鲁兼用之''有虞氏之旂，夏后氏之绥'，则旌旂有是绥者，当作緌，字之误也。緌以旄牛尾为之，缀于橦上，所谓注旄于干首者。王祀四郊，乘玉路，建大常。今以之复去其旒，异之于生，亦因先王有

---

[1] 《礼记正义》卷28《内则》，载《十三经注疏》，中华书局1980年影印本。

徒缕者。《士冠礼》及《玉藻》冠缕之字，故书亦多作'绥'者，今礼家定作'蕤'。"以上使用了对校、他校、理校，定"缕"为误字，当作"绥"，理由充足，令人信服。

郑玄还把校勘和考证结合起来，使其对经文某字正误的判断更准确。如《礼记·缁衣》《兑命》曰"，郑注："兑当为说，谓殷高宗之臣傅说。作书以命高宗，《尚书》篇名也。"这里，郑玄判断"兑当为说"，不仅是根据《尚书》有《说命》篇，而且考证了该篇命名的由来，"说"是指"傅说"，不能随便改动。经过考证，订正的理由更加充分了，还使校勘具有了一定的学术性。张舜徽指出："注书而不校书，则必承伪袭谬，贻误后人。郑氏从事注述，尤以此为兢兢。论者服其注《仪礼》，取今文、古文二本参校，每云'古文某作某''今文某作某'；注《周礼》，亦兼记'故书''今书'，明其同异；为后世校勘记之权舆。而不知其此乃死校法也，一钞胥优为之。若夫活校之法，则考诸礼制，征之时俗，按其上下文意及语例，而知某为衍文，某为伪体，某处为误句，某处为错简，虽无他本可证，的然有以知其故，斯则非学博识精者不能为，乃郑氏之所长而他人不易学步者也。"①

二、长于训诂，为训诂学做出杰出贡献

郑玄在注释群经时，继承了汉代学者文字训诂之学的成就并有所发展，取得了前所未有的成就，为训诂学做出了杰出的贡献。

（一）精通小学，长于训诂

郑玄对《说文》《尔雅》都有精湛的研究，注经循文立训，皆有依据。如训兹为此、训躬为身、训时为是、训之为往，皆依据《尔雅·释

---

① 张舜徽：《郑学丛著·郑氏经注释例》，齐鲁书社1984年版。

诂》；释葵为揆，则依据《尔雅·释言》。大抵汉以前儒家经传本文已有训诂，郑玄亦本之注释群经。如《礼记·曲礼上》注"颐，养也"，本《易·序卦》；《周礼·天官·大宰》注"时见曰会，殷见曰同"，见《周礼·春官·大宗伯》；《仪礼·觐礼》注"马八尺以上为龙"，见《周礼·夏官·廋人》；《仪礼·士丧礼》注"货财曰赗，衣服曰襚"，见《公羊传·隐公元年》；《周礼·大司马》注"出曰治兵，入曰振旅"，见《公羊传·庄公八年》；《诗·小雅·楚茨》笺"冬祭曰烝，秋祭曰尝"，见《礼记·祭统》。如此之类，不胜枚举。

郑玄在《六艺论》中说："注《诗》宗毛为主。毛义若隐略，则更表明。如有不同，即下己意。"这段话有三层意思，一是"宗毛为主"，即凡《诗》句易懂、赞同毛传的，则不加笺释；凡《诗》句难懂、毛氏未作传的，则加笺释。二是"毛义若隐略，则更表明"，即毛传文义隐微，则笺释表明；毛传文义简略，作笺深释；毛传文义不尽，作笺申发。三是"如有不同，即下己意"，即毛传有不当，作笺纠正。如《诗·召南·小星》"抱衾与裯"，毛传："裯，禅被也。"郑笺："裯，床帐也。"今按，《说文》裯作"帱"，释为"禅帐"，《尔雅·释训》也释为"帐"，足证郑笺正确。这不仅是他笺《毛诗》遵循的原则，也是他注经遵循的原则。以注《周礼》为例，对杜子春、郑兴、郑众之说，或择善而从，或以"玄谓"自申己意。如《周礼·天官·笾人》"朝事之笾"，郑注："郑司农云：'朝事，谓清朝未食，先进寒具口实之笾……'玄谓：以《司彝尊》之职参之，朝事谓祭宗庙荐血腥之事。"可见，郑玄是在广泛吸收前人成果的基础上发表自己的见解的。

郑玄注经，在解释名物、典制、礼俗时，常追根溯源，以"古者"发端释之。释名物，如《礼记·檀弓上》："既葬，子硕欲以赗布之余具祭器。"郑注："古者谓钱为泉布，所以通布货财。"释典制，如《仪礼·乡饮酒礼》"主人就先生而谋宾介"，郑注："古者年七十而致仕，老于乡里，大夫名曰父师，士名曰少师，而教学焉。"释礼俗，如《礼记·檀弓上》"舜葬于苍梧之野",郑注:"古者不合葬。"这就比较客观地指出经书所述时代的情况。如仍不易理解,则用汉代的典制、名物、方言、习俗比况释之。如《周礼·地官·掌节》:"门关用符节,货贿用玺节,道路用旌节,皆有期以反节。"郑注:"符节者,如今宫中诸官诏符也。玺节者,今之印章也。旌节,今使者所拥节是也。将送者,执此节以送行者,皆以道里日时课,如今邮行有程矣,以防容奸,擅有所通也。凡节有法式,藏于掌节。"《周礼·夏官·大司马》:"遂以狩田,以旌为左右和之门。"郑注:"军门曰和,今谓之垒门。"《仪礼·觐礼》:"天子设斧依于户牖之间。"郑注:"依,如今绨素屏风也,有绣斧文,所以示成也,斧谓之黼。"《礼记·深衣》:"古者深衣……短毋见肤,长毋披土,续衽钩边。"郑注:"钩,读如鸟喙必钩之钩。钩边,若今曲裾。"如此征古以释今,况今以释古,使人容易理解,也为后代研究有关问题提供了宝贵的资料。

(二)训诂术语,集其大成

郑玄在经注中使用了丰富的训诂术语,集汉代训诂术语之大成。除直释其义,通常作"某,某也"外,所用术语可归纳为以下10余类。

1.亦

此术语表示其义与本句或上下文某字相同,不烦他释而自明,大体相当于"也就是"。如《礼记·文王世子》:"其罪死,则曰某之罪在大辟。"郑注:"辟亦罪也。"此就本句而得其义。《周礼·天官·大宰》:"以八法治官府……以八则治都鄙。"郑注:"则亦法也。"此求之上下文而为释。

2.谓

此术语表示拟义,大体相当于"就是"或"指某而言"。有其义相同者,如《仪礼·觐礼》:"坛十有二寻,深四尺。"郑注:"深谓高也。"有其义相近者,如《诗·邶风·谷风》:"既生既育。"郑笺:"生谓财业也，育谓长老也。"有以狭义释广义者，如《周礼·天官·小宰》："以法掌祭祀。"郑注："法谓其礼法。"有以直义释曲义者，如《诗·豳风·东山》："制彼裳衣，勿士行枚。"郑笺："女制彼裳衣而来谓兵服也。"有以分名释总名者，如《诗·小雅·天保》："天保定尔，俾尔戬谷，罄无不宜，受天百禄。"郑笺："天使女所福禄之人谓群臣也。"

3. 谓之

此术语和"谓"的区别是，"谓"所释的对象在前，"谓之"所释的对象在后。如《诗·大雅·公刘》："彻田为粮。"郑笺："什一而税谓之彻。"还常释古今名称同异。如《周礼·天官·序官·酒人》："奄十人。"郑注："奄，精气闭藏者，今谓之宦人。"

4. 曰

此术语常用来指明其义，定出义界，与"谓之"大体相同，所释对象在后。如《周礼·天官·大宰》："六曰商贾，阜通货贿。"郑注："行曰商，处曰贾。阜，盛也。金玉曰货，布帛曰贿。"

5. 犹

此术语在只据本义不能说明其义时，则取义近者比况言之。如《周礼·天官·疾医》："以五味、五谷、五药养其病。"郑注："养犹治也。"此术语亦用作声训。如《诗·豳风·鸱鸮》："绸缪牖户。"郑笺："绸缪犹缠绵也。"

6. 若今

此术语以今制比况古制。如《周礼·天官·叙官》："司会，中大夫二人。"郑注："会，大计也。司会，主天下之大计，计官之长，若今尚书。"或用"如今"。如《周礼·地官·司官》："凡所达货贿者，则以节传出之。"郑注："传，如今移过所文书。"或前加"谓"字。如《周礼·秋官·野庐氏》："掌凡道禁。"郑注："禁，谓若今绝蒙大（布）巾，持兵杖之属。"

7. 之称（名）

此术语以释名词。如《周礼·天官·序官》："内饔，中士四人，下士八人。"郑注："饔，割亨煎和之称。"又："内竖，倍寺人之数。"郑注："竖，未冠者之官名。"

8. 所以

此术语指明被释者之功用。如《周礼·地官·大司徒》："以土圭之法测土深，正日景以求地中。"郑注："土圭所以致四时日月之景也。"又《小司徒》："凡用众庶……诛其犯命者。"郑注："命，所以警告之。"

9. 之属，属

凡曰"之属"者，是以别名释总名。如《周礼·秋官·翨氏》："掌攻猛鸟。"郑注："猛鸟，鹰隼之属。"凡曰"属"者，是以总名释别名。如《周礼·春官·司尊彝》："凡四时之间祀、追享、朝享，祼用虎彝、蜼彝，皆有舟。"郑注："蜼，禺属，卬鼻而长尾。"

10. 貌，之貌

此术语释形容词或动词。如《尚书·牧誓》："尚桓桓。"郑注："桓桓，威武貌。"《周易·讼》："有孚窒。"郑注："窒，觉悔貌。"或作"之貌"。如《诗·邶风·谷风》："习习谷风。"郑笺："习习，和调之貌。"

11. 辞，语助

此术语释语气词。如《孝经·天子章》："盖天子之孝也。"郑注："盖者，谦辞。"《周易·系辞下传》："则居可知矣。"郑注："居，辞。"《礼记·檀弓上》："何居？"郑注："居，读为姬姓之姬，齐鲁之间语助也。"

12. 言

此术语应用较广，可释词，亦可释句、章（篇）之意，多见于《诗经》，说明、譬喻之意，大体相当于"就是说"。如《诗·邶风·谷风》："匍匐救之。"郑笺："匍匐，言尽力也。"此释词义。《诗·郑风·扬之水》："不流束楚。"郑笺："不流束楚，言其政不行于臣下。"此释句意。《诗·周南·卷耳》："陟彼砠矣，我马瘏矣。我仆痡矣，云何吁矣。"郑笺："此章言臣既勤劳于外，仆、马皆病，而今云何乎？"此释章意。

13. 读为，读曰

此术语表示破其假借之字而读以本字。如《周礼·春官·占梦》："乃舍萌于四方，以赠恶梦。"郑注："舍读为释，舍萌犹释采也。"《礼记·曲礼上》："以箕自乡而报之。"郑注："报读曰扱。"

14. 读如，读若

此术语用于为字注音，并兼取其义。如《周礼·天官·大宰》："六曰主以利得民。"郑注："利读如'上恩利民'之利。"因一字有数音数义，利民之利与财利之利有别，故以"读如"别之。又如《仪礼·聘礼》："车秉有五籔。"郑注："籔读若'不数'之数。"

15. 之言

此术语与"读为""读如"相近似而又有区别。或言其假借。如《周礼·天官·序官》："寺人，王之正内五人。"郑注："寺之言侍也。"或言其语根。如《周礼·天官·序官》："膳夫，上士二人，中士四人。"郑注："膳之言善也。今时美物曰珍膳。"

16. 当为

此术语用以订正字之误、声之误。如《礼记·缁衣》："夏日暑雨，小民惟曰怨资。"郑注："资当为至，齐鲁之语，声之误也。"

以上对郑玄在经注中使用的术语的归纳并非十分完全，但足以使人惊叹他经注用语的精确程度。这些训诂术语为后代训诂学家所沿用，影响十分深远。

（三）运用音训，就音求义

郑玄在注经时广泛地运用了音训的方法。他批判地继承了前人的音训经验，凭自己对音义关系的深刻认识，提出了"就音求义"的理论原则。他说："玄窃观二三君子之文章，顾省竹帛之浮辞，其所变易，灼然如晦之见明；其所弥缝，奄然如合符复析，斯可谓雅达广揽者也。然犹有参错，同事相违，则就其原文字之声类考训诂，捃秘逸。"[①] 所谓"就其原文字之声类考训诂，捃秘逸"，就是对"就音求义"训诂原则的表述。

郑玄有很高的音韵造诣，熟谙古音，故能"就音求义"，在经注中屡称"古声某某同"，以说明文字同音假借的关系。如《诗·豳风·东山》："有敦瓜苦，烝在栗薪。"郑笺："栗，析也……古者声栗、裂同也。"即"栗"为"裂"的借字，"裂"有"析"义，故"栗薪"即"析薪"。

还有一种音训形式是"某之言某"。有以下几种情况：一是探求词的词源意义。如《周礼·春官·大宗伯》："以禋祀祀昊天上帝。"郑注："禋之言烟，周人尚臭。烟，气之臭闻者。"二是解释词的同源意义。如《诗·大雅·生民》："载燔载烈。"郑笺："烈之言烂也。"据《说文》，"烈"训火猛，"烂"训火熟，二字音近义通。又如《周礼·天官·小宰》："凡祭祀，赞王币爵之事、祼将之事。"郑注："谓之祼，祼之言灌也。"[②] 三是探求词的假借义。如《诗·小雅·十月之交》："抑此皇父。"郑笺："抑之言噫。"又如《诗·谷风·四月》："曷云能谷。"郑笺："曷之言何也。"清代段玉裁说"凡云'之言'者，皆通其音义以为诂训"，并在《周礼汉读考》中说"凡云'之言'者，皆就其双声叠韵以得其转注假借之用"，指出了这种音训形式的"就音求义"的基本情况。

---

① 《周礼正义序·序周礼废兴》，载《十三经注疏》，中华书局1980年影印本。
② "祼，灌祭也。"（《说文解字注》，上海古籍出版社1981年版。）

郑玄在经注中用于音训的特定术语，主要有"读如""读若""读为""读曰""当为"等。"读如""读若"通常用以拟音，即用音同、音近的字注音。如《诗·郑风·大叔于田》："叔善射忌。"郑笺："忌读如'彼己之子'之'己'。"但也常用来破假借，如《周礼·春官·巾车》中的"锡樊缨"，郑注："樊，读如鞶带之鞶，谓今马大带也。""樊"为"鞶"的假借字。"读为""读曰"是用本字破假借字，即经中某字是假借字，"读为"或"读曰"某字则是本字，破后再稍加解释，词义遂明。如《周礼·天官·宫伯》："以时颁其衣裘。"郑注："颁读为班。班，布也。""颁"是"班"的假借字。又如《诗·卫风·氓》："隰则有泮。"郑笺："泮读为畔。畔，涯也。"清代训诂学家王引之说："至郑康成笺《诗》注《礼》，屡云'某读为某'，而假借之例大明。"① "当为"是字误或声误，属校勘范围，前已述及。还有"读当如""读当为"等术语。如《诗·郑风·出其东门》："出其闉阇。"郑笺："阇，读当如'彼都人士'之都，谓国外曲城之中市里也。"这与"读如"大体相同，是正音，但语气似强烈一些。"读当为"与"当为"亦同，属校勘范围。如《周礼·春官·大司乐》中的"九磬之舞"，郑注："九磬读当为'大韶'，字之误也。""读当为"用以破假借字。如《诗·齐风·卢令》："卢重环，其人美且鬈。"郑笺："鬈，读当为权。权，勇壮也。"

对于因时、地不同或其他原因而音有转变的词，郑玄也"就音求义"，找出对应的转语形式。如《周礼·冬官·考工记·玉人》："杼上，终葵首。"郑注："终葵，椎也。"今按："终葵"是"椎"的转语。

郑玄在经注中广泛运用"就音求义"的训诂原则，其材料达1400余条，为汉代任何一个训诂家所无法企及。他探语源，释同源，明转

---

① [清]王引之：《经义述闻·序》，江苏古籍出版社1985年影印本。

语、破假借、校讹误，表现出内容的多样性，在训诂学史上产生了巨大的影响。就探究词源和语源来说，郑玄实为刘熙《释名》一书之先导。张舜徽先生说："后来刘熙作《释名》，专从声类以求万物得名之原；孙炎作《尔雅音义》，用反语定一切音。都是从郑氏绪论中得到启发、加以发挥而成的。"又说："慧琳《一切经音义》中引用之书甚多，而以采郑玄经注者为最夥。引用时直标'郑氏'。取与《尔雅》《说文》并重。"①就是清代王念孙、王引之父子"就古音以求古义"的训诂原则与实践，也是承源于郑玄的，这是郑玄对训诂学理论的重大贡献。

（四）不明则缺，留待后人

郑玄注经，遵守"多闻阙疑"的原则，遇到自己弄不明白的疑难问题，不主观臆测，不不懂装懂，也不绕过去，而是实事求是，把疑点记下来，留待后人决定是非。如《周礼·天官·膳夫》："凡王之馈……羞用百二十品。"郑注："《公食大夫礼》《内则》：下大夫十六，上大夫二十。其物数备焉。天子、诸侯有其数，而物未得尽闻。"坚持"多闻阙疑"的原则，表现出郑玄严谨的治学态度和谦逊的学风，为历代训诂学家所遵循，成为后世整理文献的优良传统。

三、综考六艺，考辨、目录皆有著作

郑玄除对经书、纬书作注外，还撰写了不少论著。他在《戒子书》中说："自乐以论赞之功，庶不遗后人之羞。"②所谓"论"，即论述，包括考辨方面的著作，如《六艺论》《发墨守》《箴膏肓》《释废疾》《驳五经异义》《鲁礼禘祫义》等；所谓"赞"，犹叙录，包括序、目录方面的著

---

① 张舜徽：《郑学丛著·郑学叙录》，齐鲁书社1984年版。
② 《后汉书》卷35《郑玄列传》，中华书局1965年版。

作,如《易赞》《书赞》《毛诗谱》《三礼目录》《孔子弟子目录》等。

（一）考"六艺",驳何休,论敌叹服

郑玄的《六艺论》是评论儒家"六经"的著作。《隋书·经籍志》《旧唐书·经籍志》《新唐书·艺文志》皆有著录,但《宋史·艺文志》即不著录,当在唐以后亡佚。清代王谟、袁钧、孔广林、陈鳣、臧琳等皆有辑佚。从辑本来看,它包括总论和分论。总论,论述"六艺"的产生;分论,分别论述"六艺"的内容源流（按：有《孝经论》,无《乐论》）。

《六艺论》保存了郑玄对"六经"的基本观点,特别是关于各经源流的论述,具有重要参考价值。如《礼论》云："礼者,序尊卑之制,崇敬让之节也。""其初起,盖与《诗》同时。""唐虞有三礼,至周分为五礼。""汉兴,高堂生得《礼》十七篇。""后得孔子壁中古文《礼》五十六篇,《记》百三十篇,《周礼》六篇。其十七篇与高堂生所传同,而字多异。""其十七篇外则《逸礼》是也。"这些佚文片段,有郑玄对《礼》的看法,有对《礼》成书时间的论述,有对汉代《礼》篇目和发现情况的记载,对研究《礼》学很有价值。《书论》《诗论》中关于《尚书》《诗经》成书过程的论述,对研究《尚书》学、《诗经》学也很有参考价值。《诗论》关于"注《诗》宗毛为主"的一段论述,是郑玄笺《诗》的总原则,也是注释群经的总原则。《春秋论》中"《左氏》善于礼,《公羊》善于谶,《穀梁》善于经"的论述,抓住了《春秋》"三传"的特点,是研究郑玄《春秋》学的重要依据。郑玄在《六艺论》中论"六经"源流,不仅杂取今古文经说,而且兼取纬书之说,表现出他的经学思想博通、兼综的特点。

《发墨守》《箴膏肓》《释废疾》三书,是郑玄为驳斥何休《公羊墨守》《左氏膏肓》《穀梁废疾》三书的观点而作的。何休是东汉末年的一位今文经学家,他尤好《春秋公羊传》,著有《春秋公羊解诂》一书,系统地阐发《春秋》中的"微言大义"。为伸《公羊传》而驳《左氏传》《穀梁传》，又著上述三书，意谓：《公羊传》义理深远，不可驳难，如墨子之守城，而《左氏传》和《穀梁传》义理乖谬，背《春秋》之旨，问题很多，病入膏肓，已成废疾，不可救药。郑玄看到何休的著作后，对其《公羊传》义理进行批驳，对其曲解《左氏传》《穀梁传》的条目逐一进行争辩。据《隋书·经籍志》等史志目录的著录情况，郑氏三书和何氏三书在隋朝以前本自单行，至唐代郑、何之书合二为一。至宋代已残缺，后遂亡佚。清代王复、袁钧、孔广林、黄奭等有辑本。

从郑氏三书的佚文来看，郑玄是对何休的论点逐条进行驳斥。其特点是：其一，引经据典。郑玄熟悉儒家经典，在驳斥何休时，或引用《周礼》，或引用《诗经》，使何休不战自败。其二，以史实为据。《公羊传》解经，往往脱离历史事实，只根据主观理解来附会经义，郑玄便根据历史事实，指出《公羊传》经说的失误，于是何休的"墨守"吹嘘就不攻自破。其三，以理服人。郑玄针对何休一些显然不合常理的论述予以驳斥，纳辩于理之中，使何休不能再驳。其四，以子之矛，攻子之盾。郑玄利用《公羊传》家所阐述的《春秋》"微言大义"反驳何休，使之处于自相矛盾的境地，使何休无言以辩。为此，何休感叹地说："康成入吾室，操吾矛，以伐我乎！"[①]

（二）精"三礼"，撰目录，以明枢要

郑玄的《易赞》是以序的形式写的《周易》解题，《书赞》则是以序的形式写的《尚书》解题。孔颖达《尚书序》疏云："郑玄谓之赞者，以序不分散，避其序名，故谓之赞。赞者，明也，佐也，佐成序义，明以注释故也。"《毛诗谱》可视为《诗经》的序，《诗谱序》中的"以立斯谱"，孔颖达疏云："郑于'三礼'、《论语》，为之作序。此谱亦是序

---

① 《后汉书》卷35《郑玄列传》，中华书局1965年版。

类，避子夏序名，以其列诸侯世及诗之次，故名谱也。"《毛诗谱》既有对诗歌地域的考证，也有对《诗经》世次的考证，其地域考证有较大的价值。特别是在《诗谱序》中提出了"诗之大纲"的说法，从纵的和横的角度进行研究，其好处是"举一纲而万目张，解一卷而众篇明，于力则鲜，于思则寡"①。但郑玄的贡献还在于丰富了提要式目录，那就是他撰写的《三礼目录》。他精通"三礼"，《三礼目录》是"三礼"的篇目解题，包括《周礼目录》《仪礼目录》《礼记目录》。《隋书·经籍志》有著录，《旧唐书·经籍志》和《新唐书·艺文志》著录并同，但《宋史·艺文志》及《直斋书录解题》即不著录，当在宋代亡佚。其佚文散见于《经典释文》《周礼注疏》《仪礼注疏》《礼记注疏》各篇题目之下。清代学者王谟、袁钧、孔广林、臧庸、黄奭等皆有辑本。

据现代学者研究，《三礼目录》是郑玄完成"三礼"注后单独写的一部书。吴承仕说："郑氏治《礼》，既答临孝存难以御外侮，复著《三礼目录》以明枢要。"②《三礼目录》是"三礼"的篇目，包含着郑玄对"三礼"诸篇的深刻见解，对人们了解"三礼"各篇篇名的意义、要旨、内容，都有重要的参考价值。

《周礼目录》对《周礼》各个篇目进行解释。如《周礼目录·天官冢宰》云："象天所立之官。冢，大也。宰者，官也。天者，统理万物。天子立冢宰，使掌邦治，亦所以总御众官，使不失职。不言司者，大宰总御众官，不主一官之事也。"在这篇目录中，郑玄解释了天官、冢宰和天子设天官的目的，还说明为何不言"司"，是他对《天官冢宰》这一篇的见解。

《仪礼目录》说明每篇为何礼，在五礼中属哪一礼。如《仪礼目录·士昏礼》云："士娶妻之礼，以昏为期，因而名焉。必以昏者，取

---

① [清] 袁钧辑《郑氏佚书·毛诗谱·序》，清光绪十四年（1888）浙江书局刻本。
② [唐] 陆德明：《经典释文序录疏证》，中华书局1984年版。

其阳往而阴来之义。日入三商为昏。昏礼于五礼属嘉礼。"这是郑玄对《仪礼·士昏礼》一篇的见解。在这篇目录中，郑玄解释了什么是士昏礼，为何名士昏礼，为何以昏为期，何为昏，以及其在五礼中的归属。

《礼记目录》解释篇名的由来。如《礼记目录·王制》："名曰《王制》者，以其记先王班爵、授禄、祭祀、养老之法度。"这是郑玄对《礼记·王制》一篇的见解。

《仪礼目录》还保存了大戴、小戴《礼》和刘向《别录》中关于《仪礼》的篇次，对研究汉代《仪礼》大戴、小戴之学以及《别录》的著录，很有参考价值。郑玄习小戴《礼》，并以古文校十七篇而作注。大戴、小戴和庆氏《礼》，十七篇的排列原来就各有不同的次序，刘向校书，又另有一种排列次序。各家的篇次都依据于各家对经义的理解。根据《仪礼目录》中关于大戴、小戴《礼》和刘向《别录》篇次的记载，可知，郑玄注《仪礼》用的是刘向《别录》的篇次，与大戴、小戴《礼》的篇次皆不同。如《聘礼》是第八，大戴《礼》为第十四，小戴《礼》为第十五；《公食大夫礼》为第九，大戴《礼》为第十五，小戴《礼》为第十六。《礼记目录》还保存了刘向《别录》关于《礼记》各篇的分类，对研究《别录》的分类很有价值。如郑玄于《曲礼》云："此于《别录》属制度。"郑玄于《檀弓》云："此于《别录》属明堂阴阳记。"此外，涉及《别录》的分类还有丧服、世子法、祭祀、子法、乐记、吉礼、吉事等。这说明，郑玄的《三礼目录》是一部提要式的目录，他继承了刘向《别录》的形式，而又进行改造，即把著录书改为著录篇，从而丰富和发展了提要式目录。

《三礼目录》内容丰富，有较高的学术价值。除上述谈到的以外，还可以看出郑玄以周公制定的《周礼》为《礼》学中心的观点。如《周礼目录》强调《周官》是天子治国的官政之法。各篇均言天子立某官，使掌其职，并在《冬官考工记目录》中说："古《周礼》六篇者，天子所专秉以治天下，诸侯不得用焉。"在《仪礼目录》中每篇皆说明某礼于"五礼"属某礼,分为吉、凶、宾、嘉礼,表现了他对礼的分类观点。《三礼目录》还有一篇序言,集中反映了郑玄的《礼》学思想。

(原载《历史文献研究》总第25辑,华中师范大学出版社2006年10月出版。)

中国古代伟大的经学教育家郑玄

郑玄不仅是一位集今、古文经之大成的经学大师，古代杰出的文献学家，也是一位卓有成效的伟大的经学教育家。他在极为艰苦的条件下，从事经学教育30余年，有弟子近万人。他在教材建设上有突出的成就，其经注就是言简意赅的经学教科书。他在注释儒家经典的过程中，对儒家的教育思想、观点和方法进行了精辟的解释、阐述、发挥和研究考证，使经书中的有关内容更加明确、充实和系统化，并提出了不少独到的见解，发展了古代的教育学理论。

一、郑玄的教育实践

郑玄在外游学达20年之久，在太学受业期间，他师事今文经学博士第五元先，学习了《京氏易》《公羊春秋》两部今文经。这期间，他还学习了《三统历》和《九章算术》。此后，他又跟古文经学家张恭祖学习了《周官》《礼记》《左氏春秋》《韩诗》《古文尚书》。他还学习了《孝经》和《论语》。最后，他投于著名古文经学家马融门下，读书7年，学习了《费氏易》和《周官经》，并将平时读经时遇到的疑难问题拿来请教，然后东归。在东归途中，继续游学，无论是在位的通人，还是隐居的大儒,"得意者咸从捧手,有所受焉"①,于是成为一位精通今、古文经学的经学大师。

郑玄东归后,很多儒生慕名而来,投奔到他的门下,拜他为师。但他因家境贫困,不具备讲学条件。于是,他"假田播殖",即向富家借田,令群弟耕种,以养双亲;又"客耕东莱"②,即客居东莱,一面耕田维持生活,一面收徒讲学。郑玄客耕之地在即墨东南20公里的不其山下,即今青岛市城阳区惜福镇书院村。不其山属崂山山脉,风景秀丽,环境幽静,是读书的好地方。郑玄带领诸弟子在那里建起房舍,边耕边读,其弟子最多时将近千人,崔琰、公孙方、王经等都曾在这里就学。后由于发生灾荒,粮食匮乏,只好停学,他辞谢诸生,与弟子们挥泪而别。

此后,郑玄还曾到淄川黉山、文登长学山授徒讲学,并曾再入不其山,但具体时间不详。黉山在今山东省淄博市淄川区,那里有郑玄讲经遗址——郑公书院,还有晒书台。相传郑玄在这里笺《诗》,注《书》,晒书其上。后世在黉山建郑公书院,历代均曾重修。1937年,郑公书院被日本侵略者焚毁。20世纪90年代,淄川区寨里镇在旧址重建郑公书院。文登长学山,在市西20公里,据旧《志》记载,那里有康成讲堂,亦称郑司农讲堂,相传郑玄隐居此处,教授生徒。

郑玄究竟有多少弟子?史无准确记载。《后汉书·郑玄列传》载:"时年六十,弟子河内赵商等,自远方至者数千。"又:"(去世时)遗令薄葬。自郡守以下尝受业者,缞绖赴会千余人。"③他40岁学成东归,讲学授徒,到60岁时,就有弟子数千人。他活到74岁,在这14年中又有多少弟子呢?在"遗令薄葬"的情况下,仍有千余弟子会葬。如此说来,估计郑玄的弟子有上万人,是可信的。近代经学家皮锡瑞在《经

---

① 《后汉书》卷35《郑玄列传》,中华书局1965年版。
② 《后汉书》卷35《郑玄列传》,中华书局1965年版。
③ 《后汉书》卷35《郑玄列传》,中华书局1965年版。

学历史》中说（郑玄）"著书满家，从学数万"①，也是可能的。据本人统计，其弟子见于记载的有姓名的有 30 人，除上述赵商外，还有崔琰、王经、国渊、任嘏、张逸、刘琰、程秉、孙乾、郗虑、许慈、宋均、刘熙等。他们或当朝为官，或著书立说，或传授弟子。

二、郑玄经注即经学教科书

在东汉当时的学术界，存在着今、古文经学的激烈争论。郑玄通过在太学读书和游学期间访问名儒，既学古文经学，又学今文经学，成为精通今、古文经学的大儒。

儒家的经书，除《易经》外，都被秦始皇焚毁。到了汉代，经儒家学者口传，又用汉代通行的隶书写出来，因称为"今文经"；汉武帝末年，在孔子旧宅墙壁中发现一批竹简，是用古文（即籀文）写的《尚书》等经书，被称为"古文经"。古文经和今文经原只有文字上的差异，后又有解释上的分歧，于是在当时就引起了一场剧烈的今、古文之争。今文经被立为官学，朝廷设立博士教授弟子，而古文经只在民间流传，属于私学。今文学派注重"微言大义"，古文学派注重文字训诂。经过长期争论，从西汉末年开始，古文经也逐渐成为官学。

当时的学者大多只通一经，或只通今文经而不通古文经，或只通古文经而不通今文经。到东汉末年，郑玄既通今文经，又通古文经。他遍注群经，以古文经为主，兼采今文经，实现了今、古文经的融合。正如皮锡瑞在《经学历史》中所说：

案郑注诸经，皆兼采今古文。注《易》用费氏古文，爻辰出费氏分野，今既亡佚，而施、孟、梁丘《易》又亡，无以考其同

---

① ［清］皮锡瑞：《经学历史·经学中衰时代》，中华书局 1959 年版。

异。注《尚书》用古文，而多异马融，或马从今而郑从古，或马从古而郑从今。是郑注《书》兼采今古文也。笺《诗》以毛为主，而间易毛字。自云："若有不同，便下己意。"所谓"己意"，实本三家，是郑笺《诗》兼采今古文也。注《仪礼》并存今古文，从今文则注内迭出古文，从古文则注内迭出今文。是郑注《仪礼》兼采今古文也。《周礼》古文无今文，《礼记》亦无今古文之分，其注皆不必论。注《论语》，就《鲁论》篇章，参之《齐》《古》，为之注，云："鲁读某为某，今从古。"是郑注《论语》兼采今古文也。①

郑玄边教学边注经，所注之经即用来教授弟子。在不其山教学期间，也是在被禁锢的14年内，他以主要精力先注《周礼》，再注《礼记》，又注《仪礼》。后又在崂山教授弟子期间，他笺《毛诗》，注《尚书》。

郑玄在《戒子益恩书》中谈到自己平生读书求知时，指出："博稽《六艺》，粗览传记，时睹秘书纬术之奥。"②所谓"博稽"，就是把主要精力放在研究经书上，求得知识的深度和广度；所谓"粗览"，就是在占时不多的前提下，多浏览一些传记之类的参考书，扩大知识领域，开阔自己的视野；所谓"时睹"，就是偶尔也阅读秘书纬书，选择一些可靠资料，以为旁征博引之用。他通过这种三者结合的读书方法，理解经书深奥的道理，获得了渊博的知识。这是他教给自己后代的读书方法，也可以看作是他一生教育弟子们的读书方法。

---

① ［清］皮锡瑞：《经学历史·经学中衰时代》，中华书局1959年版。
② 《后汉书》卷35《郑玄列传》，中华书局1965年版。

三、从郑玄经注看其对儒家教育理论的阐释

（一）郑玄对古代学制的研究

在儒家经典中关于古代学校的记载，名目繁多，有庠、序、学、校、辟雍、泮宫、瞽宗、成均等。郑玄从性质上把它们分为小学和大学两大类。如《礼记·王制》曰：

> 有虞氏养国老于上庠，养庶老于下庠；夏后氏养国老于东序，养庶老于西序；殷人养国老于右学，养庶老于左学；周人养国老于东胶，养庶老于虞庠。虞庠在国之西郊。

郑玄对这段文字注释道：

> 皆学名也。异者，四代相变耳。或上西，或上东；或贵在国，或贵在郊。上庠、右学，大学也，在西郊；下庠、左学，小学也，在国中王宫之东。东序、东胶亦大学，在国中王宫之东；西序、虞庠亦小学也。西序在西郊，周立小学于西郊。胶之言纠也，庠之言养也。周之小学为有虞氏之庠制，是以名庠云。其立乡学亦如之。①

郑玄在注中指出，这些众多的名目都是学名，只是虞、夏、商、周四代有所不同，这与崇尚不同有关。这些学校可分为小学、大学两类。

郑玄还考证出辟雍和泮宫也都是大学，只因分别为天子、诸侯所办，故名称有异。他在《驳五经异义》中指出：

---

① 《礼记正义》卷12《王制》，载《十三经注疏》，中华书局1980年影印本。

《礼记·王制》:"天子命之教,然后为学。小学在公宫南之左,大学在郊。天子曰辟雍,诸侯曰泮宫。天子将出征……受命于祖,受成于学。出征执有罪,反,释奠于学,以讯馘告。"然则大学即辟雍也。《诗·颂·泮水》云:"既作泮宫,淮夷攸服。矫矫虎臣,在泮献馘。淑问如皋陶,在泮献囚。"此复与辟雍同义之证也。《大雅·灵台》一篇之诗,有灵台、有灵囿、有灵沼、有辟雍,其如是也,则辟雍及三灵同处在郊矣。囿也,沼也,同言灵,于台下为囿为沼,可知小学在公宫之左,大学在西郊,王者相变之宜。众家之说,各不昭晢。虽然于郊,差近之耳,在庙则远矣。《王制》与《诗》,其言察察,亦足以明之矣。①

古代大学的主要成员是国子,郑玄认为即公、卿、大夫子弟。《周礼·地官·师氏》:"以三德教国子。"郑玄注曰:"国子,公、卿、大夫之子弟,师氏教之。"

郑玄认为,古代学校所学为德、道。《周礼·夏官·都司马》:"以国法掌其政学。"郑玄注曰:"学,修德学道。"②修德,即培养道德品行;学道,即学习知识技能。德和行本为一体,他在注《周礼·地官·师氏》"以三德教国子"时说:"德行,内外之称。在心为德,施之为行。"③道包括艺,道和艺分别由师氏和保氏培养教育,地方学校则由相应的师、儒负责。《周礼·天官·大宰》:"三曰师,以贤得民;四曰儒,以道得民。"郑玄注:"师,诸侯师氏,有德行以教民者。儒,诸侯保氏,有六艺以教民者。"④

---

① [清]袁钧辑《郑氏佚书·驳五经异义》,清光绪十四年(1888)浙江书局刻本。
② 《周礼注疏》卷33《夏官·都司马》,载《十三经注疏》,中华书局1980年影印本。
③ 《周礼注疏》卷14《地官·师氏》,载《十三经注疏》,中华书局1980年影印本。
④ 《周礼注疏》卷2《天官·大宰》,载《十三经注疏》,中华书局1980年影印本。

（二）郑玄对古代教育作用和意义的认识

郑玄继承了自孔、孟以来儒家重视教育的传统，又吸收了汉代学者的思想学说，在经注中表现出对教育作用和意义的认识。

郑玄继承儒家的性善论，在注释《论语·雍也》"人之生也直"时说："始生之性皆正直。"①他主张通过教育，使本有的良好素质发扬光大，说："玉虽美，需雕琢而成器。"②但现实中的人各有善恶，所以他也承认"凡人之性有异"③，而将其归结为"气"的作用。他在注释《论语·公冶长》"夫子言性与天道"时说："性谓人受血气以生，有贤愚吉凶。"④他强调"兼气性之效"⑤，开后世理学家将人性分为"天命之性"与"气质之性"说之先河。

郑玄重视环境对人的影响。他在阐发孔子"里仁为美"的观点时说："居于仁者之里，是为善也。"又说："求善居，而不处仁者之里，不得为有知也。"他重视教育对人的作用，强调后天学习的意义，认为人都是学以致知。《论语·述而》："我非生而知之者，好古敏以求之者也。"郑玄注："言此者，劝勉人于学也。"⑥《礼记·中庸》："或生而知之，或学而知之，或困而知之，及其知之，一也。"郑玄注："困而知之，谓长而见礼仪之事，已临之而有不足，乃始学而知之，此达道也。"⑦《礼记·礼运》将人情比作农田，将教育比作耨草，说："讲学

---

① ［清］袁钧辑《郑氏佚书·论语注》，清光绪十四年（1888）浙江书局刻本。
② 《太平御览》卷541引《郑玄别传》，清光绪十八年（1892）歙县鲍崇城校宋版刻本。
③ 《尚书·皋陶谟》"亦行有九德"注，载《十三经注疏》，中华书局1980年影印本。
④ ［清］袁钧辑《郑氏佚书·论语注》，清光绪十四年（1888）浙江书局刻本。
⑤ 《礼记·礼运》"故人者天地之心也……"注，载《十三经注疏》，中华书局1980年影印本。
⑥ ［清］袁钧辑《郑氏佚书·论语注》，清光绪十四年（1888）浙江书局刻本。
⑦ 《礼记正义》卷53《中庸》，载《十三经注疏》，中华书局1980年影印本。

以耨之。"郑玄注："存是而去非类也。"①"存是"即保存天生的善性，"去非"即消除后天滋生的不良品德，这一解释也是肯定教育对人的作用。

（三）郑玄对儒家教育原则和方法的阐发

郑玄在经注中对儒家经典有关教育原则和方法，诸如志与行、"心解"与"启发"、循序渐进与因材施教等，进行了精辟的阐发，充实和发展了教育理论。

1. 志与行

儒家一向提倡立志，郑玄在经注中予以强调。《论语·学而》："未若贫而乐，富而好礼者也。"郑玄注："乐谓志于道，不以贫贱为忧苦也。"他还强调守志的重要。《论语·子罕》："三军可夺帅也，匹夫不可夺志也。"郑玄注："匹夫之守志，重于三军之死将者也。"②

儒家有重视行的传统，并强调以"礼"作为行为的规范。他很重视"礼"的实行，说："礼也者，体也，履也。统之于心曰体，践而行之曰履。"又说："体之为圣，履之为贤。"认为只要做到"践而行之"，就可成为贤才。

2. "心解"与"启发"

儒家把"思"作为重要的教育原则。郑玄在经注中阐述了思考在教学过程中的作用。他认为，只有经过思考，才能对内容深入理解；只有心中真正理解，才能牢固掌握。《礼记·学记》："开而弗达则思。"郑玄注："思而得之则深。"又："虽终其业，其去之必速。"郑玄注："学而不解，则亡之易。"③

在教学过程中，学生的"心解"来源于教师的"启发"，教师的

---

① 《礼记正义》卷21《礼运》，载《十三经注疏》，中华书局1980年影印本。
② ［清］袁钧辑《郑氏佚书·论语注》，清光绪十四年（1888）浙江书局刻本。
③ 《礼记正义》卷36《学记》，载《十三经注疏》，中华书局1980年影印本。

"启发"则以学生的"心解"为目的。郑玄在经注中对孔子采用的启发式教学进行了深入的阐发。《论语·述而》:"子曰:'不愤不启,不悱不发,举一隅不以三隅反,则不复也。'"郑玄注:"孔子与人言,必待其人心愤愤、口悱悱,乃后启发为之说也。如此,则识思之深也。说则举一隅以语之,其人不思其类,则不复重教之也。"①郑玄这一注释阐明了两点:一是启发必须在学生已具备求知欲的前提下,即学生有"心解"的要求时才能进行,其作用在于扫除学生认识上的障碍,使思维活动能深入进行;二是教师的讲授必须给学生留有思考的余地,只点明关键所在,使学生"思其类",去自觉地和主动地完成整个认识过程。

3. 循序渐进与因材施教

郑玄认为,掌握知识是一个由易到难的过程,强调教学内容的安排应坚持循序渐进的原则。《礼记·学记》:"善问者如攻坚木,先其易者,后其节目。"郑玄注:"言先易后难,以渐入。"又:"不陵节而施之谓孙。"郑玄注:"不陵节,谓不教长者、才者以小,教幼者、钝者以大也。"②他赞成《礼记·内则》中关于贵族子弟在不同年龄阶段的学习内容安排。如:"十有三年,学乐,诵诗,舞勺,成童舞象,学射御。"郑玄注:"先学勺,后学象,文武之次也。成童,十五以上。"③

孔子在教学活动中注意因材施教,儒家学者提出教者应知学者之"失",郑玄对此有深刻的阐发。《论语·先进》:"求也退,故进之;由也兼人,故退之。"郑玄注:"言冉有性谦退,子路务在胜尚人,各因其人之失而正之。"④《礼记·学记》:"学者有四失,教者必知之。人之学也,或失则多,或失则寡,或失则易,或失则止。此四者,心之莫同

---

① [清]袁钧辑《郑氏佚书·论语注》,清光绪十四年(1888)浙江书局刻本。
② 《礼记正义》卷36《学记》,载《十三经注疏》,中华书局1980年影印本。
③ 《礼记正义》卷27《内则》,载《十三经注疏》,中华书局1980年影印本。
④ [清]袁钧辑《郑氏佚书·论语注》,清光绪十四年(1888)浙江书局刻本。

也。知其心,然后能救其失也。"郑玄注:"失于多谓才少者,失于寡谓才多者,失于易谓好学不识者,失于止谓好思不问者。救其失者,多与易则抑之,寡与止则进之。"①郑玄在这里提出的"救失"原则,使因材施教的教学原则具体化了。在教学实践中,他对自己弟子的个性和才能十分了解。如他评价赵商说:"博学有秀才,能讲难而口吃,不能剧谈。"②评价国渊说:"国子尼,美才也,吾观其人,必为国器。"③所以他对弟子能"多所鉴拔,皆如其言"④。这正是他对弟子因材施教的结果。

4.对教师地位和条件的论述

郑玄在经注中,对师道问题多有阐发和论说。他主张突出教师的地位,强调教师的作用,并对教师本身提出了很高的要求。

郑玄继承了儒家尊师的思想,从封建礼制的角度论述了教师的地位。《礼记·礼运》:"故天生时而地生财,人其父生而师教之。"郑注:"顺时以养财,尊师以教民,而以治政,则无过差矣。"⑤《诗·周南·葛覃》:"言告师氏,言告言归。"毛传:"言,我也。"郑玄笺:"重言我者,尊重师教也。"⑥他还把尊师和重道联系在一起。《礼记·学记》:"大学之礼,虽诏于天子,无北面,所以尊师也。"郑玄注:"尊师重道焉,不使处臣位也。"⑦他在这条注中还详细叙述了周武王拜吕尚为师请教问题时的礼仪程序,说明虽贵为天子,对待自己的老师也必须执弟子之礼,不能用对待臣下的态度对待老师。对于一般人来说,事师和事亲、事君一样,要服侍终身,只不过为师守丧无丧服的要求。《礼记·檀弓上》:"事师无犯无隐,左右就养无方,服勤至死,心丧

---

① 《礼记正义》卷36《学记》,载《十三经注疏》,中华书局1980年影印本。
② 《太平御览》卷748,清光绪十八年(1892)歙县鲍崇城校宋版刻本。
③ 《三国志》卷11《魏书·国渊传》注引《郑玄别传》,中华书局1959年版。
④ 《后汉书》卷35《郑玄列传》,中华书局1965年版。
⑤ 《礼记正义》卷21《礼运》,载《十三经注疏》,中华书局1980年影印本。
⑥ 《毛诗正义》卷1《周南·葛覃》,载《十三经注疏》,中华书局1980年影印本。
⑦ 《礼记正义》卷36《学记》,载《十三经注疏》,中华书局1980年影印本。

三年。"郑玄注:"心丧,戚容如父而无服也。"①他认为,尊师的实质在于重道,不仅是形式上尊重教师的身份。《礼记·曲礼》:"礼闻来学,不闻往教。"郑玄注:"尊道艺。"②这是因为教师是"教人以道者之称也"③。从他自己对待师道的态度来看,是不违背老师的治学态度、宗旨、方法,并非所有的师说,这是积极的态度。

郑玄还认为,教师在教学过程中起着主导和支配的作用,所谓"师善则善"。《礼记·学记》:"善教者,使人继其志。其言也约而达,微而臧,罕譬而喻,可谓继志矣。"郑玄注:"师说之明,则弟子好求之,其言少而解。"又:"使人不由其诚,教人不尽其材,其施之也悖,其求之也佛。"郑玄注:"教者言非,则学者失问。"所以他把教师本身的品德、学识及教学态度视为教育成败的关键。他在注《礼记·学记》"是故择师不可不慎也"时说"师善则善",正是此意。④

郑玄在经注中还阐述了为师的条件,提出了高标准的要求。有以下几点:

第一,"以正教之"。教师的品行潜移默化地影响着学生,所以教师必须行以正道,这在儿童教育中尤为重要。《礼记·曲礼上》:"幼子常视毋诳。"郑玄注:"小未有所知,常示以正物,以正教之,无诳欺。"⑤这里讲的虽是幼儿教育,但也是对教师的要求。

第二,精通业务。郑玄在经注中批评当时的一些经师自己都没有弄懂经义,只能死记经文。《礼记·学记》:"今之教者,呻其占毕,多其讯。"郑玄注:"言今之师,自不晓经之义,但吟诵其所视简之文,多其难问也。"他认为,只知照本宣科,不是称职的教师。《礼记·学

---

① 《礼记正义》卷6《檀弓上》,载《十三经注疏》,中华书局1980年影印本。
② 《礼记正义》卷1《曲礼》,载《十三经注疏》,中华书局1980年影印本。
③ 《周礼注疏》卷9《地官·序官》"师氏注",载《十三经注疏》,中华书局1980年影印本。
④ 《礼记正义》卷36《学记》,载《十三经注疏》,中华书局1980年影印本。
⑤ 《礼记正义》卷1《曲礼上》,载《十三经注疏》,中华书局1980年影印本。

记》："记问之学，不足以为人师。"郑玄注："此或时师不心解，或学者所未能问。"①

第三，积极施教。郑玄认为，凡是虚心求学有上进心的，都应对他们施教，促其上进。《论语·述而》："人洁己亦进，与其洁也。"郑玄注："人虚己自洁而来，当与其进之。"② 施教应在学生有上进心和求知欲的情况下，以启发学生积极思考的方式进行。《礼记·学记》："善待问者如撞钟，叩之以小者则小鸣，叩之以大者则大鸣，待其从容，然后尽其声。"郑玄注："从读如'富父舂戈'之'舂'。舂容，谓重撞击也，始者一声而已。学者既开其端意，进而复问，乃极说之，如撞钟之成声矣。"③

第四，"修业不敢倦"。教师要认识到自己学业的不足。郑玄在注《礼记·学记》"学然后知不足，教然后知困"时指出："学则睹己行之所短，教则见己道之未达。"所以，教师在教育弟子提高的过程中，也要自强不息，不断深造。《礼记·学记》："知不足，然后能自反也；知困，然后能自强也。"郑玄注："自反，求诸己也。自强，修业不敢倦。"④ 郑玄本人潜心治学数十年，教学不辍，也从不中断自己的学习深造，晚年还向并无名望的刘洪学习《乾象历》，为当时许多名儒所不及。

（原载《高密人文自然遗产》2009 年第 1 期，总第 8 期。）

---

① 《礼记正义》卷 36《学记》，载《十三经注疏》，中华书局 1980 年影印本。
② ［清］袁钧辑《郑氏佚书·论语注》，清光绪十四年（1888）浙江书局刻本。
③ 《礼记正义》卷 36《学记》，载《十三经注疏》，中华书局 1980 年影印本。
④ 以上参《礼记正义》卷 36《学记》，载《十三经注疏》，中华书局 1980 年影印本。

东汉杰出的法律注解家郑玄

东汉时，经师注律已蔚然成风，许多经师都有注律成果。经学家郑玄也是以经师身份注律的，且成果丰硕。他的《律学章句》数十万言，是当时最具权威的法律解释，其注律成果之富和地位之高，都居汉代律家的首位。由此看来，郑玄是汉代经师以经注律的杰出代表，是一位杰出的法律注解家。郑玄律注，惜已亡佚。现在，我们虽然不能见到郑玄律注的原貌，但是从他传世的经注中，仍可看到他通过注经和注律，在促进中国古代法典内容儒家化和立法技术规范化方面做出的重大贡献。

一、对法律原则的阐释

郑玄是有名的经学大师，他对法律原则的解释具有规范性，经他阐释的一些儒家法律原则，后订入封建法典之中。试举二例：

其一，"刑不上大夫"。

这本是奴隶社会的法律制度，经过儒家的理论总结，成为儒家所主张的一条重要的法律原则。《礼记·曲礼上》："礼不下庶人，刑不上大夫。"法家反对这一原则，故秦律不用，汉初立法亦如此。在郑玄之前，汉代学者已对其含义做过解释。贾谊认为，此系指尊贵大臣有罪时，由其自行请罪，而不由君主以刑罚加于其身。戴圣和许慎则认为，此说于古无据，因而不能成立。至郑玄，以立法角度解释说："不与贤者犯法。其犯法则在八议，轻重不在刑书。"① 若从执法角度说，这一原则就是："凡有爵者与王之同族，奉而适甸师氏，以待刑杀。"② 郑玄的典范性解释，订入后世封建法典中。《唐律疏议》在说明八议制度的立法理由时，直接引用了郑玄之说："《礼》云：'刑不上大夫。'犯法则在八议，轻重不在刑书也。"③

其二，"邮罚丽于事"。

这也是儒家主张的一条法律原则，文见《礼记·王制》，但文义不易理解。郑玄解释甚明，说："邮，过也。丽，附也。过人、罚人当各附于其事，不可假他以喜怒。"④ 这一权威性解释，后来成为封建审判制度的一条重要原则。唐律规定："诸应讯囚者，必先以情，审察辞理，反复参验。"⑤ 又规定："诸鞫狱者，皆须依所告状鞫之。若于本状之外，别求他罪者，以故入人罪论。"⑥

二、对法律制度的阐释

儒家经典中所主张的各种重要的法律制度，如八议制度、三宥三赦制度、五听制度、读书则用法制度等，郑玄在经注中皆有解释，为后代订入封建法典奠定了基础。"八议"见《周礼·秋官·小司寇》，郑玄注释时，或引郑司农的解释，或以意解释。这些解释具有权威性，

---

① 《礼记正义》卷3《曲礼上》"刑不上大夫"条郑注，载《十三经注疏》，中华书局1980年影印本。
② 《周礼注疏》卷35《秋官·掌囚》，载《十三经注疏》，中华书局1980年影印本。
③ 《唐律疏议》卷1"八议"条疏，中华书局1983年版。
④ 《礼记正义》卷12《王制》，载《十三经注疏》，中华书局1980年影印本。
⑤ 《唐律疏议》卷29"讯囚察理"条，中华书局1983年版。
⑥ 《唐律疏议》卷29"依告状鞫狱"条，中华书局1983年版。

为后世律注采用。如唐律"八议"基本采用郑玄的解释,唯注"议亲"更具体。①"读书则用法"亦见《周礼·秋官·小司寇》,郑玄同意郑司农之说,云:"读书则用法,如今时读鞫已乃论之。"②唐律据此制订了"狱结竟取服辩"的制度,规定:"诸狱结竟,徒以上,各呼囚及其家属,具告罪名,仍取囚服辩。"③郑玄对"三宥三赦""五听"等制度的解释也都明晰、准确。

古代某些法律制度不易理解,经郑玄阐释后始清楚明白,如古代的阴讼制度即如此。《周礼·地官·媒氏》:"凡男女之阴讼,听之于胜国之社。"郑注:"阴讼,争中冓之事以触法者。胜国,亡国也。亡国之社,奄其上而栈其下,使无所通。就之以听阴讼之情,明不当宣露。"④通过郑玄的注释,我们可以了解这一制度大体相当于现代刑事诉讼中对个人隐私案件不公开审理的原则。

三、对法律概念的解释

郑玄在注经时,对经书中的法律概念都做了准确的解释,由此可推知其律注的大概。下面举出数例:

其一,"左道"。这是汉律中的一个专门名词,屡见于《汉书》。如《郊祀志》云:"皆奸人惑众,挟左道。"⑤《杜延年传》云:"不知而白之,是背经术、惑左道也,皆在大辟。"⑥《淳于长传》云:"许皇后坐

---

① 《唐律疏议》卷1"八议"注,中华书局1983年点校本。
② 《周礼注疏》卷35《秋官·司寇》,载《十三经注疏》,中华书局1980年影印本。
③ 《唐律疏议》卷30"狱结竟取服辩"条,中华书局1983年版。
④ 《周礼注疏》卷14《地官·媒氏》,载《十三经注疏》,中华书局1980年影印本。
⑤ 《汉书》卷25《郊祀志》,中华书局1962年版。
⑥ 《汉书》卷60《杜延年传》,中华书局1962年版。

执左道，废处长定宫。"① 单从这些记载来看，"左道"的含义弄不明白。郑玄在注《礼记·王制》"执左道以乱政，杀"句时说："左道，若巫蛊及俗禁。"② 汉代曾发生巫蛊之乱，郑玄以之为例解释，极为明晰。

其二，"伤"或"伤人"。这也是汉律中的一个名词，汉代典籍中屡见。《盐铁论·刑德》云："盗、伤与杀同罪。"③《汉书·高帝纪》："（薛）况首为恶，（杨）明手伤，功意俱恶。""与父老约，法三章耳：杀人者死，伤人及盗抵罪。"④ 单从上述典籍记载，"伤"或"伤人"意思不明。郑玄在《周礼·秋官·禁杀戮》"凡伤人见血而不以告者"句下注云："见血乃为伤人耳。"⑤ 这一解释使此概念甚为明晰。

其三，"附益"。这也是汉律中的一个专门名词，汉代典籍中屡见。《新序》云："孝武皇帝时……重附益诸侯之法。"⑥《汉书·匡衡传》："附下罔上，擅以地附益大臣，皆不道。"⑦ 对"附益"一词的解释，各律家有所不同。《汉书·诸侯王表》"设附益之法"句，颜师古注引张晏曰："律郑氏说，封诸侯过限曰附益。或曰，附媚王侯，有重法也。"⑧ 这里所引两种解释，显然以郑说为是。

其四，"不识"。对这一法律名词的解释，郑玄亦高于其他律家。《周礼·秋官·司刺》："壹宥曰不识。"郑注："郑司农云：'不识谓愚民无所识则宥之……'玄谓：识，审也。不识，若今仇雠当报甲，见乙

---

① 《汉书》卷93《淳于长传》，中华书局1962年版。
② 《礼记正义》卷12《王制》，载《十三经注疏》，中华书局1980年影印本。
③ ［汉］桓宽：《盐铁论·刑德》，载《诸子集成》七，中华书局1954年版。
④ 《汉书》卷1《高帝纪》，中华书局1962年版。
⑤ 《周礼注疏》卷36《秋官·禁杀戮》，载《十三经注疏》，中华书局1980年影印本。
⑥ ［汉］刘向：《新序》，载《四库全书·子部·儒家类一》，中国台北商务印书馆1983年影印《四库全书》文渊阁本。
⑦ 《汉书》卷81《匡衡传》，中华书局1962年版。
⑧ 《汉书》卷14《诸侯王表》，中华书局1962年版。

诚以为甲而杀之者。"① 根据汉代实际情况，老百姓因不懂法律而犯罪，并不能得到宽宥，故以郑说为确。

四、郑玄律注在中国法律史上的地位

郑玄对法律概念的解释，力求具有明晰性和准确性，这对于后代立法技术的发展，有深远的影响。张斐、杜预注晋律，《唐律疏议》释唐律，都继承了郑玄注律的这一传统，有些解释直接源于郑玄。如张斐对"过失"的解释是"不意误犯谓之过失"，这一解释被奉为典范性解释，而其实是源于郑玄的。《周礼·地官·调人》："凡过而杀伤人者，以民成之。"郑注："过，无本意也。"② 唐律中为"伤"这一概念的立法解释是"见血为伤"③，也是源于郑玄的解释。

郑玄注律是汉儒以经注律的杰出代表，受到朝廷的重视。魏明帝曾规定郑玄的律注为权威性的法律解释，在法律执行中都要以郑玄所作的律文章句为准。《晋书·刑法志》说："叔孙宣、郭令卿、马融、郑玄诸儒章句，十有余家，家数十万言。凡断罪所当由用者，合二万六千二百七十二条，七百七十三万二千二百余言。言数益繁，览者益难。天子（按：指魏明帝）于是下诏，但用郑氏章句，不得杂用余家。"④ 这说明了郑玄律注的权威性。

在中国法律史上，郑玄律注对从汉到唐律学的发展起到了承前启后的作用。清代法学家沈家本说："尝考元魏太和中，置律博士，时儒说十余家，诏但用郑氏章句，不得杂用余家。唐律本隋，由魏而周而

---

① 《周礼注疏》卷36《秋官·司刺》，载《十三经注疏》，中华书局1980年影印本。
② 《周礼注疏》卷14《地官·调人》，载《十三经注疏》，中华书局1980年影印本。
③ 《唐律疏议》卷20"斗殴人"条疏，中华书局1983年版。
④ 《晋书》卷13《刑法志》，中华书局1974年版。

隋，渊源具在。然则唐律之疏议，虽不纯本太和，而郑义多在其中。"①可见，郑玄对中国法律的发展、对中华法系的形成做出了特殊的历史贡献。

（原载《高密人文自然遗产》2009年第3期，总第10期。）

---

① 《重刻唐律疏议·序》，清光绪十七年（1891）江苏书局刻本。

论郑玄的学术成就

郑玄是我国东汉末年最著名的经学家，他毕生从事经学教育和群经注释工作，创立"郑学"，成就卓著。

一、郑玄的经学教育和学术活动

郑玄自幼志于经学，从20多岁开始，在外求学近20年。他"游学周、秦之都，往来幽、并、兖、豫之域，获觐乎在位通人，处逸大儒，得意者咸从捧手，有所受焉。遂博稽'六艺'，粗览传记，时读秘书纬书之奥"①，成为当时最为博大精深的经学大师。

他年过四十，才回到故乡高密。这时，慕名前来求学的陆续聚集达数百人之多。由于家境贫困，于是"客耕东莱"（今山东青岛市即墨区东南20公里不其山），即到东莱租田播殖，以解决给养问题。不久，朝廷发生了第二次"党锢"之祸，把持朝政的宦官残酷地迫害正直的士大夫，时任太仆的杜密被害。郑玄算是杜密的"故吏"，也被列入"党人"名单，在汉灵帝建宁四年（171），与同郡孙嵩等40余人俱被禁锢。仕途既绝，"遂隐修经业，杜门不出"②，但"教授不辍，弟子数百人"③。

---

① 《后汉书》卷35《郑玄列传》，中华书局1965年版。
② 《后汉书》卷35《郑玄列传》，中华书局1965年版。
③ ［晋］袁宏：《后汉纪·献帝纪》，天津古籍出版社1987年校注本。

这一时期，他一面讲学授徒，一面从事儒家经籍的研究注释，完成了《周礼注》《仪礼注》《礼记注》。时任城何休好《公羊》学，认为《左传》和《穀梁传》问题很多，著《公羊墨守》《左氏膏肓》《穀梁废疾》。郑玄不同意何休的观点，撰写了《发墨守》《箴膏肓》《释废疾》，针锋相对地予以驳斥，并切中要害。何休见而叹曰："康成入吾室，操吾矛，以伐我乎？"① 连论敌都表示叹服，可见其学术水平之高。

汉灵帝中平元年（184），党禁解。郑玄在被禁锢14年之后而蒙赦令，朝廷征他为博士，许多当权者荐举他到朝中做官，但他一无所就。他早已抱定"但念述先圣之元意，思整百家之不齐"②的治学志向，继续授徒讲学，注经，弟子河内赵商等自远方至者数千。晋代学者王嘉描写当时的盛况说："求学者不远千里，赢粮而至，如细流之赴巨海，京师谓康成为'经神'。"③

汉献帝中平五年（188），徐州黄巾起义军攻入北海，为躲避战乱，郑玄率领弟子到不其山（隶属青岛市城阳区）继续进行教学活动和儒家经典的注释工作。后又曾到崂山（今山东淄博市淄川区境内）注经讲学。这一时期，他完成了《诗经》《尚书》《论语》的注释。后因粮食供应困难，不得不遣散诸生。初平二年（191），他应徐州牧陶谦之邀，又客居徐州，曾住在东海郡南城县南城山（今山东平邑县境内），在那里注释《孝经》。

孔融任北海相后，甚重郑玄，多次敦请郑玄返乡。郑玄遂于建安元年（196）回到故乡，但孔融认为，郑玄只是一个"辞气温雅，可玩而诵；论事考实，难可悉行"的经师，所以"礼之虽备，不与论国事也"④。郑玄仍在家乡从事经学研究和教育活动。这一年，他写了著名的

---

① 《后汉书》卷35《郑玄列传》，中华书局1965年版。
② 《后汉书》卷35《郑玄列传》，中华书局1965年版。
③ ［晋］王嘉：《拾遗记》卷6，清光绪元年（1875）崇文书局刻本。
④ 《三国志》卷12《魏书·崔琰传》，中华书局1959年版。

《戒子益恩书》。

建安五年（200），袁绍屯兵官渡，其子袁谭逼迫郑玄随军。郑玄只得带病前往，至元城（今河北省大名县），病势加重，不能继续前进。他在病中仍然坚持学术研究，完成了《周易》的注释。并于当年六月去世，弟子前来送葬的有1000多人。

郑玄于建安三年（198）还曾被征为大司农，但他以病自乞还家，故他一生实不曾为官，而将毕生精力完全付诸经学研究和教育活动中。在30多年的时间内，他教授弟子近万人；他不仅遍注群经，还遍注群纬，注《日月交会图》，注《乾象历》，注《汉律》，并撰写了《鲁礼禘祫义》《答临硕难礼》《天文七政论》等著作，计100多万言。

郑玄以一介布衣而成为一代经学大师，故能平易近人。他没有其师马融的达官显贵习气，而有学而不厌、诲人不倦的品格。他主动施教。"张逸年十三，为县小吏。玄谓之曰：'尔有赞道之质，玉虽美，须雕琢而成器。能为书生，以成尔志乎？'对曰：'愿之。'遂拔于其辈。"[①] 从《郑志》中有关郑玄的教学问答的记载看，他对弟子的请教都能不厌其烦地详尽解答。他能像孔子那样，对弟子因材施教，弟子的特点他十分了解，如评价赵商"博学有秀才，能讲难"[②]；"又乐安国渊、任嘏，时并童幼，玄称渊为国器，嘏有道德。其余亦多所鉴拔，皆如其言"[③]。

郑玄"经传洽孰，称为纯儒"[④]。他不为官禄所诱，不为威势所屈，潜心治学，清贫乐道。他不仅才高博洽，而且师德高尚，"造次颠沛，

---

① 《太平御览》卷541引《郑玄列传》，清光绪十八年（1892）歙县鲍崇城校宋版刻本。
② 《太平御览》卷748引《郑玄列传》，清光绪十八年（1892）歙县鲍崇城校宋版刻本。
③ 《后汉书》卷35《郑玄列传》，中华书局1965年版。
④ 《后汉书》卷35《郑玄列传》，中华书局本1965年版。

非礼不动"①，孙嵩誉之为"诚学者之师模也"②。所以无论是遭"党锢"而客耕东莱之时，还是避战乱隐居不其山之日，都有众多弟子相随，且心无二志。他去世时，"自郡守以下尝受业者，缞绖赴会千余人"③。他一生培养出大批人才，"其门人山阳郗虑至御史大夫，东莱王基、清河崔琰著名于世"④。

二、遍注群经，集经学之大成

郑玄是汉代最后一位、也是最有成就的一位经学大师，他在学术上的最大成就，就是遍注群经，从而打破了汉代经学宗派林立、门户森严的封闭局面，创造了汉代经学之大成的卓著成就，在经学发展史上具有里程碑的地位。

汉代是经学最为昌盛的时代，而今、古文经之争又是汉代经学的一个重大问题。儒家经典经秦火后，至汉复传。复出的儒家典籍，因书写所用的文字不同而分为今、古文。靠老儒生的记忆、背诵而传授的，并且用汉代通行的文字隶书记录下来的，称为"今文经"；私人收藏与孔壁发现的，用汉代以前的籀文写成的，称为"古文经"。西汉一代，立于学官的是今文经，共有五经十四博士；而古文经只在民间流传，不得立于学官。西汉末年，刘歆提出把古文经《逸礼》《古文尚书》《左氏春秋》立于学官，遭到今文经学家的反对。这是因为如果把古文经立于学官，便威胁到今文经学家的既得利益，于是今、古文经由最初只有文字上的差异，发展为解释上的分歧，今、古文经之争遂起。至西汉末年，今文经学占据学术界的统治地位已经100多年，由于它偏重于发掘

---

① ［晋］袁宏：《后汉纪·献帝纪》，天津古籍出版社1987年版。
② 《三国志》卷11《魏书·邴原传》裴松之注，中华书局1959年版。
③ 《后汉书》卷35《郑玄列传》，中华书局1965年版。
④ 《后汉书》卷35《郑玄列传》，中华书局1965年版。

经的"微言大义",大搞章句之学,故其僵化、烦琐的缺点已很明显,有的学者解释一经达百余万言,儒者"罢老不能究其一艺"。而古文经学讲究名物训诂,注重史实的考证,有简明直接的优点,所以治古文经学的学者逐渐增多,东汉前期在学术界有很高威望的人物,如桓谭、郑兴、杜林、陈元、贾逵等人都是古文经学家,他们和今文经学派进行了激烈的争论。至东汉后期,古文经学派的威望进一步提高,经马融《答北地太守刘瑰》和郑玄作《发墨守》《箴膏肓》《释废疾》驳斥何休,言辞确凿,义理精深,古学遂明,并超过了今文经学派的势力。

东汉末年,郑玄以顽强的毅力、渊博的知识进行了遍注群经的艰辛工作。他首先对经书进行整理,当时的今文经、古文经,字体不同,内容也不一致,必须首先进行整理,才能进行注释。郑玄在这方面做了许多耐心而细致的工作,既对错简伪文认真审辨,又对今、古文经异本仔细校勘,并且还将古书篇目次第的不同编排彼此互校,选择比较合理的肯定下来,然后再进行注释工作。如校《论语》,以《鲁论语》为底本,而以《古论》校之,共校出异文50处。他以古文经为主,兼采今文经,择善而从。如注《易》,用费氏,兼采施、孟、梁丘氏;注《书》,用杜林所传古文经,兼采欧阳氏和大、小夏侯所传今文经;笺《诗》,用《毛诗》,兼采齐、鲁、韩三家今文经;注《仪礼》,兼采今、古文经,用古文经则注明"今文某作某",用今文经则注明"古文某作某";注《周礼》,因无今、古文经之别,而只有古文经,但有故书、今书之异,便以故书为主,兼采今书;注《礼记》,无今、古文经之别,但有数种本子,便兼采各本异文。

郑玄兼采今、古文注经,其经注形成了自己的特点。

第一,不拘门户之见。他不盲从师说,当他认为师说不妥时,即提出不同的观点。如他最初从师张恭祖学《韩诗》,后又学了《毛诗》,认为优于《韩诗》,就以《毛诗》为底本作注,而基本上舍弃了《韩诗》的师说。对于其师马融的观点,也是如此。如注《书》,多异于马融。《尚书·尧典》"修五礼",马注:"五礼,吉、凶、军、宾、嘉也。"郑注:"五礼,公、侯、伯、子、男朝聘之礼也。"又"教胄子",马注:"胄,长也。教长天下之子孙。"郑注:"国子也。"①

第二,广采群言,加以己见。他注经时,常直接采用其他经的原文,所谓"以经说经"。如《礼记·学记》:"教人不尽其材。"郑注:"材,道。《易》曰:'兼三材而两之,谓天、地、人之道。'"②这种注释权威性强,并沟通了儒家各经之间的联系,使经学有可能成为整体的学术,这是那些汉代专攻一经的学者不能做到的。在今、古文经两派对垒的情况下,郑玄虽比较倾向于古文经,但在经注中能够力求采纳各家之精华。《仪礼·士冠礼》:"主人纷而迎宾……礼如阼。"郑注:"古文纷为结,今文礼作醴。"③即"纷"字采用今文经,而"礼"字采用古文经,而将其异说列于注中。他以《毛诗》为底本作笺,注中多采齐、鲁、韩三家《诗》说。这种广采众说的经注,并非东拼西凑,而是以一家学说为主,吸收其他各家的精华,同时加上自己的见解,从而构成严谨的学说体系。他在《六艺论》中说:"注《诗》宗毛为主,毛义若隐略,则更表明。如有不同,即下己意,使可识别也。"④所谓"下己意",既包括采用的其他各家《诗》说,也包括自己的创见。笺《诗》如此,注群经也是这样。他在注中除注明异文外,凡引用经文或其他经师之言皆注明出处,自己的见解则以"玄谓"提示,体例严谨。

第三,简约精要,易于掌握。他注经摒弃了逐字逐句进行解释的章句形式,而采取"文义自解,故不言之,凡说不解者耳"⑤。他说:

---

① 《尚书正义》卷2《尧典》,载《十三经注疏》,中华书局1980年影印本。
② 《礼记正义》卷36《学记》,载《十三经注疏》,中华书局1980年影印本。
③ 《仪礼注疏》卷3《士冠礼》,载《十三经注疏》,中华书局1980年影印本。
④ 《毛诗正义》卷1《周南·关雎》"郑氏笺"疏引,载《十三经注疏》,中华书局1980年影印本。
⑤ 《毛诗正义》卷1《周南·螽斯》引《郑志》郑玄答张逸语,载《十三经注疏》,中华书局1980年影印本。

"窃观二三君子之文章,顾省竹帛之浮辞。其所变易,灼然如晦之见明;其所弥缝,奄然如合符复析,斯可谓雅达广揽者也。然犹有参错,同事相违,则就其原文字之声类,考训诂,捃秘逸……存古字,发疑,正读,亦信多善,徒寡且约。"① 按照这一宗旨注经,他虽博采众家,广揽群言,但笔墨只下在重点和难点上,故其经注简明扼要,甚至注文比经文还少。这与那种"说《尧典》篇目两字之谊,至十余万言"②的章句之学相比,风格截然不同。

郑玄经注的上述特点,对于当时那些墨守师传的学者来说,起到了思想解放的作用。其集汉代经学之大成的卓越成就,使他成为当之无愧的经学大师,所以受到学者们的无比推崇,"当时之学,名冠华夏,为世儒宗"③。

三、创立"郑学",经学归一统

汉代的今、古文经,不仅字句有歧异,篇章有不同,而且在内容的具体解释和训诂方法上,也大相径庭,这便引起学派的争执,两派互相攻讦,势不两立,愈演愈烈。

汉代传经,又讲究师法和家法。所谓"师法",是指所从业之师之法;所谓"家法",是指师法所从出者。如《汉书·儒林传》,凡说某经有某氏之学者,大抵都是指家法。说"《易》有施、孟、梁丘之学",施、孟、梁丘是《易》之三家,各有家法;说"施家有张、彭之学",则是施氏的家法下,又分张、彭二师之学。今、古文经学两派都严格按照自己的观点注经讲学,绝不相混。如古文经学家杜子春、郑兴、郑众、贾逵、马融等注《周礼》,一律不用今文经学家的说法;今文经学

---

① 《周礼正义序·序周礼废兴》,载《十三经注疏》,中华书局1980年影印本。
② 《汉书》卷30《艺文志》注,中华书局1962年版。
③ 《三国志》卷4《三少帝纪》注引华歆语,中华书局1959年版。

家何休注《公羊传》，则于《周礼》一字无取。今文经学派指责古文经学派变乱师法，古文经学派则指责今文经学派"党同妒真"。即使在同一派内部，也是严守经师的传授，不背师说。

在今、古文经学派固执于自己的阵地而又严守师法、家法的情况下，造成了一经有数家、一家有数说，甚至"一经说至百余万言"的混乱局面，经学日益流于烦琐、教条、支离破碎之弊，而且臆测经义，谬误百出，使后学顾此失彼，茫然不知所以。当时有个叫秦近君的《尚书》大师，解释《尧典》篇题，就洋洋洒洒用了10多万字；解释《尧典》篇首"曰若稽古"4字，用了3万字。学者们为了利禄，只有皓首穷经。

郑玄治经却不为利禄，而以经学为一门学问，乐于从事，孜孜不倦。他平生所学，不专守于一师之说，不专尊一派之书，而是兼今、古文经，博学多师。他始从第五元先习《京氏易》《公羊春秋》，属于今文经学派；又从张恭祖习《周官》《左氏春秋》《古文尚书》，又属古文经学派；终又在古文经学大师马融门下受业数年，立足于古文经学派。但他并不沉迷于古文经，而是以客观的态度对待今、古文经，做到兼容今、古文经。今文经学经过100多年的发展，虽已衰微，但必有可取之处；古文经学于东汉末年异军突起，定有优点，但也不能固执己见。郑玄对今、古文经都有精深的研究，谙熟其治学方法、经说等各方面的长短优劣，所以有清醒的认识，始终抱正确的态度，认为丢弃今文经，单独弘扬古文经，是学术上的不公，亦难成通才大家，只有把今、古文经二学融为一体，尽取其极致，铸成一家之言，才能使经学从死胡同走出一条新路来。

郑玄遍注群经时，不守师法、家法，以古文经为主，兼取今文经之长，参合其意，择善从之，融汇百家，无所不包，又断以己意，自成体系，人称之为"郑学"。当时久为繁杂的师法、家法所苦的儒生、学者们，对郑注皆闻而悦之，翕然归之。他们为其博大宏通所震撼，遂崇尚之，大批经生属意于郑氏经注，不复更求各家。正如清代经学家皮锡瑞所说："郑君康成，以博闻强记之才，兼高节卓行之美，著书满家，从学盈万。当时莫不仰望，称伊、洛以东，淮、汉以北，康成一人而已。咸言先儒多阙，郑氏道备。自来经师未有若郑君之盛者也。"①

自郑玄所注诸经行世，此前各守门户的今文经和古文经，不再为人们所遵信，并逐渐被摒弃、淘汰。于是，郑注古文《费氏易》流行，而今文的施、孟、梁丘、京氏四家《易》遂废止；郑注《古文尚书》流行，而今文的欧阳和大、小夏侯三家《尚书》便散失；郑笺《毛诗故训传》流行，今文的齐、鲁、韩三家《诗》即不显；郑注"三礼"流行，大、小戴和庆氏《礼》遂不行；郑注《论语》流行，齐、鲁《论语》终散佚。一时之间，郑玄的经说压倒了其他各家经说，经生皆从郑氏，经学成了郑玄的一统天下，"郑学"几乎成了经学的代名词了，于是出现了一个经学"小统一时代"。创立郑学，统一经学，是郑玄在学术上的最高成就。它不是靠官方的政治权力来统一经学，而是以自身高超的学术水平来赢得天下学者的归宗，是相当了不起的成就。

郑学的出现，使经学发生了重要的变化。它使今、古文经融合为一，从而结束了两汉以来今、古文经学长期纷争的局面，而归于统一，郑学成为"天下所宗"的儒学。汉魏之际，郑玄弟子遍布各地，郑学风靡天下。曹魏之时，论讲用郑玄经注，魏帝曹髦亦主郑学；蜀汉皇帝刘备为徐州牧时，亦曾以师礼待郑玄；时魏之王基、孙炎、马昭、张融，蜀之许慈、姜维、吴之薛综、徐整，皆治郑学，宗郑学，并取得一定的学术成就。

郑学影响所及，还引起了郑学与王学的对峙。魏末王肃亦遍注群经，兼采今、古文经，然专与郑学对立，遂形成新的经学派别——王学。王氏位居三公，又与司马氏联姻以为政治靠山，故有恃无恐。西晋

---

① ［清］皮锡瑞：《经学历史·经学中衰时代》，中华书局1959年版。

建立后，其学盛行，所注"三礼"和《尚书》《诗》《左传》《论语》，及其父王朗所作《易传》，皆立于学官。时孔晁、孙毓等并申王以驳郑，而孙炎、马昭等又主郑以驳王。至东晋初，郑学又压倒王学，郑玄所注群经多立于学官。南北朝时期，有南学和北学的对立。南朝玄学盛行，经学衰落，唯"三礼"全用郑注；北朝则崇尚郑学，《易》《书》《诗》及"三礼"皆宗郑氏，治郑学者名家众多。这种对立斗争，直到唐太宗诏孔颖达等撰成《五经正义》，才告平息，此后郑学的影响又持续了1000多年。

（原载王振民主编《郑玄研究文集》，齐鲁书社1999年出版。）

郑学的产生与汉末经学的统一

汉代，经学内部长期存在着今、古文经的严重对立，相互攻击如仇雠，有很深的门户之见。到东汉末年，郑玄遍注群经。其文本，以古文经为主，兼采今文经进行校勘；其注释，不拘于门户之见，能破除家法传统，广采众说，择善而从。经过郑玄的校勘、注释，使得今、古文经融会贯通，并基本上结束了汉代今、古文经长期纷争的局面，使经学进入了一个统一的时代。这种融会今文、古文的经学，因为是经学大师郑玄所创，故被称为"郑学"。本文仅就郑学产生的原因、郑学的特点及郑玄对统一经学的贡献予以阐述。

一、郑学产生的原因

郑学的产生，既有深刻的社会历史原因，也有经学自身发展的内部规律，自然与郑玄本身的条件也是分不开的。

（一）郑学产生的社会历史原因是时代的需要

郑学产生于东汉末年，反映着当时地主阶级要求摆脱严重的社会危机的愿望。

东汉后期，政治腐败，社会黑暗。外戚、宦官交替专权，轮流擅政，朝廷内部的倾轧与斗争愈演愈烈。正所谓"逮桓、灵之间，主荒政谬，国命委于阉寺，士子羞于为伍"①。由于军阀割据局面的形成，中央政权危机四伏，岌岌可危。其时，作为封建统治阶级精神支柱的经学，其内部今、古文经却严重对立，"异端纷纭，互相诡激"②。今文经学家指责古文经学家变乱师法，古文经学家则指责今文经学家"党同门，妒道真"③。这种经学内部纷争，造成了意识形态的严重混乱局面，削弱了上层建筑的作用，对巩固中央集权不利。因此，解决今、古文经的纷争，实现经学的统一，是从意识形态方面强化封建统治的当务之急。

要实现经学统一，在一般情况下，封建最高统治者应召集群儒，展开讨论，然后由皇帝亲临裁决。在东汉历史上，曾经有章帝时的白虎观会议，命诸儒讨论经义，写成《白虎通义》。但是，东汉末年的封建统治者，内外交困，已经没有能力运用政权的力量自上而下地解决这一问题。尽管灵帝曾颁布熹平石经，"使天下咸取则焉"，也只能改变一下"文字多谬"④的状况，不能解决经义分歧的问题。于是，统一经学这一艰巨任务，就只能由那些处在基层的硕学大儒自下而上地来完成了。

从东汉的情况来看，自西汉以来一直处于官学地位的今文经已经衰败。今文经"分文析字，烦言碎辞，学者罢老且不能究其一艺"⑤，以致"通人恶烦，羞学章句"⑥。白虎观会议后，今文经博士竟然无人能胜任概括总结这次会议的重任，只能由古文经学者班固来完成。所以，今文经学派的儒者显然是不可能承担这一任务的。而在西汉长期受到压制和排挤的古文经学在东汉却逐渐兴盛起来，它从民间进入朝堂，由私学成为官学；古文经学者也多以其博洽而受到儒家学者信任，以扎实的学风受到儒家学者的推崇。在这种历史条件下，统一经学的重任便历史性

---

① 《后汉书》卷67《党锢列传·序》，中华书局1965年版。
② 《后汉书》卷35《郑玄列传·论》，中华书局1965年版。
③ 《汉书》卷36《楚元王传》，中华书局1962年版。
④ 《后汉书》卷60《蔡邕列传》，中华书局1965年版。
⑤ 《汉书》卷36《楚元王传》，中华书局1962年版。
⑥ ［南朝·梁］刘勰：《文心雕龙·论说》，上海古籍出版社1984年影印元刻本。

地落在古文经学家身上。

郑玄是东汉古文经学派的最后一位经学大师，有条件、有能力承担这一任务。蔡邕被杀，郑玄曾慨叹："汉世之事，谁与正之？"① 这表明了他维护汉室封建统治的愿望。他立志"但念述先圣之元意，思整百家之不齐"②，表明了他一生以统一经学为己任的抱负。他年轻时在外求学近20年，遍访名师，遂精通今、古文经，表明他为统一经学做了长期的准备。郑玄遍注当时流行的《周易》《尚书》《毛诗》《周礼》《仪礼》《礼记》《孝经》《论语》等经书，并兼采今、古文经，就是他采取的自下而上解决经义分歧的一种最为可行的办法。

东汉末年的社会危机，也为经学统一提供了客观条件。两次党锢之祸，使经学内部的派别之争放缓，使今、古文经的合流成为可能。同时，党锢之祸使大批正直的官员和士人遭到迫害，使得大批学者无心仕途，他们或聚徒教授，或潜心经学研究。郑玄就是在被禁锢的14年间，"隐修经业，杜门不出"③，而完成"三礼"注的。

（二）郑学的产生是经学自身发展的结果

汉代经学经历了由简到繁、由繁到约的发展过程，郑学的产生正是这个过程完成的标志。西汉传经，讲究师法和家法。所谓"师法"，是指所从业之师之法；所谓"家法"，是指师法所从出者。如《汉书·儒林传》，凡说某经有某氏之学者，大抵是指家法。说《易》有施、孟、梁丘之学"，施、孟、梁丘是《易》之三家，各有家法；说"施家有张、彭之学"，则是施氏的家法下，又分张、彭二师之学。今、古文经学两派都严格按照自己的观点注经讲学，绝不相混。儒生们也大都各抱一经，很少撰述。

---

① 《后汉书》卷60《蔡邕列传》，中华书局1965年版。
② 《后汉书》卷35《郑玄列传》，中华书局1965年版。
③ 《后汉书》卷35《郑玄列传》，中华书局1965年版。

经学内部严守师法、家法的情况，造成了"经有数家，家有数说"①的混乱局面。特别是今文经学长期占据学术界的统治地位，一味附会政治，臆测经义，把立于学官作为一种入仕的途径。至东汉，随着师法的被打破，出现了大规模的撰述活动。他们注释儒家经典，又着重发掘其所谓"微言大义"，大搞章句之学，出现了日趋烦琐、教条、支离破碎的弊端。如周防"撰《尚书杂记》三十二篇，四十万言"②。秦近君"能说《尧典》，篇目两字说至十余万言，但说'曰若稽古'三万言"③。学者说经，"章句多者或乃百万余言"④，以致谬误百出，使后学顾此失彼，茫然不知所以，正所谓"学徒劳而少功，后生疑而莫正"⑤。但学者们为利禄所驱使，仍然皓首穷经。所以，经学的进一步发展，要求削繁。

在西汉，古文经学派在政治上没有地位，只在民间流传，但其治经讲究名物训诂，注重史实的考证，有简明、直捷的优点，与今文经学形成鲜明的反差，所以治古文经的学者越来越多。东汉前期，在学术界有很高威望的人，如桓谭、郑兴、杜林、陈元、卫宏、许慎、贾逵等，都是古文经学家。为了取得官学的政治地位，改变被压抑的处境，古文经学派与今文经学派进行了激烈的争论和多次的较量，威望和地位不断提高。至东汉末年，经马融答北地太守刘瑰和郑玄驳斥何休，言辞凿凿，义理精深，古学遂明，并超过了今文经学的势力。

郑玄是古文经学派的代表，又集今、古文经学之大成。他适应了时代的要求，突破了今、古文经学的门户之见，注经兼融今、古文经说，择善而从，使今、古文经不仅在文字上，而且在经义的解释上统一起来，经注又极为简约。故郑注出现以后，儒生们如影随形，其他各家

---

① 《后汉书》卷35《郑玄列传·论》，中华书局1965年版。
② 《后汉书》卷79《儒林列传》，中华书局1965年版。
③ 《后汉书》卷79《儒林列传》，中华书局1965年版。
④ 《后汉书》卷35《郑玄列传·论》，中华书局1965年版。
⑤ 《后汉书》卷35《郑玄列传·论》，中华书局1965年版。

经注无人再用。可见，郑学的产生，正是在学术上相互交流的产物。

（三）郑学产生的学术基础是学者通经

在郑玄以前，已经出现了一大批精通数经的通儒，他们对群经的注释，为今、古文经的融合和郑学的产生打下了学术基础。

西汉时，经学家大都只通一经，兼通数经者甚少。正如清代皮锡瑞所说："前汉多专一经，罕有兼通。经学初兴，藏书始出，且有或为《雅》，或为《颂》，不能尽一经者。若申公兼通《诗》《春秋》，韩婴兼通《诗》《易》，孟卿兼通《礼》《春秋》，已为难能可贵。夏侯始昌通五经，更绝无仅有矣。"① 汉代立于官学的今文经学，原有齐学、鲁学之分，后继续分化。如齐学中，同是传自董仲舒《春秋公羊》学的有严彭祖和颜安乐两派，成为两个分支。

至东汉，光武帝实行今、古文经学并用的方针，经学界出现了学通数经并且兼学今、古文经的潮流。由于今文经学内部的纷争，使得今文经学在与古文经学的争论中处于被动局面，所以今文经学内部开始出现融合诸家经说的情况。如东汉光武帝时期，张玄是"兼通数家法"的《公羊》学大师，而李育又胜过张玄，他兼通《公羊》学的严、颜两家，又"颇涉猎古学，尝读《左氏传》"②，既立足《公羊》学又研《左氏》学。汉章帝时，进一步提高古文经的地位。建初八年（83）诏"诸儒各选高才生，受《左氏》《穀梁春秋》《古文尚书》《毛诗》"③，要求学今文经的也要学习古文经，这不仅提高了古文经的地位，也对儒生兼学今、古文经产生了较大影响，学者通经成为普遍现象。据《后汉书·儒林列传》载，孙期"习《京氏易》《古文尚书》"，张驯"能诵《春秋左氏传》，以大夏侯《尚书》教授"，尹敏"初习欧阳《尚书》，后受古文，

---

① ［清］皮锡瑞：《经学历史·经学中衰时代》，中华书局1959年版。
② 《后汉书》卷79《儒林列传》，中华书局1965年版。
③ 《后汉书》卷36《贾逵列传》，中华书局1965年版。

兼善《毛诗》《穀梁》《左氏春秋》"。这些今文经学者皆不专治一经，且兼学今、古文经。而何休"精研六经"，被称为东汉今文经学的集大成者。

就古文经学派而言，因古文经学一直在民间流传，不像今文经学那样，有固定的家法和师法，对今文经也并不一概排斥，古文经学家甚至多兼有今文经方面的素养。如古文经学家郑兴，"少学《公羊春秋》，晚善《左氏传》"①。尹敏也是古文经学派人物，他"初习欧阳《尚书》，后受古文"，"兼善《毛诗》《穀梁》《左氏春秋》"②。贾逵、马融是东汉后期古文经学派的代表，是大师级的人物。贾逵能贯通今、古文经，他受汉章帝诏，撰述《诗》《书》《礼》诸经今、古文同异，支持古文，使《毛诗》《古文尚书》《左氏春秋》受到官方推崇，但他不排斥今文经，竟"以大夏侯《尚书》教授"，并"兼通五家《穀梁》之说"③，支持将《穀梁春秋》立于学官。马融撰《春秋三传异同说》，为古文经学的代表作品；注《易》，兼取费氏、孟氏、京氏学说，不排斥今文经。

郑玄正是在这种博通今、古文经的学术潮流中成长起来的一位通儒。他兼学今、古文经，先"师事京兆第五元先，始通《京氏易》《公羊春秋》"，又"从东郡张恭祖受《周官》《礼记》《左氏春秋》《韩诗》《古文尚书》"④，最后求学于精通古文经的大师马融，遂成为精通古文经并对今文经有很深造诣的经学大师。这种兼通今、古文经的有利条件，使他成为汉代经学的集大成者，故能"发一义无不贯穿群经"⑤。郑玄以前的古文经学家注经，虽已出现兼容今、古文经的现象，但因受到今、古文经学派的限制，不便在注中公开标明哪些出自古文经义，哪

---

① 《后汉书》卷36《郑兴列传》，中华书局1965年版。
② 《后汉书》卷79《儒林列传》，中华书局1965年版。
③ 《后汉书》卷36《贾逵列传》，中华书局1965年版。
④ 《后汉书》卷35《郑玄列传》，中华书局1965年版。
⑤ [清]袁钧辑《郑氏佚书·序》，清光绪十四年（1888）浙江书局刻本。

些出自今文经义。而郑玄则公开标明兼容今、古文经。正如贾公彦指出的："郑注《礼》之时，以今古二字并之……或从今，或从古，皆逐义强者从之。若二字俱合义者，则互换见之。"① 阮元也指出："郑注迭古今文最为详该。"② 由于郑玄遍注群经，又能立足古文经，兼融今文经，加上他高节、硕学、高寿、高誉，故为天下学者归宗，遂形成郑学。

二、郑学的特点

（一）兼容并包，称为"通学"

郑玄所创郑学，又称"通学"。它是以古文经说为主，兼采今文经说以及谶纬之学，从而建立起来的经学体系。

汉代，不仅有今文经、古文经的对立，而且一个经学派别内部，一经就有数家。就今文经来说，如《易》有施、孟、梁丘、京氏四家，《书》有大夏侯、小夏侯和欧阳氏三家，《诗》有齐、鲁、韩三家，《礼》有大戴、小戴和庆氏三家。一家又有数说。在这种情况下，儒家学者各守家法，不变师说，使经学陷入僵化状态。

郑玄是汉末通儒，他兼习今、古文经，不守门户之见。他"于《易》先通京氏，后传费氏；于《书》传杜林古文；于《诗》先通韩氏，后尊毛氏；于《礼经》本传小戴今文之学，兼习淹中古文；《周礼》采杜子春及二郑（郑兴、郑众）；《礼记》依卢（植）、马（融）之本；《春秋》则有评论略说，发《公羊墨守》，针《左氏膏肓》，起《穀梁废疾》。其余《论语》《孝经》《孟子》《尔雅》，皆有注解。尤其于两汉经师之说，综括靡遗，而又网罗百家，博稽六艺，证其同异，辨其是非"③。

---

① 《仪礼注疏》卷1《士冠礼》，载《十三经注疏》，中华书局1980年影印本。
② 《仪礼注疏校勘记·序》，载《十三经注疏》，中华书局1980年影印本。
③ ［清］胡培翚：《汉北海郑公生日祀于万柳堂记》，《研六室文钞》卷8，光绪四年（1878）绩溪胡氏刻本。

郑玄注经，首先对经书进行整理。儒家典籍经秦始皇焚烧后，至汉复传，因书写所用的文字不同而分为今文经、古文经。靠老儒生的记忆、背诵而传出的，并且用汉代所通行的隶书记录下来的，称为"今文经"；私人收藏与孔壁发现的，用战国时期的籀文写成的，称为"古文经"。今文经立于学官，有五经十四博士，而古文经只在民间流传。经过200多年的传授和多次传抄，至东汉末年，当时的今文经和古文经不仅字体不同，而且内容也不一致，必须首先对其进行整理，才能注释。郑玄既学今文经，又学古文经，对今、古文经都非常熟悉，他针对东汉末年今、古文经的实际情况，既对错简伪文认真审辨，又取今、古文经异本仔细校勘，还将古文经篇目次第的不同编排彼此互校，选择比较合理的肯定下来，然后再进行注释工作。

郑玄注"三礼"，兼采今、古文经。《仪礼》有今文、古文经之别。他本习今文经，注《礼》又校以古文经。《后汉书·儒林列传》记载，郑玄"本习《小戴礼》，后以古经校之，取其义长者，故为郑氏学"[1]，即今本郑注《仪礼》是汇合今、古文经而成的。书中采今文经而于注内存古文经之异文，采古文经而于注内存今文经之异文。《周礼》是古文经，但有故书、今书的不同，即在刘向校书前后文字版本有不同。《周礼·天官·大宰》贾公彦疏曰："言故书者，郑注《周礼》时，有数本，刘向未校之前，或在山岩石室有古文，考校后为今文，古今不同。"[2] 所谓"古文"即故书，所谓"今文"即今书。郑玄注《周礼》，并存故书、今书。凡从今书，则于注中存故书异文。但若从故书，则注中不言"今书某作某"。因为郑注本以故书为主，所以若不言故书、今书，皆故书原文，而今书之同于故书与否，则置而不论。也就是说，郑注《周礼》对于今书是择善而从，并非无条件地与故书并存。至于《礼记》，乃杂

---

[1]《后汉书》卷79《儒林列传》，中华书局1965年版。
[2]《周礼注疏》卷2《天官·大宰》，载《十三经注疏》，中华书局1980年影印本。

糅今、古文经而成，也有今、古文经异文的问题。郑玄或从今，或从古，在注中存其异文。从古文经则于注中存今文经，从今文经则于注中存古文经，与《仪礼》在注中迭出今、古文经同。还有一种情况，就是《记》文仍旧，而于注中列举古、今文经之异文，并择古文经从之。

郑玄注《尚书》，经文用杜林所传漆书古文本，又涉猎了《逸书》，并兼采大夏侯、小夏侯和欧阳氏三家今文经。郑玄注《诗》，是对《毛诗》作笺。《毛诗》是古文经，他也兼采齐、鲁、韩三家今文经。郑玄注《论语》，以《张侯论》为底本，而《张侯论》是张禹以《鲁论语》为基础、兼采《齐论语》而成，属今文经，当时极为盛行。郑玄又以《古论语》校之，于注中存异文。郑玄注《易》，采用《费氏易》，是古文经，又采施、孟、梁丘、京氏四家今文经。

总之，郑玄注经兼采今、古文经。正如清代经学家皮锡瑞所说："按郑注诸经，皆兼采今、古文。注《易》用费氏古文，爻辰出费氏分野，今既亡佚，而施、孟、梁丘《易》又亡，无以考其同异。注《尚书》用古文，而多异马融；或马从今而郑从古，或马从古而郑从今。是郑注《书》兼采今、古文也。笺《诗》以毛为主，而间易毛字。自云：'若有不同，便下己意。'所谓'己意'，实本三家。是郑笺《诗》兼采今、古文也。注《仪礼》并存今、古文。从今文则注内迭出古文，从古文则注内迭出今文。是郑注《仪礼》兼采今、古文也。《周礼》古文无今文，《礼记》亦无今、古文之分，其注皆不必论。注《论语》，就《鲁论》篇章，参之《齐》《古》为之注，云：'《鲁》读某为某，今从古。'是郑注《论语》兼采今、古文也。注《孝经》多今文说，严可均有辑本。"[①]

在郑玄之前，儒者各守师法、家法，壁垒森严，少有会通。自郑玄遍注群经，使今、古文经合流，成为一种新的经学。

---

① ［清］皮锡瑞：《经学历史·经学中衰时代》，中华书局1959年版。

（二）形式灵活，体式多样

在今、古文经两派对垒的情况下，郑玄遍注群经时，能兼采今、古文经，择善而从，从而使今古文经混而为一。他在具体注释时，虽然比较倾向于古文经说，但也不排斥今文经说，而能够力求采纳各家之精华。他根据不同的情况，采取多种形式。凡文义自解者，不注；同于旧说者，不复言；旧说不甚分明者，予以引申发挥；不同于旧说者，即下己意。

以他笺《毛诗》为例。如《诗·召南·小星》："抱衾与裯。"毛传："裯，禅被也。"郑笺："裯，床帐也。"①今按：《说文》裯作"幬"，释为"禅帐"，《尔雅·释训》也释为"帐"，足证郑笺正确。

再以他注《周礼》为例，也是在借鉴前人成果的基础上完成的。他说："窃观二三君子之文章……可谓雅达广揽者也。然犹有参错，同事相违。"②对于杜子春、郑兴、郑众三位古文经学家的注，或择善而从，从其说则于注中引用。如《周礼·天官·小宰》："辨内外而时禁。"郑注："郑司农云：'分别外人、内人，禁其非时出入。'"③（按：郑司农即郑众。）或不从其说而于注中以"玄谓"提示说明其非。如《周礼·天官·酒正》："辨三酒之物：一曰事酒，二曰昔酒，三曰清酒。"郑注："郑司农云：'事酒，有事而饮也。昔酒，无事而饮也。清酒，祭祀之酒。'玄谓：事酒，酌有事者之酒，其酒则今之醳酒也。昔酒，今之酋久白酒，所谓旧醳者也。清酒，今中山冬酿，接夏而成。"④或引其说以为于义不足而于注中增成其义。如《周礼·地官·乡大夫》："三年则大比，考其德行道艺，而兴贤者、能者，乡老及乡大夫帅其吏与其众寡，以礼礼宾之。"郑注在解释"贤者""能者""众寡"后

---

① 《毛诗正义》卷1《周南·小星》，载《十三经注疏》，中华书局1980年影印本。
② 《周礼正义序·序周礼废兴》，载《十三经注疏》，中华书局1980年影印本。
③ 《周礼注疏》卷3《天官·小宰》，载《十三经注疏》，中华书局1980年影印本。
④ 《周礼注疏》卷5《天官·酒正》，载《十三经注疏》，中华书局1980年影印本。

注云:"郑司农云:'兴贤者,谓若今举孝廉。兴能者,谓若今举茂才。宾,敬也,敬所举贤者。'玄谓:变举言兴者,谓合众而尊崇之,以乡饮酒之礼,礼而宾之。"①

郑玄在注经时,还采用了丰富的训诂术语。除直释其义通常用"某,某也"外,所用术语大抵有:亦、谓、谓之、曰、犹、若今、之称(名)、所以、之属、属、貌、辞、语助、言、读为、读曰、读如、读若、之言等。可见其精密程度。

郑玄在经学研究中,在与论敌的斗争中,还采用了灵活多样的体式。有"论",如《六艺论》;有"谱",如《毛诗谱》;有"议",如《鲁礼禘祫议》;有"赞",如《书赞》;有"驳",如《驳〈五经异义〉》;有"难",如《答临孝存周礼难》;有"发",如《发墨守》;有"箴",如《箴膏肓》;有"释",如《释废疾》;等等。

(三)简明扼要,力戒烦琐

在郑玄注经之前,博士说经,往往烦琐寡要。如当时有的学者说《尧典》篇目"两字之谊,至十余万言"②,可谓烦琐之至。郑玄博洽经传,长于训诂,其注经摒弃了逐字逐句进行解释的章句形式,而采取"文义自解,故不言之,凡说不解者耳"③。按照这一宗旨注经,虽博采众家,广揽群言,但笔墨只下在重点和难点上,故经注简要,用字往往少于经文。如《仪礼·少牢馈食礼》,经2979字,注2787字;《仪礼·有司彻》,经4790字,注3456字;《礼记》的《学记》《乐记》两篇,经6495字,注5532字;《祭法》《祭义》《祭统》三篇,经7460字,

---

① 《周礼注疏》卷12《地官·乡大夫》,载《十三经注疏》,中华书局1980年影印本。
② 《汉书》卷30《艺文志》注,中华书局1962年版。
③ 《毛诗正义》卷1《周南·螽斯》引《郑志》郑玄答张逸语,载《十三经注疏》,中华书局1980年影印本。

注 5523 字。以上皆注少于经。① 郑玄这种简明扼要的经注，不仅使儒家经典有了能为后学所取正的注释，而且对于那些墨守师传的学者来说，起到了解放思想的作用，使他们耳目一新。郑玄注经，遵循"举一纲而万目张，解一卷而众篇明"②的原则，其经注表现出简约精要的特色，故学者用力少而功多，自然受到广泛推崇。

三、郑学"天下所宗"，由是经学归一统

郑玄治经，与汉代学者多为利禄不同。他以经学为一门学问，穷其一生，孜孜不倦。他博贯今、古文经学，旁及诸子百家，纬候术数，无所不通，在当时是个博学通儒。他不专守一师之说，不专尊一派之书。他始从第五元先习京氏《易》《公羊春秋》，这是今文经；又从张恭祖习《周官》《左氏春秋》《古文尚书》，这是古文经；终又在古文经学大师马融门下受业数年，立足于古文学派。但他并不沉迷于古文经，而是以客观的态度对待今、古文经。正因如此，郑玄在学术上具备了统一经学的条件，故能使今、古文经融而为一。

今文经学经过 100 多年的发展，虽已衰微，但必有可取之处；古文经学于东汉末年异军突起，定有优点，但也不能固执己见。郑玄对今、古文经都有精深的研究，谙熟其治学方法、经说等各方面的长短优劣，所以有清醒的认识。他认为，只有把今、古文经二学融为一体，尽取其极致，铸成一家之言，才能使经学从死胡同走出一条新路来。

郑玄是通才大家，他遍注群经，不守师法、家法。由于古文经文字近古，虚妄较少，故他大体以古文经为宗，注"三礼"如此，笺《诗》如此，注《尚书》《周易》也是如此。他又立足古文经，兼取今文

---

① 据皮锡瑞《经学通论·三礼》，中华书局 1954 年版。
② ［清］袁钧辑《郑氏佚书·毛诗谱·序》，清光绪十四年（1888）浙江书局刻本。

经之长,择善而从,可谓"括囊大典,网罗众家,删裁繁诬,勘改漏失"①。所以,郑玄整理的经书,实已兼融今、古文经;郑玄的经注,融汇众家,又断以己意,而自成体系,人称"郑学"。郑玄打破了今、古文经的界限,冲破了家法的藩篱。当时久为繁杂的师法、家法所苦的儒生们,为郑学的博大宏通所震撼,转而崇尚之。大批经生对郑注皆闻而悦之,翕然归之,遂属意于郑注,不复更求各家。正如皮锡瑞所说:"当时莫不仰望,称伊、洛以东,淮、汉以北,康成一人而已。咸言先儒多阙,郑氏道备。"②

自郑玄所注诸经行世,此前各守门户的今文经和古文经,不再为人们所尊信,并逐渐被摒弃、淘汰。"于是郑《易注》行而施、孟、梁丘、京氏《易》不行矣;郑《书注》行而大、小夏侯之《书》不行矣;郑《诗笺》行而鲁、齐、韩之《诗》不行矣;郑《礼注》行而大、小戴之《礼》不行矣;郑《论语注》行而齐、鲁《论语》不行矣。"一时之间,郑玄的经说压倒了其他各家经说。由于经生皆从郑氏,"郑学"几乎成了经学的代名词,即所谓"经学至郑君而一变"。郑学的产生,使今、古文经融合为一,从而结束了两汉今、古文经学长期纷争的局面,郑学成为"天下所宗"的儒学,出现了一个经学"小统一时代"。③汉末魏初,朝廷讲论经义均采用郑注,郑氏门徒遍天下,经学界几乎成了郑学的一统天下。

经学的统一,使得汉儒师法、家法崩溃,学术依赖政治的媒介被清除,取得了相对的独立,得到了解放,也为魏晋玄学的产生奠定了思想基础。

(原载《历史文献研究》总第29辑,华东师范大学出版社2010年

---

① 《后汉书》卷35《郑玄列传》,中华书局1965年版。
② [清]皮锡瑞:《经学历史·经学中衰时代》,中华书局1959年版。
③ 以上引文均参《经学历史·经学中衰时代》,中华书局1959年版。

郑玄论丛

9月出版。亦刊于《高密人文自然遗产》2009年第2期,总第9期。)

郑玄今存四部经注

中国古代伟大的经学家郑玄以毕生的精力注释儒家经典，他对《周易》《尚书》《毛诗》《仪礼》《周礼》《礼记》《论语》《孝经》等皆有注释。郑玄的经注，在魏晋南北朝时期一直被儒家学者所尊奉和推崇。至唐代，郑玄的《毛诗传笺》《周礼注》《仪礼注》《礼记注》四部经注被作为儒家经典的标准读本。至宋代，上述四种经注被列入《十三经注疏》，长期作为官方教材。今对此四部经注略做介绍。

一、"三礼"注

"三礼"注是指郑玄对《周礼》《仪礼》《礼记》这三部礼书所作的注。"三礼"之名即始于郑玄为这三部礼书作注。

《周礼》，原名《周官》，亦称《周官经》，学者一般认为是战国时人所作。西汉景帝、武帝时，河间献王得自民间，后入秘府。汉成帝时，刘向、刘歆父子奉命校理秘书，发现此书。王莽时，刘歆奏以为礼经，置博士，始称《周礼》。至东汉，古文经学家杜子春、郑兴、郑众、贾逵、卫宏、马融、卢植等都曾为此书作训诂解说。马融授郑玄，郑玄作《周礼注》，集诸儒注之大成。

《仪礼》，一名《士礼》，或径称《礼》，战国时人所作。汉初，高堂生传《礼》17篇。至宣帝时，后苍明《礼》学，传戴德、戴圣和庆普，遂有《礼》之大戴、小戴和庆氏之学，皆立于学官。郑玄习《小戴礼》，以流传于民间的17篇《礼》古文经校之，并为作注，这是学者第一次为二戴《礼》系统作注。

《礼记》是一部礼学文献汇编。从战国至汉初，儒家学者在学《礼》的过程中撰写了不少专论，称"记"，专治《礼》学的经师就以此作为他们讲论和传习的资料。西汉，戴德从中取若干篇，又杂取其他有关著作，共85篇，编成一集以授徒，后人称《大戴礼记》。戴圣取49篇，编成一集，后人称《小戴礼记》，即今本《礼记》。郑玄为之作注。

郑玄为"三礼"作注，是在遭党锢之祸被禁锢期间，他在教授弟子之余，以主要精力注此三书。他先注《周礼》，再注《礼记》，后注《仪礼》，前后达14年之久。在群经注中，用时最多，用力最深，故为后世治《礼》学者所宗。

郑玄为三部礼书作注，其体例大体相同，可概括为正读音、校误字、注名物、释经文、阐礼义、纠错误。注中的"读如"亦作"读若"，是一种注音法；注中的"读为"亦作"读曰"，是破其假借字而读以本字；注中的"当为"亦作"当作"，是校正误字的常用术语。注名物，如《周礼·天官·膳夫》："膳夫掌王之食饮膳羞，以养王及后、世子。"郑注："食，饭也。饮，酒浆也。膳，牲肉也。羞，有滋味者。"[①]释经文，即解释经的文句，有时也概括篇章段落大意，或点明经文宗旨。其形式有：引他经、他传以释此经；以今况古，即引汉制、汉俗等以释古制、古义；据经义推断以释经；引学者之言以释经。郑玄在随文注经时，对上述体例灵活运用，不拘形式。清代学者俞樾说："自来经师往往墨守本经，不敢小有出入，惟郑学宏通，故其注'三礼'，往往有驳正经之误者。"[②]近代学者黄侃说："自传、记之后，师儒能言礼意

---

① 《周礼注疏》卷4《天官·膳夫》，载《十三经注疏》，中华书局1980年影印本。
② 《皇清经解续编》卷1358《郑君驳正三礼考》，清光绪十五年（1889）上海蜚英馆石印本。

者多矣，要以郑君为最精。"①

"三礼"注是郑玄经注的代表。其特点是：第一，提纲挈领，简明扼要。"三礼"注体现出"举一纲而万目张，解一卷而众篇明"的特点。经文中，文义可自解者不注，只注那些不易解者。第二，兼采异文，择善而从。郑玄注《周礼》，以故书为主，兼采今书。凡从今书，则于注中存故书异文；若不言故书、今书，则为故书原文。注《礼记》，或从今文，或从古文，于注中存其异文。如从古文则于注中存今文，如从今文则于注中存古文。注《仪礼》，也是兼采今古文，择善而从。若采今文经，就于注内存古文经之异文。若采古文经，就于注内存今文经之异文。贾公彦在《仪礼·士冠礼》疏中指出："《仪礼》之内，或从今，或从古，皆逐义强者从之。若二字俱合义者，则互换见之。"②第三，博综兼采，会通今古。郑玄在"三礼"注中，常引今文经传以释古文经，引古文经传以释今文经。对于杜子春、郑兴、郑众等前辈的注，或从，或不从，或增成其义。如《周礼·地官·里宰》："以岁时合耦于锄，以治稼穑。"郑注："《考工记》曰：'耜广五寸，二耜为耦。'此言两人相助耦而耕也。郑司农云：'锄读为藉。'杜子春云：'锄读为助，谓相佐助也。'玄谓：锄者，里宰治处也，若今街弹之室。于此合耦，使相佐助，因放而为名。"③此注中，郑玄破郑司农之说，而从杜子春之说，又以杜子春之说于义不足，故增成其义。

"三礼"注具有多方面的价值。其一，它对于读懂"三礼"有重要参考价值。"三礼"难懂，许多名物、制度若无郑注，实难明白。郑玄注"三礼"，随文释义，训释名物，注解经文，为我们阅读"三礼"提供了参考。其二，郑注集汉代经学之大成，内容丰富，保存了大量珍贵

---

① 黄侃：《黄侃论学杂著·礼学略说》，上海古籍出版社1980年版。
② 《仪礼注疏》卷1《士冠礼》，载《十三经注疏》，中华书局1980年影印本。
③ 《周礼注疏》卷15《地官·里宰》，载《十三经注疏》，中华书局1980年影印本。

资料。它不仅解释经文中的典章制度，而且补充了经文以外的材料，有很高的史料价值。郑注博采今古，兼采异说，条分缕析，弄清源流。它不仅对研究先秦至秦汉的典章制度有重要参考价值，而且对研究汉代学术史、汉代政治思想史都是宝贵资料。其三，它正字读、纠错谬，某字当读何音，某字当为某字，皆一一注明。并以今、古文对校，以故、今书对校，校正错简，指出脱文、衍文。注中还有丰富的校勘用语、训诂用语以及详备的名物训释，这对于研究文字学、训诂学、音韵学、校勘学等都具有重要价值。其四，它对考释地下发掘的先秦以至秦汉的文物，也是必须依据的重要文献。如许多出土器物的名称和用途，须凭它进行考释。所以，郑注对考古学也具有重要价值。当然，由于郑玄笃信《周礼》为周制，故产生一些错误。注中也有不正确之处，如《周礼·春官·司尊彝》中，对牺尊和象尊的解释，今据地下出土文物验证，就是错误的，但这毕竟是次要的。

二、《毛诗传笺》

西汉，《诗经》有齐人辕固所传的《齐诗》、鲁人申培所传的《鲁诗》和燕人韩婴所传的《韩诗》三家，皆立于学官；毛亨所传的《毛诗》晚出，属古文经，只在民间传授。《毛诗》的经文、篇次与三家《诗》有异，对各篇主旨的解说、名物制度的解释也不同。东汉，《毛诗》虽不立于学官，但也得到了朝廷的承认。古文经学家卫宏、郑众、贾逵、马融等都为《毛诗》作传。郑玄曾从张恭祖学《韩诗》，又师事马融受《毛诗》，在注"三礼"之后，又作《毛诗传笺》。为什么不叫注而叫笺呢？《四库全书总目·经部·诗类》云："案《说文》曰：'笺，表识书也。'……康成特因《毛诗》而表识其旁，如今人签记，积而成帙，故谓之笺。"①

郑玄在《六艺论》中说："注《诗》，宗毛为主。毛义若隐略，则更表明；如有不同，即下己意，使可识别也。"②这段话可以看作郑玄笺《诗》的总原则。具体有以下几个方面：其一，凡是《诗》句文义容易读懂、不需解释或赞同《毛传》的，则不加笺释。其二，凡是《诗》句不易读懂而毛氏又未作传的，则加笺释。其三，凡是毛传文义隐略之处，则笺释以表明之。如《大雅·荡》："不明尔德，时无背无侧。"传："背，无臣；侧，无人也。"笺："无臣、无人，谓贤者不用。"③其四，凡毛传文义简略之处，则作笺以深释之。如《小雅·瓠叶》："君子有酒，酌言酢之。"传："酢，报也。"笺："报者，宾既卒爵，洗而酌主人也。"④其五，凡毛传文义不尽之处，则作笺申发之。如《郑风·羔裘》："羔裘晏兮，三英粲兮。"传："三英，三德也。"笺："三德，刚克、柔克、正直也。"⑤其六，凡毛传有不当之处，则作笺正之。如《大雅·桑柔》："民靡有黎，具祸以烬。"传："黎，齐也。"笺："黎，不齐也。"⑥

郑玄笺《诗》的体例：

第一，随文释词，即按先后顺序释词。如果同一个字在《诗》中重复出现，且意义不同，这种格式就显得特别重要。如《大雅·崧高》："于邑于谢，南国是式。"笺："于，往；于，於。"⑦有时也指明上

---

① 《四库全书总目》卷15《经部·诗类一》，中华书局1965年影印本。
② ［清］袁钧辑《郑氏佚书·六艺论》，清光绪十四年（1888）浙江书局刻本。
③ 《毛诗传笺》卷18《大雅·荡》，载《十三经注疏》，中华书局1980年影印本。
④ 《毛诗传笺》卷15《小雅·瓠叶》，载《十三经注疏》，中华书局1980年影印本。
⑤ 《毛诗传笺》卷4《郑风·羔裘》，载《十三经注疏》，中华书局1980年影印本。
⑥ 《毛诗传笺》卷18《大雅·桑柔》，载《十三经注疏》，中华书局1980年影印本。
⑦ 《毛诗传笺》卷18《大雅·崧高》，载《十三经注疏》，中华书局1980年影印本。

下顺序。如《小雅·出车》："我出我车，于彼牧矣。"笺："上我，我殷王也；下我，将率自谓也。"①释词体式灵活多变，以释单字为例，有"某，某也""某，犹某也""某某曰某""某某为某""某某谓之某""某，某某之谓"等。

第二，说明语法。有说明词序的。如《周南·汝坟》："不我遐弃。"笺释为"不远弃我"。②有说明修辞方法的。如《小雅·楚茨》："楚楚者茨，言抽其棘。"笺："茨言楚楚，棘言抽，互辞也。"又："我仓既盈，我庾维亿。"笺："仓言盈，庾言亿，亦互辞，喻多也。"③互辞，即互文、互见，是一种修辞方法。

第三，指明兴意、喻意。若毛传指明兴句而不释兴意，笺则给以明释。如《王风·扬之水》："扬之水，不流束薪。"传："兴也。扬，激扬也。"笺："激扬之水至湍迅而不能流移束薪。兴者，喻平王政教烦急而恩泽之令不行于下民。"④若毛传简单指出兴意，笺则作进一步解释。如《曹风·鸤鸠》："鸤鸠在桑，其子七兮。"传："兴也。鸤鸠，秸鞠也。鸤鸠之养其子，朝从上下，莫从下上，平均如一。"笺："兴者，喻人君之德当均一于下也，以刺今在位之人不如鸤鸠。"⑤若毛传不言兴，郑笺则补释之。如《周南·葛覃》："其鸣喈喈。"传："和声之远闻也。"笺："和声之远闻，兴女有才美之称，达于远方。"⑥有时，笺也说明比喻之意。如《小雅·正月》："其车既载，乃弃尔辅。"传："大车重载，又弃其辅。"笺："以车之载物喻王之任国事也，弃辅喻远

---

① 《毛诗传笺》卷9《小雅·出车》，载《十三经注疏》，中华书局1980年影印本。
② 《毛诗传笺》卷1《周南·汝坟》，载《十三经注疏》，中华书局1980年影印本。
③ 《毛诗传笺》卷13《小雅·楚茨》，载《十三经注疏》，中华书局1980年影印本。
④ 《毛诗传笺》卷4《王风·扬之水》，载《十三经注疏》，中华书局1980年影印本。
⑤ 《毛诗传笺》卷7《曹风·鸤鸠》，载《十三经注疏》，中华书局1980年影印本。
⑥ 《毛诗传笺》卷1《周南·葛覃》，载《十三经注疏》，中华书局1980年影印本。

贤也。"①

第四，解释句意、章旨。解释句意的，如《邶风·柏舟》："我心匪鉴，不可以茹。"笺："鉴之察形，但知方圆白黑，不能度其真伪，我心非如是鉴，我于众人之善恶外内心度知之。"②说明章旨的，如《周南·卷耳》："陟彼砠矣，我马瘏矣。我仆痡矣，云何吁矣。"笺："此章言臣既勤劳于外，仆、马皆病，而今云何乎？其亦忧矣。深闵之辞。"③

此外，还有通过审音而找出本字以通训诂，即郑笺从古音角度做进一步解释，有时也从方言角度进行解释。还有改字而释，或因字音改字而释，或因字形改字而释，或据通假改字而释，或据他经改字而释。还有据诸本互校，在笺中注出异文；据他经校勘，注出误字。这里限于篇幅，就不详述了。

郑玄笺《毛诗》，宗毛为主而不为毛传所囿。他在毛传的基础上，有补充，有匡正，能立足毛传又优于毛传。同一词语，传、笺皆释，但笺意加深，特别是郑笺更侧重抒情明理，义更深刻。如《小雅·北山》："大夫不均，我从事独贤。"传："贤，劳也。"笺："王不均大夫之使，而专以我有贤才之故，独使我从事于役。自苦之辞。"④郑笺在说明《诗》的语法修辞方面也较毛传全面得多。郑玄在表明毛传隐略之处时，又往往借题发挥，慨叹时事，抒发自己生活在桓灵之世，目睹衰落之政所产生的郁闷心情，具有现实意义。

郑玄在继承和发展前贤声训经验的基础上，创造性地确立了"因声求义"的训诂原则，并运用于训诂实践中，为训诂学的发展做出了巨

---

① 《毛诗传笺》卷12《小雅·正月》，载《十三经注疏》，中华书局1980年影印本。
② 《毛诗传笺》卷2《邶风·柏舟》，载《十三经注疏》，中华书局1980年影印本。
③ 《毛诗传笺》卷1《周南·卷耳》，载《十三经注疏》，中华书局1980年影印本。
④ 《毛诗传笺》卷13《小雅·北山》，载《十三经注疏》，中华书局1980年影印本。

大贡献。在毛传之前，虽已见声训之例，但把声训用到训诂学上应首推毛传和郑笺，而在因声求义方面，郑笺比毛传能更多地阐发音义联系的现象。特别是指明通假或校勘字误等，郑笺给毛传做了许多重要的阐发和订正，创造性地发展了毛传。在郑笺中有许多发毛传之所未论之处，皆因能从声音上看问题。郑玄因声求义，一是推求语源，即用音同音近的字说明事物得名的由来。二是说明通假，除在训释中自然显示通假关系外，更多地运用术语加以揭示或区分，常用"读如""读当如""读为""读当为"等。这是训诂实践上的一个飞跃，标志着人们开始初步自觉地以声音为线索去求字义，提醒人们注意语言中存在着的大量通假或音近义同的现象，为后人深入挖掘音义联系的奥秘奠定了基础。

（原载《高密人文自然遗产》2012年第2期，总第14期。）

郑玄的《六艺论》

郑玄除遍注群经和各种纬书之外，还撰写了其他一些杂著。他晚年在《戒子益恩书》中说："自乐以论赞之功，庶不遗后人之羞。"① 所谓论，就是论述，包括正论、驳论、考辨等方面的著作，如《六艺论》《发墨守》《箴膏肓》《释废疾》《驳五经异义》《答林硕难礼》《鲁礼禘祫义》《丧服变除》《皇后敬父母议》等。所谓赞，就是叙录，包括序、目录方面的著作，如《易赞》《书赞》《毛诗谱》《三礼目录》《孔子弟子目录》等。本文将其《六艺论》予以评述。

一、郑玄为何将《孝经》列入"六艺"？

所谓"六艺"，原指礼、乐、射、御、书、数六种科目。汉代始指儒家的六经，即《易》《书》《诗》《礼》《乐》《春秋》。但郑玄《六艺论》中，无《乐》，而有《孝经》。为什么郑玄把《孝经》列入"六艺"呢？我们从郑玄生活的时代来看，东汉末，《乐》早已亡佚，且汉代最高统治者提倡"以孝治天下"，非常重视《孝经》，已经把《孝经》《论语》连同"五经"合称"七经"了，所以郑玄将《孝经》列入"六经"中。

郑玄《六艺论》，《隋书·经籍志》《旧唐书·经籍志》《新唐书·艺

---

① 《后汉书》卷35《郑玄列传》，中华书局1965年版。

文志》均著录为 1 卷,《宋史·艺文志》始不著录,当在唐以后亡佚。清代,从事《六艺论》辑佚的,主要有王谟、袁钧、孔广林、陈鳣、臧琳和臧庸,所辑本分别见《汉魏遗书钞·经翼》《郑氏佚书》《通德遗书所见录》《涉闻梓旧》《拜经堂丛书》等,各本均为 1 卷。

据袁钧《郑氏佚书》本,辑者认为《六艺论》作于"注书之后",即注释群经之后,驳斥了徐彦《公羊疏》关于"郑君先作《六艺论》讫,然后注书"的错误观点。

郑玄的《六艺论》原文已不可见,今据袁钧《郑氏佚书》辑本,先为《总论》,然后是分论。分论包括《易论》《书论》《诗论》《礼论》《春秋论》《孝经论》。从内容来看,《六艺论》当是郑玄的一本关于"六经"的理论著作,书中阐述了他关于"六艺"的基本观点。

二、《六艺论·总论》

《六艺论》首为《总论》,论述"六艺"的产生。他说:"六艺者,图所生也。""河图、洛书,皆天神言语,所以教告王者也。"[①]

所谓"河图、洛书",是儒家关于《易经》和《洪范》来源的传说。《易·系辞上》说:"河出图,洛出书,圣人则之。"[②]传说伏羲时,有龙马从黄河出现,背有"河图";有神龟从洛水出现,背有"洛书"。伏羲据之而画八卦,就是后来的《易经》。

由于东汉最高统治者的提倡,邹衍一派的学说和孔孟的儒学相结合,它比附经传,依托孔子,就变为谶纬。所以,谶纬是汉代神学迷信、阴阳五行说与经义相结合的结果,是儒学宗教化的产物。当时谶纬被尊为"秘经",具有神学正宗的权威性,极为盛行,儒者研习谶纬之

---

① 本文《六艺论》引文均见清代袁钧所辑《郑氏佚书》,清光绪十四年(1888)浙江书局刻本。

② 《周易正义》卷 7《易·系辞上》,载《十三经注疏》,中华书局 1980 年影印本。

郑玄的《六艺论》

风甚盛。郑玄学无不窥，是东汉末的通儒。他既精通经书，也精通纬书。他在为经书作注之前，先为纬书作注。他所注的纬书，今可见到的有《易纬》《书纬》《诗纬》《礼纬》《乐纬》等。《易纬》流传下来的有6种，郑玄都为之作注。《书纬》流传下来的有5种，另有《尚书中候》18篇，也是纬书，郑玄皆曾为之作注。郑玄的《诗纬注》《礼纬注》《乐纬注》有部分佚文。可见，郑玄精通纬书，广注纬书，所以注经时也随时采用纬书。这里，郑玄把"六艺"的产生也给神学化了，这是由于时代的局限，我们应该批判地对待郑玄的观点。

三、《六艺论》的分论

郑玄在《六艺论》的分论中，论述了对"六经"的基本观点，特别是关于各经源流的论述，对于我们研究儒家经典具有重要的参考价值。

（一）《易论》

《易》即《周易》，又称《易经》，12篇，本是中国古代一部占筮书，后列为儒家经典，为"六经"之一。孔子晚年喜欢研究《易》，"读《易》，韦编三绝"[①]。西汉武帝时，尊为儒家诸经之首，设博士。宣帝时代，《易》有施雠、孟喜、梁丘贺三家，都立于学官。又有京房所传《易》，汉元帝时曾立于学官，后罢。至东汉，施、孟、梁丘、京氏四家并立，传者甚众。还有费直传《古文易》，在民间流行，未立于学官。东汉著名经学家陈元、郑众皆传费氏学，马融、荀爽为之作传。郑玄早年曾从第五元先学京氏《易》，后又从马融学费氏《易》，晚年据费氏《易》作注。此注原有10卷，宋以后亡佚。宋代王应麟最早从事辑佚。

---

① 《史记·孔子世家》，中华书局1959年版。

清代，从事辑佚的有袁钧、孔广林、黄奭，分别见《郑氏佚书》《通德遗书所见录》和《通德堂经解》。

《周易》包括经、传两部分，分别称《周易古经》和《周易大传》。经分上、下两篇，共计64卦。每卦包括卦画、卦名、卦辞、爻辞4部分。传有7种10篇，即《彖传上》《彖传下》《象传上》《象传下》《文言》《系辞上》《系辞下》《说卦》《序卦》《杂卦》，合称"十翼"。

在《易论》中，郑玄论述了《易》的产生、名称的变化及其含义。他说："《易》者，阴阳之象，天地之所变化，政教之所生。"他认为，伏羲始作八卦。又据《易·系辞》所云，断定文王重卦，说："《易》之兴也，其当殷之末世，周之盛德邪，当文王与纣之事邪。"当今学者认为，关于伏羲画卦、文王重卦的传统说法，不大可信。卦辞、爻辞的作者，也有周文王、周公二说，但一般认为出于周代执掌占卜的史官之手，大致成于西周前期。

郑玄接着指出《易》在三代时的不同名称，并做了解释："夏曰《连山》，殷曰《归藏》，周曰《周易》。《连山》者，象山之出云，连连不绝；《归藏》者，万物莫不归藏于其中；《周易》者，言《易》道周普，无所不备。"

他还指出《易》所含的"三义"：易简、变易、不易。他认为，《乾》《坤》二卦乃"《易之蕴》""《易》之门户"。他指出《系辞》所说的"夫《乾》确然示人易矣，夫《坤》隤然示人简矣。易则易知，简则易从"，这就是简易之法则。又说"为道也屡迁，变动不居，周流六虚，上下无常，刚柔相易，不可为典要，唯变所适"，这就是所说的"顺时变易，出入移动"。又说"天尊地卑，乾坤定矣；卑高以陈，贵贱位矣；动静有常，刚柔断矣"，此即"张设布列，不易者也"。

《周易》包含着丰富的哲学思想，对古代哲学、中华传统文化有着极为深远的影响。郑玄关于《易》的产生、发展过程及其特点的论述，抓住了《易》的主要内容和关键问题，指出了学《易》的关键，成一家之言。至晋代，王弼以老、庄思想解《易》，首倡"义理"之风。唐代孔颖达为王弼《易》注和韩康伯《易》注作疏，称《周易正义》，列入《五经正义》，使王弼《易》学几定于一尊，而郑玄《易注》则散佚。宋代王应麟最早进行辑佚，清代惠栋又进行增补，丁杰、张惠言又进行订正，为《周易郑氏注》3卷，见《张皋文笺易诠全集》。又有袁钧、孔广林、黄奭等辑本，分别见《郑氏佚书》《通德遗书所见录》《通德堂经解》。

(二)《书论》

《书》即《尚书》，亦称《书经》。《尚书》意为上古之书，是我国上古历史文献和部分追述上古史迹著作的汇编，汉代被尊为"经"。相传孔子曾经删《书》，以教授弟子。

在《书论》中，郑玄论述了《尚书》的成书过程。他说："孔子求书，得黄帝玄孙帝魁之书，迄秦穆公，凡三千二百四十篇，断远取近，定可以为世法者百二十篇，以百二篇为《尚书》，十八篇为《中候》。"这是关于《尚书》来历的观点。

《书》在编成之后，经历了异常复杂的流传过程。先是秦始皇焚书，民间所藏皆被焚毁。汉初，原秦博士济南人伏生传出28篇，用汉代通行的文字书写，称《今文尚书》。后又从民间得《泰誓》1篇。汉武帝时，鲁恭王坏孔子宅以广其宫，从墙壁中又发现用战国时的籀文所写《书》，经孔安国整理，比《今文尚书》多16篇，称《古文尚书》。这多出的16篇被称为《逸书》，约在魏晋之际亡佚，今只存篇目。郑玄是否在《书论》中论述《书》在汉代的流传情况，因今只存佚文，不得而知。

《尚书》到东晋元帝时，忽有豫章内史梅赜向朝廷献上一部自称是孔安国作传的《古文尚书》，共58篇，包括今文28篇，但又分成33篇，又新增25篇。唐孔颖达奉命撰《五经正义》，其中《尚书正义》就采用此本，此后作为官方定本广为流传。至清，阎若璩作《古文尚书疏证》，条分缕析，列出128条证据，考证出25篇是后人伪造的，遂成定论。这是后话，但研究《尚书》不可不知。

（三）《诗论》

《诗》，亦称《诗三百篇》，汉代称《诗经》，成为儒家的一部重要经典。它是我国最早的一部诗歌总集。诗之来源，一是采诗，即周王朝派人采集的民间歌谣，由乐官经过整理，献给天子，以观民风。二是献诗，即周王朝统治阶级内部各阶层，都通过向王室献诗进行讽谏，歌功颂德。历经500年的采集编选，至春秋中期初具规模，后经孔子整理编订，成为定本。

在《诗论》中，郑玄论述了《诗》的性质和形成过程。他说："诗者，弦歌讽喻之声也。自书契之兴，朴略尚质，面称不为谄，目谏不为谤，君臣之接如朋友然，在于恳诚而已。斯道稍衰，奸伪以生，上下相犯。及其制礼，尊君卑臣，君道刚严，臣道柔顺。于是箴谏者希，情志不通，故作诗者以诵其美而讥其过。"

郑玄还谈到诗的内容"含五际六情"，诗的分类"至周分为六诗"。接着他谈到孔子对《诗》的编纂，说："孔子录周衰之歌及众国圣贤之遗风，自文王创基至于鲁僖四百年间，凡取三百五篇，合为国风、雅、颂。"

什么是"五际"呢？汉初，《诗》有齐、鲁、韩三家。即齐人辕固所传的《齐诗》，鲁人申培所传的《鲁诗》，燕人韩婴所传的《韩诗》。三家《诗》都属今文经，西汉时皆立于学官。后有鲁人毛亨传《毛诗》，属古文经，在民间传授，至东汉盛行。《齐诗》附会阴阳五行之说，认为每当卯、酉、午、戌、亥是阴阳终始际会的年头时，政治上就必然发生重大变动。① 这就是"五际"。

所谓"六情",通常指六种感情,即喜、怒、哀、乐、爱、恶。或以廉贞、宽大、公正、奸邪、阴贼、贪狼为六情。郑玄所论当指前者。所谓"六诗",当指《诗》有六义,即风、雅、颂、赋、比、兴。风是各国的民歌,雅是周王朝王都的歌,颂是庙堂祭祀的乐章,这是诗歌的三种体制。赋是铺叙其事,比是指物譬喻,兴是借物以起兴,是诗歌的三种表现手法。郑玄于东汉末为《毛诗》作笺,受到推崇,学者渐多。后三家诗亡佚,独《毛诗》流传下来。

在谈到河间献王博士毛公善说《诗》,故有《毛诗》后,郑玄提出自己笺《诗》遵循的原则:"注《诗》宗毛为主,毛义若隐略,则更表明。如有不同,即下己意,使可识别也。"② 就是说,凡是《诗》句文意容易读懂、不需解释或赞同毛传的,则不加笺释;凡是《诗》句不易读懂而毛氏又未作传的,则加笺释;凡是毛传文义隐微之处,则笺释以表明之;凡是毛传简略之处,则作笺以深释之;凡毛传文义不尽之处,则作笺申发之;凡毛传有不当之处,则作笺正之。

郑玄笺《诗》,能在毛传的基础上,探颐索隐,辨明是非,阐发新意。他有补充,有匡正,立足毛传又优于毛传,故能成一家之言。唐初,孔颖达编撰《五经正义》,其《毛诗正义》,即用毛亨传,郑玄笺,后编入《十三经注疏》本。

(四)《礼论》

儒家的《礼》学著作有三部,即《周礼》《仪礼》《礼记》。郑玄皆为之作注。在《礼论》中,郑玄论述了礼的性质及作用。他说:"礼者,序尊卑之制,崇敬让之节也。"谈到礼的形成时间,他称"盖与《诗》

---

① 参见《汉书》卷75《翼奉传》"诗有五际注",中华书局1962年版。
② 《毛诗正义》卷1《周南·关雎》"郑氏笺"疏引,载《十三经注疏》,中华书局1980年影印本。

同时"。对于礼的形成过程，他称"唐虞有三礼，至周分为五礼"。三礼，上古指祭天、地、宗庙之礼。五礼，即吉礼、嘉礼、宾礼、军礼、丧礼。

郑玄谈到汉代《礼》的篇目和发现、流传情况："汉兴，高唐生得《礼》十七篇。"又说："后得孔氏壁中古文《礼》五十六篇，《记》百三十一篇，《周礼》六篇，而十七篇与高堂生所传同而字多异。""其十七篇外则《逸礼》是也。""《周官》，壁中所得六篇。"

郑玄是《礼》学大家，精通儒家《礼》学著作，自他为《周礼》《仪礼》《礼记》三部《礼》学经典作注，始有"三礼"之称，三部礼书之注则称"三礼"注。

《周礼》原名《周官》，亦称《周官经》，是古文学派的重要典籍。其来历、作者等问题，历来有激烈的争论。古文经学家认为其为周公所作，后人有所附益；今文经学家认为其成书于战国，甚至认为是西汉末刘歆伪造的。现代学者多认为它是战国时的作品，是杂合周与战国制度，寓以儒家政治理想而编成的。《周礼》有6篇：《天官冢宰》《地官司徒》《春官宗伯》《夏官司马》《秋官司寇》《冬官司空》。《冬官司空》久佚，汉人补以《考工记》，称《冬官考工记》。《周礼》对研究先秦的政治、经济、文化、礼法等制度，以及审美习尚、工艺水平等，都有重要参考价值。

汉景帝、武帝时期，河间献王从民间所得此书，传入秘府。汉成帝时，刘向、刘歆父子整理秘府藏书，才发现此书。东汉时，杜子春、郑兴、郑众、贾逵、卫宏、马融、卢植等古文大师为之作训诂解说，遂大兴于世。东汉末，郑玄为之作注，唐代贾公彦据之作疏，后编入《十三经注疏》本，流传至今。

《仪礼》，原称《礼》，也称《士礼》《礼经》，是东周以前的古礼仪汇编。相传是孔子采集周、鲁各国即将失传的礼仪整理而成。汉初高堂生传《礼》17篇，为今文经。相传鲁恭王得自孔子旧宅的《礼》56篇，为古文经，其中17篇的内容与今文经同，其余称为《逸礼》，未流传下来。汉宣帝时，后苍最明《礼》学，授戴德、戴圣和庆普，故有《大戴礼》《小戴礼》《庆氏礼》。17篇《礼》的篇目有《士冠礼》《昏礼》《士相见礼》《乡饮酒礼》《乡射礼》等，记载了周代贵族冠、婚、丧、祭、饮、射、朝、聘等礼的细节。东汉末，郑玄为之作注，至唐代，贾公彦依郑注作疏，后编入《十三经注疏》本。

自西汉《仪礼》取得了"经"的地位之后，便产生了许多从属于《仪礼》的参考资料，是对经文的解释、说明和补充，被称为"记"。其数量很多，非一时一人之作。至东汉中期，形成了戴德所辑85篇本，称《大戴礼记》；戴圣所辑49篇本，称《小戴礼记》。东汉末，郑玄为《小戴礼记》作注，习者渐多，地位日高。到唐代，孔颖达为之作正义，也取得了"经"的地位。至宋代，《礼记》列入"四书五经"，其影响超过《仪礼》《周礼》。

《礼记》是中国古代各种有关礼仪文章的汇编，内容相当丰富。有专门说明《仪礼》的，有记各种礼制的，有杂记丧服丧事的，有记日常生活礼节和守则的，有记载孔子言论的，还有一些专论。它是研究中国古代社会情况、文物制度，特别是儒家思想的重要著作。其中，《礼运》提到"天下为公"的"大同"思想，反映了对美好而公正的社会的强烈向往；《大学》《中庸》论述儒家的人世哲学，朱熹将其抽出，与《论语》《孟子》合并，成为"四书"，影响甚大。

（五）《春秋论》

《春秋》，在汉代为"五经"之一，被称为《春秋经》。在《春秋论》中，郑玄指出《春秋》的性质及形成过程。他说："《春秋》者，国史所记人君动作之事。左史所记为《春秋》，右史所记为《尚书》。"（按：据《礼记·玉藻疏》当是"右史记事，左史记言"，所以"左""右"二字应互换。）

相传《春秋》是孔子根据鲁国史官编纂的《鲁春秋》删削而成的，表现了他的政治主张。孟子云："世衰道微，邪说暴行有作，臣弑其君者有之，子弑其父者有之。孔子惧，作《春秋》。《春秋》，天子之事也。是故孔子曰：'知我者其唯《春秋》乎！罪我者其唯《春秋》乎！'"①

《春秋》曰："十有四年春，西狩获麟。"这是孔子的绝笔之年。《公羊传》还说："西狩获麟，孔子曰：'吾道穷矣！'"郑玄在《春秋论》中指出孔子修《春秋》止于"西狩获麟"的原因，说："孔子既西狩获麟，自号素王，为后世受命之君制明王之法。"晋杜预注释说："麟者仁兽，圣王之嘉瑞也。时无明王，出而遇获。仲尼伤周道之不兴，感嘉瑞之无应，故因《鲁春秋》而修中兴之教，绝笔于获麟之一句，所感而作，因所以为终也。"这是传统的一种解释。

《春秋》记事简单，遂产生解释它的著作——"传"。汉代，解释《春秋》的著作有五家，但传下来的只有三家，即《春秋左氏传》《春秋公羊传》《春秋穀梁传》，简称《左传》《公羊传》《穀梁传》，三书合称"春秋三传"。而《春秋邹氏传》《春秋夹氏传》没有传下来。郑玄抓住了"春秋三传"的基本特点，高度概括地说："《左氏》善于礼，《公羊》善于谶，《穀梁》善于经。"这集中表现出郑玄关于《春秋》学的观点。

郑玄是否为《左传》做过注释？据刘孝标《世说新语·文学》注引《郑玄别传》所述，郑玄注《春秋传》尚未成，一次出行，与服虔相遇于客舍，在外听到服虔与人谈论注《左传》事，多与己同，就对服虔说"吾久欲注，尚未了，听君向言，多与吾同，今当尽以所注与君"，遂为《服氏注》。据此说，《服氏注》中当有郑玄注。此说也表现出郑玄的高风亮节。

《春秋论》还有一段佚文谈到《公羊》学的传授系统，说："治

---

① 《孟子注疏》卷6下《滕文公下》，载《十三经注疏》，中华书局1980年影印本。

《公羊》者，胡母生、董仲舒，董仲舒弟子嬴公，嬴公弟子眭孟，眭孟弟子庄彭祖及颜安乐，安乐弟子阴丰、刘向、王彦。"这可与正史记载的传授系统相参证。

今天来看，《春秋》是我国现存最早的编年史。其记事，上起鲁隐公元年（前722），下讫鲁哀公十四年（前481），共242年。它记事简略，又讲究书法，措辞隐晦，必须传释，才能明白。自晋代杜预作《春秋经传集解》，将《左传》与《春秋》配在一起，加以解释，《春秋》就没有单行本了。

唐代，孔颖达据《左传》杜预注作疏，称《春秋左传正义》；徐彦据何休《春秋公羊解诂》作疏，称《春秋公羊传注疏》；杨士勋据晋代范宁《春秋穀梁传集解》作疏，称《春秋穀梁传注疏》。以上皆见《十三经注疏》本。

（六）《孝经论》

《孝经》是儒家讲孝道的书，共18章。前边几章，《开明宗义章》讲孝是道德的根本："始于事亲，中于事君，终于立身。"《天子章》至《庶人章》等五章分别讲天子、诸侯、卿大夫、士、庶人的孝。《三才章》讲"孝，天之经也，地之义也，民之利也"。《孝治章》讲"圣人之德无以加于孝"。《纪孝行章》讲"孝子事亲"。《五刑章》讲"五刑之属三千而罪莫大于不孝"。

关于《孝经》的作者，或说曾子，或说孔子。《孝经》当是孔子再传弟子之后儒者所作，而托名孔子或曾子，约成书于公元前3世纪中后期。从《孝经论》仅存佚文来看，郑玄认为《孝经》是孔子所作；还谈到所作的目的，说"孔子以《六艺》题目不同，指意殊别，恐道离散，后世莫知根源，故作《孝经》以总会之"；并谈到自己为之作注，说"玄又为之注"。

《孝经》在西汉文帝时列于学官，东汉时列为"经"，郑玄为之作注。至唐代中期,唐玄宗李隆基为此书作注,对郑玄注多有吸取。宋代邢昺又为注作疏,称《孝经注疏》,列入《十三经注疏》。此书为历代封建统治者所重视,用来劝老百姓行孝,由孝而劝忠,在封建社会里影响很深,对研究儒家思想和封建社会的上层建筑有重要价值。

(原载《高密人文自然遗产》2018年第1期,总第25期。)

郑玄的《尚书》学

东汉经学大师郑玄,集经学之大成。他兼通今、古文经,遍注群经,不仅注"三礼",笺《毛诗》,而且对《周易》《尚书》《论语》《孝经》都有注释。但是,因为只有《周礼注》《仪礼注》《礼记注》《毛诗传笺》完整地保存在《十三经注疏》中,而其余经注均已失传(后人有辑佚),所以前人研究郑玄《礼》学和《诗经》学的较多,而研究郑玄其他经学的则甚少。本文依据现存文献资料,对郑玄的《尚书》学予以探讨。

一、郑玄所学、所注皆《古文尚书》

《后汉书·郑玄列传》记述其学业时说:"遂造太学受业,师事京兆第五元先,始通《京氏易》《公羊春秋》《三统历》《九章算术》。又从东郡张恭祖受《周官》《礼记》《左氏春秋》《韩诗》《古文尚书》。以山东无足问者,乃西入关,因涿郡卢植,事扶风马融。"郑玄既学古文经,也学今文经,但就《书经》而言,师从张恭祖习《古文尚书》,史载甚明。郑玄又就学于马融,马融是当时著名的古文经学家,曾撰《古文尚书传》11卷,故郑玄从马融所受的也应是《古文尚书》,当无疑问。

据现代学者研究,东汉治《尚书》专以古文名家者均可分为三个系统:1.西汉末涂恽、刘歆的门徒以孔安国师承为名的所谓壁中古文系统；2. 未言传授系统的盖豫、周防等古文诸家；3. 杜林漆书等古文系统。① 郑玄所治《尚书》属于哪一系统呢？他在《书赞》中说："我先师棘下生（子）安国亦好此学，卫、贾、马二三君子之业，则雅才好博，既宣之矣。"② 郑玄以整理孔壁《古文尚书》的孔安国为先师，可见他自己认为所学的是壁中古文系统。但是，郑玄在上文中又提到"卫、贾、马"，即卫宏、贾逵、马融，虽皆治《古文尚书》，但所受系统似有不同。

《后汉书·儒林传·卫宏》："后从大司空杜林更受《古文尚书》，为作《训旨》。时济南徐巡师事宏，后从林受学，亦以儒显，由是古学大兴。"《后汉书·贾逵传》载：其父贾徽受《古文尚书》于涂恽。逵悉传父业，并以大、小夏侯《尚书》教授。肃宗即位后，贾逵奉诏撰《欧阳、大小夏侯尚书古文同异》3卷，得到皇帝赞许。贾逵曾作《古文尚书训》，其门人许慎引《尚书》古文入《说文》，并据古文辨今文之异，撰《五经异义》。至于马融，以古文名家，撰《古文尚书传》，授卢植、郑玄。卢植撰《尚书章句》；郑玄撰《古文尚书注》，成为东汉《古文尚书》最后最大的一家。

从上述记载可知，卫宏从杜林受学，所受为杜林漆书本无疑。但贾逵所受，上承涂恽、贾徽，是源自孔安国、庸生的壁中古文本。郑玄先受自张恭祖，后受自马融，自言"先师"孔安国，可见，他认为也属于孔壁古文本系统。这就涉及杜林漆书本和孔壁古文本两个系统。

我们知道，所谓孔安国所传《古文尚书》，应是刘歆所见中秘所藏比今文本多出逸16篇的孔壁本，凡46卷，58篇，而实际上贾、马所治的《古文尚书》只有29篇，并没有逸16篇及有关传注，《尚书·虞书》大题疏引马融《书叙》云"逸十六篇，绝无师说"，乃是明证。杜

---

① 参见刘起釪《尚书学史》第五章第二节，中华书局1989年版。
② 《尚书·虞书》大题疏引，载《十三经注疏》，中华书局1980年影印本。

林于西洲（今甘肃境内）所得漆书《古文尚书》为1卷，然《隋书·经籍志》著录是29篇，许慎《说文》所引杜林本古文也未超出29篇之外，证明杜林所传之本确也是29篇，但1卷不可能有29篇。为什么会出现这种情况呢？唯一的解释是：杜林所始得的1卷是孔壁本在社会上传抄之本，但只有若干篇，他便按这一卷漆书古文的字体将今文29篇改成了古文。所以，杜林所传的漆书本，自以为是孔壁本。卫、贾、马所治为此本，郑玄所注也是此本，名义上是孔壁本，而实际上是杜林漆书本。《尚书·虞书》大题疏云："郑注《尚书》……篇数并与三家同……所注皆同贾逵、马融之学，题曰《古文尚书》，篇与夏侯等同，而经字多异。"这正说明这点。郑玄所以把杜林漆书本说成孔壁本的传本，是标榜自己所受的乃孔氏真传，以抬高自己学派的地位。

二、郑玄《古文尚书注》的体例

郑玄的《古文尚书注》，《隋书·经籍志》著录为《尚书注》9卷，《旧唐书·经籍志》和《新唐书·艺文志》称《古文尚书注》，皆9卷。原书约在宋代散佚。南宋王应麟始加以撰集。清人多有辑补、订正，如孙星衍补辑为《古文尚书马郑注》10卷，见《岱南阁丛书》；李调元订补为《郑氏古文尚书》10卷，见《函海》；孔广林增订为《尚书郑注》10卷，见《通德遗书所见录》《郑学汇函》。专事郑玄佚注辑佚的，有袁钧辑《郑氏佚书》，其中《尚书注》9卷；黄奭辑《黄氏逸书考·通德堂经解》，其中《尚书古文注》1卷。今据诸家辑本，以窥原书之体例。

（一）校脱正误

郑玄注《古文尚书》，先进行校勘，如原书有脱文，不直接补出，而在注中说明。如《尧典》："申命羲叔：宅南交。"郑注："夏不言'曰明都'三字，磨灭也。"①郑玄认为下脱"曰明都"三字，必有所据。按今本《尚书》有此三字，或以为据郑注增。曾运乾说："'曰明都'，依郑注增。郑云：'夏不言曰明都三字，磨灭也。'按上下文，'曰旸谷''曰昧谷''曰幽都'例，'宅南交'下必实指其地名。郑知为'曰明都'三字，必有所居，今未知其审。"②原书中有误字，也不径改，而在注中说明，然后作注。《太誓》："流之为雕。"郑注："雕，当为鸦。鸦，鸟也。"据后面注文，此据《书说》《礼说》。郑玄熟知各经，还用其他经书中的引文校《尚书》，如有不同，也在注中说明。如《微子》："若之何其。"郑注："《礼记》曰'何居'。"此据《礼记》校出《尚书》异文。

（二）解释词语

郑注基本按词在句中的先后次序注释。如《尧典》："辩章百姓，百姓昭明。"郑注："辩，别也。章，明也。""百姓，群臣之父子兄弟。"释词的基本形式，或在句末加"也"字。如《皋陶谟》："庶绩其凝。"郑注："凝，成也。"或在句末不加"也"字。如《康诰》："周公初基。"郑注："基，谋。"所用术语，有"犹"。如《微子》："凡有辜罪，乃罔恒获。"郑注："凡，犹皆也。"有"谓之"。如《尧典》："钦明文思安安。"郑注："敬事节用谓之钦，照临四方谓之明，经纬天地谓之文，虑深通敏谓之思。"有"曰"。如《尧典》："允恭克让。"郑注："不懈于位曰恭，推贤尚善曰让。"有"谓"。如《居奭》："天寿平格。"郑注："格谓至于天也。"有"为"。如《尧典》："寇贼奸宄。"郑注："强聚为寇，杀人为贼，由内为奸，起外为宄。"

---

① ［清］袁钧辑《郑氏佚书·尚书注》，清光绪十四年（1888）浙江书局刻本。下引同。

② 曾运乾：《尚书正读》，华东师范大学出版社2012年版。

（三）解释名物

有释帝王称号及来历的。如《盘庚上》："盘庚迁于殷。"郑注："盘庚，汤十世孙，祖乙之曾孙。"有释天文的。如《尧典》："日短星昴，以正仲冬。"郑注："昴，白虎中昴宿也。东方、南方皆三次，鹑火、大火居其中。西方、北方俱七宿，虚星、昴星居其中。"有释地理的。如《禹贡》："壶口治梁及岐。"郑注："《地理志》：壶口山在河东北，屈县东南。梁山在左冯翊夏阳。岐山在右扶风美阳西北。"有释职官的。如《洪范》："八政：一曰食，二曰货，三曰祀，四曰司空，五曰司徒，六曰司寇，七曰宾，八曰师。"郑注："食，谓掌民事之官，若后稷者也。货，掌金帛之官，若《周礼》司货贿是也。祀，掌祭祀之官，若宗伯者也。司空，掌居民之官。司徒，掌教民之官。司寇，掌诘盗贼之官。宾，掌诸侯朝觐之官，若《周礼》大行人是也。师，掌军旅之官，若司马也。"有释刑法的。如《尧典》："象以典刑，流宥五刑。"郑注："五刑：墨、劓、剕、宫、大辟。正刑五，加之流宥、鞭、扑、赎刑，此之谓九刑。"还有释其他名物的。如《禹贡》："厥贡惟球、琳、琅玕。"郑注："球，美玉也。琳，美石也。琅玕，珠也。"

（四）说明句意

即说明全句的大意。如《尧典》："光被四表，格于上下。"郑注："言尧德光耀，及四海之外，至于天地，所谓大人与天地合其德，与日月齐其明。"

（五）注明音读

郑玄在注中多用声训，通过审音，找出本字，以通训诂。所用术语，有"读曰"。如《尧典》："弃，黎民祖饥，汝后稷，播时百谷。"郑注："祖，读曰阻。阻，厄也。时，读曰莳。始者，洪水时，众民厄于饥，汝居稷官，种莳五谷以救活之。"有"读如"。如《盘庚上》：

"今汝聒聒。"郑注:"聒,读如聒耳之聒。聒,难告之貌。"有"读为"。如《洪范》:"次三曰农用八政。"郑注:"农,读为醲。"有时还注出方言的读音。如《微子》:"若之何其。"郑注:"其,语助也。齐鲁之间声如姬。"

（六）注明通假

如所释为通假字,则注明,并按本字解释。如《尧典》:"宾于四门。"郑注:"宾,摈,舜为上摈以迎诸侯。"此以"宾"为"摈"的通假字,故以摈作解释。

以上可知,郑玄注《尚书》,首先取异本对经文进行了校勘整理。他彼此互校,找出异文;认真审辨,订正讹误。但他找出异文、讹误后,并不径改原文,而是在注中说明。他在注经时,继承了前人在训诂学上的经验,并有新的发展。他兼采各家,择善而从,加以己见。经注注重史实,简明扼要,易于掌握,故在当时受到广泛推崇。

三、郑玄注《尚书》的基本观点

郑玄在《六艺论》中谈到读《诗经》时说:"注《诗》宗毛为主,毛义若隐略,则更表明。如有不同,即下己意,使可识别也。"[①]笺《诗》如此,注群经也是这样。郑注《古文尚书》,不拘门户之见,力求采纳各家之精华,并加上自己的独到见解,从而构成严谨的学说体系,成为他所创"郑学"的重要组成部分。今据其佚文探讨一下郑玄注《尚书》的基本观点。

---

① 《毛诗正义》卷1《周南·关雎》"郑氏笺"疏引,载《十三经注疏》,中华书局1980年影印本。

第一，坚持正统儒家的观点。

东汉时期，随着今文经学的没落，古文经学大力提倡尧、舜、禹、汤、文、武的"圣道王功"，他们通过注经阐明周公、孔子所传圣王的"仁义正道"，追求三代典章制度、器数名物、礼乐声教，以挽救时弊，解决政治危机。总之，他们力图恢复正统儒学，以取得在政治上的地位。

郑玄注《尚书》，笃信古制。如《尚书》中的《尧典》《禹贡》，经现代学者研究，是战国时代的作品，虽然有传说作依据，但文中的某些制度系儒家学者的假托，而郑玄在经注中相信这些制度，如同他相信《周礼》即周公制定的周代之礼一样。如《禹贡》中的五服制度就是如此。《禹贡》："五百里甸服。百里赋纳总，二百里纳铚，三百里纳秸服，四百里粟，五百里米。"郑注："甸服者，尧制，赋其田使入谷，禹弼其外。百里者赋入总，谓入刈禾也。二百里铚，铚，断去稿也。三百里秸，秸，又去颖也。四百里入粟，五百里入米者，远弥轻也。甸服之制，本自纳总，禹为之差，使百里者从之耳。尧之时，土广五千里，禹弼成五服，土广万里。每言五百里一服者，是尧旧服。每服之外更言三百里、二百里者，是禹所弼之残数也。尧之五服，服五百里耳。禹平水土之后，每服更以五百里辅之，是五服服别千里，故一面而为差至于五千也。甸服，比周为王畿，其弼当侯服，在千里之内。"又注"五百里侯服"云："侯服，于周为甸服，其弼当男服，在二千里之内。"又注"五百里绥服"云："绥服，于周为采服，其弼当卫服，在三千里之内。"又注"五百里要服"云："要服，于周为蛮服，其弼当夷服，在四千里之内。"又注"五百里荒服"云："荒服，于周为镇服，其弼当蕃服，在五千里之内。"

为了推崇圣道王功，维护《尚书》中以尧、舜、禹、汤、文、武等"三代圣王"建立起来的先王之道，郑玄在对经义的解释上处处维护这种"道统"的尊严，甚至在文字训诂上牵强附会。如《尧典》首句：

"曰若稽古帝尧。"郑注:"稽,同也。古,天也。言尧同于天也。"历代多数学者都把"稽"释为"考",把"古"释为"古时传说",这句是后代学者追述古时尧的历史的开头语,但郑玄的解释是要说这圣道王功是由于尧舜当时,所以就必须把《尧典》看成是尧当时的作品。

第二,不拘守家法,不盲从师说。

汉代传经,讲究师法和家法。今、古文经学两派严格按照自己的观点注经讲学,绝不相混。即使在同一派内部,也是严守经师的传授,不背师说。在这种情况下,造成了一经有数家、一家有数说,"一经说至百余万言"的混乱局面,经学日益流于烦琐、教条、支离破碎之弊,而且臆测经义,谬误百出,使学者顾此失彼,茫然不知所从。而郑玄博学多师,兼学今、古文经,不专尊一派之书,不专守一师之说,是通才大家。他对今、古文经都有精深的研究,谙熟其治学方法、经说等各方面的长短优劣,所以对各派能抱正确的态度。在遍注群经时,不拘守家法,不盲从师说,"但念述先圣之元意,思整百家之不齐"[①],故能铸成一家之言。

对于《尚书》,郑玄学的是古文经,但他并不抱住古文经学派的经说不放,而取实事求是的态度。注《尚书》时,不盲从其师之说,当他认为师说不妥时,即提出不同的观点,注中与其师马融之说多异。如《尧典》中的"修五礼",马注:"五礼,吉、凶、军、宾、嘉也。"郑注:"五礼,公、侯、伯、子、男朝聘之礼也。"又"教胄子",马注:"胄,长也,教长天下之子弟。"郑注:"胄子,国子也。"

第三,兼采今文经说和谶纬之说。

东汉今文经说虽已没落,但并非一无可取。古文经学家在恢复正统儒学思想的指导下,异军突起,但注经有时牵强附会,徒增歧异。郑玄作为东汉古文经学的最后一位大师,集经学之大成,虽比较倾向于古

---

① 《后汉书》卷35《郑玄列传》,中华书局1965年版。

文经，但在注中能力求采纳各家之精华。

从《古文尚书注》来看，郑玄除采用古文经学家的经说，也兼采今文经学家的阴阳五行说和纬书说。如《洪范》："庶民惟星，星有好风，星有好雨。"郑注："中央土气为风，东方木气为雨。箕属东方木，木克土。土为妃，尚妃之所好，故好风也。西方金气为阴，克东方木，木为妃，毕属西方，尚妃之所好，故好雨也。是土十为木八妻，木八为金九妻，故东方箕星好风，西方毕星好雨。"这是以阴阳五行说解释自然现象。郑玄这一思想来自今文经学家之说。郑玄还精通谶纬，并给纬书作注，他注经时也加以引用。如《太誓》："太子发升舟中流，白鱼入于王舟，王跪取出，涘以燎之。群公咸曰：'休哉！'"郑注："白鱼入舟，天之瑞也。鱼无手足，象纣无助。白者，殷正色。天意若曰：'以殷予武王，当待无助。今尚仁人在位，未可伐也。'得白鱼之瑞，即便成王，应天命，定号也。"这是祥瑞说，属于谶纬。郑玄还直接引用纬书注经。如《洪范》："月之从星，则以风雨。"郑注："《春秋纬》云：'月离于箕，则风扬沙。'不言日者，日之从星，不可见故也。"

第四，注中寄托自己的政治理想。

《尚书》是上古政治文献汇编，其内容与政治关系密切，如涉及国家的治理、君臣关系等问题。郑玄在政治上主张君惠臣忠、任用贤才，认为人臣应有宽猛相济的本领。他在《古文尚书注》中寄托了自己的政治理想。如《洪范》："恭作肃，从作乂，明作哲，聪作谋，睿作圣。"郑注："皆其政所致也。君貌恭，则臣礼肃；君言从，则臣职治；君视明，则臣照哲；君听聪，则臣进谋；君思睿，则臣贤智。"这表现了他对君明臣良的君臣关系的向往。又："三德：一曰正直，二曰刚克，三曰柔克。"郑注："三德，人各有一德，谓人臣也。正直，中平之人。克，能也。刚而能柔，柔而能刚，谓宽猛相济，以成治立功。刚则强，柔则弱，此陷于灭亡之道，非能也。"又："平康正直，强弗友刚克，燮友柔克。"郑注："人臣各有一德，天子择使之。安平之国，使中平守一之人治之，使不失旧职而已。国有不顺孝敬之行者，则使刚能之人诛治之。其有中和之行者，则使柔能之人治之，差正之。"注中透露出他对治世能臣和清平政治的向往。

郑注《尚书》，虽然采用《古文尚书》，但又校以《今文尚书》，故经文实已包括今、古文经；郑注虽主要采古文经学家之说，但也采用今文经学家之说，故经说实已包括今、古文经师说。加之郑注言简意精，便于学习，所以受到当时儒生们的广泛推崇。这些久为繁杂的师法、家法所苦的儒生们，对郑注闻而悦之，对郑玄翕然从之。正如清代经学家皮锡瑞所说："当时莫不仰望，称伊、洛以东，淮汉以北，康成一人而已。咸言先儒多阙，郑氏道备。"① 于是，郑注《古文尚书》流行，今文经的欧阳和大、小夏侯三家《尚书》便散失了。魏晋南北朝时期，除西晋外，《尚书》皆宗郑氏，立于学官。可见，郑玄注《尚书》取得多么高的成就。

四、从《书赞》看郑玄的《尚书》说

郑玄对《尚书》有关的一系列问题都有自己的见解，这些见解在《书赞》佚文中有集中的论述。《书赞》是郑玄对《尚书》的解题。原文已佚。佚文散见于《经典释文·序录》《尚书·序疏》《尚书·虞书题疏》等，清代袁钧、王仁俊有辑佚。今就其佚文探讨郑玄有关《尚书》的学说。

（一）关于《尚书》的作者和名义

郑玄认为，《尚书》是孔子编撰的，《尚书》就是"上书"，如同"天书"。他在《书赞》中说："孔子撰《书》，尊而命之曰《尚书》。尚

---

① ［清］皮锡瑞：《经学历史·经学中衰时代》，中华书局1959年版。

者，上也。盖言若天书然。"①

孔子删书说，汉代学者皆以为可信。大史学家司马迁、班固分别在《史记》《汉书》中都有肯定性的记载。对此，郑玄还相信纬书说，在《六艺论》中，他引《书纬》之说云："孔子求书，得黄帝玄孙帝魁之书，迄秦穆公，凡三千二百四十篇，断远取近，定可以为师法者百二十篇。以百二篇为《尚书》，十八篇为《中候》。"②此说虽来自《书纬》，但它是今文经学家之说。郑玄肯定此说，亦可见他在学术上是兼容今、古文经的。

郑玄长于训诂，释"尚"为"上"，是正确的。但他没有沿着这一正确解释把《尚书》解释成"上古的书"，而是把"上"引申为"天"，认为《尚书》"若天书然"，这就把《尚书》神化了。郑玄的《尚书》名义说来自纬书。《书纬·璇玑钤》云："尚者，上也，上天垂文象、布节度，书也，如天行也。"郑说与此说一脉相承。他还在《书赞》中说："《璇玑钤》云：'因而谓之书，加尚以尊之。'又曰：'《书》务以天言之，故曰《尚书》。'"③这是直接引用《书纬》之说，以证成己说。

（二）关于《古文尚书》的来历

郑玄在《书赞》中对《古文尚书》的来历也作了说明。他说："《书》初出屋壁，皆周时象形文字，今所谓科斗书。以形言之为科斗，指体，即周之古文。"④郑玄肯定《古文尚书》出自孔壁，是"科斗书"。关于《古文尚书》的发现，汉代文献记载多有歧异，但郑玄所述两点在当时为学者所公认。

---

① ［唐］陆德明：《经典释文·序录》，中华书局1983年影印本。
② 《尚书·序》疏引，载《十三经注疏》，中华书局1980年影印本。
③ 《尚书·序》疏引，载《十三经注疏》，中华书局1980年影印本。
④ 《尚书·序》疏引，载《十三经注疏》，中华书局1980年影印本。

（三）关于百篇《书序》的作者

郑玄相信《书序》，并认为作者为孔子。他在《书赞》中说："《序》，孔子所作。"[①]

西汉中叶，出现了百篇《尚书》的篇题和序。篇题包括《今文尚书》28篇（析成31篇）、《古文尚书》16篇（析成24篇）和新出现的45篇；序的内容是说明各篇写作的缘由，大都见于《史记》的《夏本纪》《殷本纪》《周本纪》和有关的"世家"。据现代学者研究，百篇《书序》是张霸伪造的。张霸曾伪造"百两篇"本《古文尚书》，并假冒孔子所作的序。"百两篇"在当时即被识破为伪书而被废除，但百篇《书序》却流传于世。到西汉末年，百篇《书序》已为学者所公认，但未确定作者。到东汉，百篇《书序》就被说成是孔子所作，马融、郑玄皆不怀疑，肯定为"孔子所作"，并为之作注。郑玄在《书赞》中说："《虞夏书》二十篇，《商书》四十篇，《周书》四十篇。"[②] 这就确认《尚书》有百篇。关于《古文尚书》的篇数，他说："经，五十八篇，后又亡其一篇，故五十七。"[③]（按，所亡佚的一篇是《武成》篇。）东汉古文经学家确认《尚书》有百篇篇名，并承认百篇《书序》，是故意托名圣人，这和把自己所传的古文经说成是中秘孔壁本真传一样，是为了抬高《古文尚书》的地位。

五、郑玄《尚书大传》说和注

《尚书大传》，相传为汉代伏生撰，而实是伏生弟子张生、欧阳生等就其所学，撰述大义而成。刘向校书，上于朝廷，凡41篇。《汉书·艺文志》"书"类载"《传》四十一篇"，即指此书。郑玄在《尚书

[①]《尚书正义》卷2《尧典·序》，载《十三经注疏》，中华书局1980年影印本。
[②]［清］袁钧辑《郑氏佚书·尚书注》，清光绪十四年（1888）浙江书局刻本。
[③]《汉书》卷30《艺文志》注，中华书局1962年版。

大传·序》中说："盖自伏生也。伏生为秦博士，至孝文时年且百岁，张生、欧阳生从其学而受之，音声犹有讹误，先后犹有差舛，重以篆隶之殊，不能无失。生终后，数子各论所闻，以己意弥缝其阙，别作章句。又特撰大义，因经属指，名之曰传。刘子政校书，得而上之，凡四十一篇，至玄始诠次为八十三篇。"①郑玄在此序中对《尚书大传》的作者及成书过程作了明确的记述，还指出由此书的写法是"因经属指"，即利用经文发挥自己的观点。

郑玄曾为《尚书大传》作注，见《后汉书》本传。《隋书·经籍志》亦载："《尚书大传》三卷，郑玄注。"②然《旧唐书·经籍志》和《新唐书·艺文志》皆不言郑玄注，而言"伏胜注"，显然是错误的。《宋史·艺文志》已不著录，这说明此书在唐以后逐渐散佚，至明则全亡。清修《四库全书》时，又发现《尚书大传》的两种旧刊本，其中一种有郑注。《四库全书总目·经部·书类二》"尚书大传"条云："《唐志》亦作三卷，《书录解题》则作四卷。今所传者凡二本：一为杭州三卷之本，与《隋志》合，然实杂采类书所引，裒集成编，漫无端绪；一为扬州四卷之本，与《书录解题》合，兼有郑康成注，校以宋仁宗《洪范政鉴》所引郑注，一一符合，知非依托。二本各附《补遗》一卷，扬州本所补较备。……其第三卷为《洪范五行传》，首尾完具……第四卷题曰《略说》，王应麟《玉海》别为一书，然如《周礼·大行人》疏引'孟侯'一条，《玉藻》疏引'祀上帝于南郊'一条，今皆在卷中，是《大传》为大名，《略说》为小目，应麟析而二之，非也。"③据此，郑玄注《尚书大传》，包括《洪范五行传》和《尚书略说》。除《四库全书》本外，清代尚有卢文弨、孙之騄、袁钧、孔广林、黄奭、陈寿祺等人的

---

① 《四库全书总目》卷12《经部·书类二》"尚书大传"条引，中华书局1965年影印本。
② 《隋书》卷32《经籍志一》，中华书局1973年版。
③ 《四库全书总目》卷96《经部·书类二》，中华书局1965年影印本。

辑本。

  《尚书大传》是汉代今文经学家的著作，郑玄所学所注皆《古文尚书》，何以如此重视此书而为之作注呢？这是因为《尚书大传》地位重要，仅次于经。此外，《尚书大传》是汉代经学神学化过程中的产物，书中以阴阳五行说和天人感应的灾异说释经，和郑玄的思想是一致的。从《尚书大传》的内容来看，它和《韩诗外传》《春秋繁露》一样，都是今文经学家利用经文的一些文句作引子，驰骋和经文毫不相干的说法。书中占整整一卷篇幅的《洪范五行传》，就是伏生今文派以五行灾异说改造《洪范》写成的。文中牵强附会地把自然现象、社会现象和历史现象，都说成是受五行支配的，集中反映了阴阳五行观点。

  到了东汉时期，出现了谶纬之学。谶纬学是阴阳五行说进一步发展的结果，二者一脉相承。郑玄博极群书，自述"博稽六艺，粗览传记，时睹秘书纬书之奥"[①]。他兼学今、古文经，精通群经群纬，《尚书大传》自然是他研究《尚书》的必读之书。《尚书大传》宣扬的阴阳五行说，正是他精通的学问。他为此书作注，可谓游刃有余，特别是注《五行传》时，畅叙其说，有注释，有串解，洋洋洒洒，篇幅是其他几卷注的数倍，集阴阳五行说之大成。试举一条注释。《五行传》："一曰貌。貌之不恭，是谓不肃。厥咎狂，厥罚常雨。厥极恶，时则有服妖，时则有龟孽，时则有鸡祸，时则有下体生于上之痾，时则有青眚青祥。维金沴木。"郑注："肃，敬也。君貌不恭，则是不能敬其事也。君臣不敬，则倨傲如狂矣。貌曰木，木主春，春气生。生气失则踰其节，故常雨也。生气失，故于人则为恶。服，貌之饰。龟，虫之生于水而游于春者也。鸡，畜之有冠翼者也，属貌。痾，病也，貌气失之病也。青，木色也，眚生于此。祥，自外来也。沴，殄也。凡貌言视听思心，一事失则逆人之心，心逆则怨，木、金、水、火、土为之伤，伤则冲胜来乘殄

[①]《后汉书》卷35《郑玄列传》，中华书局1965年版。

之。于是民怨神怒，将为祸乱，故五行先见变异，以谴告人也。及妖、孽、祸、痾、眚、祥，皆其气类暴作非常，为时怪者也。"从这条注释来看，除个别解释词语外，基本内容是对阴阳五行说和五行灾异说的阐释。其他注释也大体如此。郑玄的《尚书》说，兼容并包，这在他的《尚书大传注》中表现得最为明显。

（原载《历史文献研究》总第20辑，华中师范大学出版社2001年7月出版。）

郑玄注《孝经》考辨

东汉经学家郑玄一生遍注群经，但除《毛诗传笺》《周礼注》《仪礼注》《礼记注》因收入《十三经注疏》而流传下来之外，余皆亡佚。有的经注经后世学者辑佚而编订成书，《孝经注》即其中之一。郑玄曾为《孝经》作注，这是应该肯定的，多数学者深信不疑。然对郑玄注《孝经》曾有人表示怀疑，少数学者感于"郑氏注"而提出他说，并在学术界引起一定混乱，历代学者多有驳正，今仍有考辨之必要。

一、驳陆澄"观其用辞，不与注书相类"

自东汉末郑玄去世之后，经曹魏、两晋至南朝刘宋，郑玄《孝经注》广为流传，且被立为学官，人无异辞。到刘宋范晔撰《后汉书》时，为郑玄列传，列其所注群经，在《周易》《尚书》《毛诗》《仪礼》《礼记》《论语》之后，列有《孝经》。

然而，到南朝萧齐时，陆澄始怀疑《孝经》非郑注，与王俭书论之云："世有一《孝经》，题为郑玄注。观其用辞，不与注书相类。"[①] 就是说，《孝经注》的用词与郑玄注其他经书不同，所以陆澄怀疑它不是郑玄注。加之魏晋南北朝时期《孝经注》所题为"郑氏注"，久之，遂

---

① 《南齐书》卷39《陆澄传》，中华书局1972年版。

疑"郑氏"是否为郑玄。到唐朝初年修《隋书·经籍志》时，已经不甚明确，虽相沿亦用"郑氏注"，但又云："又有郑氏注，相传或云郑玄，其立义与玄所注余书不同，故疑之。"此说显然是沿袭陆澄之说，即"观其用辞，不与注书相类"。清代学者驳之，今举数例。

陈鳣曰：

> 自江左中兴，久立博士，穆帝集讲《孝经》云"以郑玄为主"，荀茂祖《集解》因之，至陆彦渊始疑其不与注书相类，请不藏于秘书，王仲宝违其议，遂得见传。夫郑注"三礼"与笺《诗》互有异同，安在此注之必类于群经乎？①

按：引文中"陆彦渊"即陆澄，"王仲宝"即王俭。王俭时任尚书令，针对陆澄之疑说"郑注虚实，前代不疑，意谓可安"②，仍旧立《孝经》郑氏博士。

侯康曰：

> 至谓与郑他经注不类，今不尽可考，然康成笺《诗》不同注《礼》，《郑志》诸说每异群经，博雅群儒，固宜有是，亦无可疑也。③

严可均曰：

---

① ［清］陈鳣：《简庄缀文》卷2《集孝经郑注叙》，载《抱经堂丛书七种》，民国二十四年（1935）杭州朱氏抱经堂汇印本。
② 《南齐书》卷39《陆澄传》，中华书局1972年版。
③ 《补后汉书艺文志》卷2，载《二十五史补编》，上海开明书店民国二十五年至二十六年（1936—1937）版。

郑氏注书百余万言，非旦夕可就，先后不类，非所致疑。即如《五经》注，亦或不类，《坊记》正义引《郑志》答炅模云："为纪注时就卢君，先师亦然，后乃得毛公传，记古书义又且，然记注已行，不复改之。"《礼器》正义亦引《郑志》云："后得《毛诗传》，故与记得不同。"若然，词不相类，《诗》《礼》亦有之，何止《孝经》？①

严可均又曰：

陆澄，善读书者，语非无因，然犹未考。郑所注书，其时有先后，执后定之说以校初定之说，其疑为不相类，宜也。陆疑为不相类者，非谓朝聘、巡狩、郊祀、明堂、丧服，并非五刑也。何以知之？宋、齐注本，五刑未必如《释文》所据本之凌乱，即未必不相类也。不相类者，盖法服耳。……学然后知不足，后说未必皆是，前说未必皆非。郑意如此，顾非陆澄所能考也。②

各书内容不同，阅读者不同，注书要求也就不可能一样。郑玄笺《诗》与注"三礼"不同，《孝经》是童蒙始学之书，更不可能与注"三礼"一样要求，单从注书用辞不与其注他经相类，就怀疑非一人所注，理由是站不住脚的。

---

① 《补后汉书艺文志》卷2，载《二十五史补编》，上海开明书店民国二十五年至二十六年（1936—1937）版。
② 《补后汉书艺文志》卷2，载《二十五史补编》，上海开明书店民国二十五年至二十六年（1936—1937）版。

二、驳刘知几所谓"十二验"

自南朝萧齐陆澄提出"用词不与注书相类"说后,至唐朝,刘知几又设"十二验"以疑之,云:

据郑君《自序》云:"遭党锢之事,逃难注《礼》;党锢事解,注《古文尚书》《毛诗》《论语》;为袁谭所逼,来至元城,乃注《周易》。"都无注《孝经》之文,其验一也。郑玄卒后,其弟子追论师所著述及应对,时人谓之《郑志》。其言所注者,惟有《毛诗》、"三礼"、《尚书》、《周易》,都不言郑注《孝经》,其验二也。又,《郑志目录》记郑之所注,《五经》之外,有《中候》《书传》《七政论》《乾象历》《六艺论》《毛诗谱》《答临硕难礼》《驳许慎异义》《发墨守》《箴膏肓》《答甄子然》等书,寸纸片札,莫不悉载,若有《孝经》之注,无容匿而不言,其验三也。郑之弟子,分授门徒,各述师言,更相问答,编录其语,谓之《郑记》,惟载《诗》《书》《礼》《易》《论语》,其言不及《孝经》,其验四也。赵商作《郑先生碑铭》,其称其所注、笺、驳、论,亦不言注《孝经》。《晋中经簿》,《周易》《尚书》《尚书中候》《尚书大传》《毛诗》《周礼》《仪礼》《礼记》《论语》,凡九书,皆云"郑氏注,名玄",至于《孝经》,则称"郑氏解",无"名玄"二字,其验五也。《春秋纬演孔图》云:"康成注'三礼'、《诗》、《易》、《尚书》、《论语》,其《春秋》《孝经》,别有评论。"宋均于《诗谱·序》云"我先师北海郑司农",则均是玄传业弟子也,师所著述,无容不知,云"《春秋》《孝经》,惟有评论",非玄之所著,于此特明,其验六也。宋均《孝经纬注》引《六艺论》叙《孝经》云:"玄又为之注。司农论如是,而均无闻焉。有义无辞,令余昏惑。"举郑之语,而云"无闻",其验七也。宋均《春秋纬注》云"玄为《春秋》《孝经》略说",则非注之谓,所言"玄又为之注"者,泛辞耳,非事实。序《春秋》亦云"玄又为之注"也,宁可复责以实注《春秋》乎?其验八也。后汉史书,存于世者,有谢承、薛莹、司马彪、袁山松等,具为《郑玄传》者,载其所注,皆无《孝经》,其验九也。王肃《孝经传》首,有司马宣王之奏,并奉诏令诸儒注述《孝经》,以肃说为长。若先有郑注,亦应言及,而不言郑,其验十也。王肃著书,发扬郑短,凡有小失,皆在《圣证》。若有《孝经》此注亦出郑氏,被肃攻击,最应繁多,而肃无言,其验十一也。魏晋朝贤,辩论时事,郑氏诸注,无不撮引,未有一言引《孝经》之注,其验十二也。①

刘知几"十二验"之说,影响较大,故全文录之,看其到底能否站得住脚。我们先看刘知几提出此说的意图,那就是想废除郑注。

考《孝经》原有孔安国注,与郑玄注在梁时并立于国学,而孔注亡于梁乱。陈及周,唯传郑氏,至隋,秘书监王劭于京师访得孔传,送于刘炫,炫因述其议疏,讲于人间。后遂著令,与郑氏并立,学者云炫自作之,非孔氏本。至唐开元年间,诏议孔郑两家,刘知几主张行孔废郑,力陈郑注之伪,故有此议。但刘知几的主张遭到司马贞等诸儒的反对,最终仍行郑学。可见,其说在当时就是站不住脚的。对刘知几之议,后代诸儒多驳之,今举数例。

清代徐康曰:

> 刘氏"十二验"中,据《郑志》诸书皆不言注《孝经》,则《范史本传》亦不言其注《周官》,唐史承节撰《碑》亦不言其注《论语》。秉笔偶疏,未为典要(说本钱侗),此数事不足疑也。又

---

① [宋]王溥:《唐会要》卷77《贡举下·论经义》,中华书局1955年版。

案："王肃好发扬郑短，而无言攻击《孝经注》"，然《郊特牲》疏引王肃难郑《孝经注》"社，后土也"之文，是肃未尝无言，此一事不足疑也。王伯厚以"上帝，天之别名"一语，谓与"六天"之说不符。考《礼·大传》注云："《孝经》曰：郊祀后稷以配天，配灵威仰也；宗祀文王于明堂以配上帝，泛配五帝也。"然则，上帝者，五帝之总称，天即五帝中之一帝。郊祀之天，非圜丘之天，故云"上帝，天之别名"，与郑生平宗旨不背，此说亦不足疑也。……宋均《孝经纬注》引郑《六艺论》序《孝经》云"玄又为之注"，此即康成注《孝经》之明证。宋均又云"均无闻焉"者，意注未卒业，不行于世故也。①

又，严可均辑本《序》曰：

至谓《自序》所注众书无《孝经》，尤为偏。据刘炫《述义》引郑《六艺论》云："孔子以《六艺》题目不同，指意殊别，恐道离散，后世莫知根源，故作《孝经》以总会之。"宋均《孝经纬注》引郑《六艺论》叙《孝经》云："玄又为之注。"此二事并见《孝经正义》，明是《自序》遗漏。郑氏又别为《孝经序》。《礼记·缁衣正义》《大唐新语》《太平寰宇记》《玉海》各引一事，余既采列本经注篇端，兹故不载。就余所闻，《郑志》及谢承、薛莹、司马彪、袁山松等载郑氏所注无《孝经》，范《书》有《孝经》，无《周礼》，皆是遗漏。《正义》云"《晋中经簿》称郑氏解"，《经典序录》云"《中经簿》无"，则所据本异也。②

---

① 《补后汉书艺文志》卷2，载《二十五史补编》，上海开明书店民国二十五年至二十六年（1936—1937）版。

② ［清］曾朴：《补后汉书艺文志并考》卷3"郑康成注《孝经》"条，载《二十五史补编》，上海开明书店民国二十五年至二十六年（1936—1937）版。

又，曾朴曰：

刘知几"十二验"，国朝钱侗、严可均等驳之甚详，惟第十一、第十二二验无驳。按其十一验谓"王肃喜难郑学，而《孝经》无言"，今考《礼记·郊特牲》正义引《圣证论》："肃难郑曰：《春秋》说伐故于社责上公，不云责地祇。明社是上公。'又《月令》'命民社'郑注：'社，后土也。'《孝经注》：'社，后土也。'《郑记》云：'社，后土，则句龙也。'是郑自相违异。"按此条即肃难郑《孝经注》，是肃未尝无言也，则知已十一验不足验也。其十二验谓"魏晋朝贤论辩时事，诸注无不撮引，都无《孝经》"。按魏人之有无撮引，典籍散亡，诚不可考。至晋代郑注，据《释文》云："江左中兴，《孝经》立郑氏博士。"然《释文》此数语夹注于晋穆帝集讲《孝经》之下，则陆意以《孝经》博士立在穆帝时。考《晋书·礼志》："太兴初，荀崧上疏云：'今皇朝中兴，美隆往初。《周易》，王氏；《尚书》，郑氏；《古文》，孔氏；《毛诗》《周官》《礼记》《论语》《孝经》，郑氏；《春秋左氏传》，杜氏、服氏，各置一人云云。'"太兴为晋元帝年号，元帝为中兴首帝，至穆帝时，其间尚隔五帝，而已有博士之立，刘知几乃谓"魏晋之朝无有此说，至魏齐始立学官"，误矣。然则博士且立即不必有撮引之证，而刘说自破，况《南齐书·礼志》曰："晋太始七年，有司奏：'来年正月十八日祠明堂，复告与否？'祠部郎中徐邈议郑玄曰：'郊者，祭天名。上帝者，天之别名也。'神无一主，故明堂异处，以避后稷也。"此明是晋人议论时事撮引《孝经》郑注之语，则知已第十二验亦不足验也。陆澄、刘知几皆先儒之通博者，其所疑难，后人易为所惑，而今细为考核，凡陆、刘两家之所疑者，实无一可疑，则《孝经》之为康成作，则可一言决矣。①

从以上引文来看，侯康、严可均两位学者针对刘知几所谓"十二验"，或概括驳之，或具体驳之，曾朴则专驳其第十一、十二验。可见，刘知几所谓"十二验"者，实无一可"验"。

此外，清代学者王鸣盛、袁钧、陈鳣、钱侗、姚振宗、胡元仪等皆有考辨，文多不录。

三、驳"康成胤孙"说、"郑称"说

怀疑《孝经》"郑氏注"之"郑氏"非郑玄者，又衍出"康成胤孙"说、"郑称"说。

"康成胤孙"说，始于唐代梁载言《十道志》。唐代刘肃惑于《十道志》，在《大唐新语》卷9中认为序郑注者为"康成裔孙"。"康成裔孙"无他，故王应麟《困学纪闻》《玉海》谓注《孝经》之郑氏为"郑小同"。对此，虽有信者，然清代学者亦多驳之。今略举数例。

郑珍曰：

> 按《六艺论》序《孝经》云"玄又为之注"，则康成注此经自言已明。其《序》云："避难南城山，栖迟岩石之下，述夫子之志而注《孝经》。"说者言南城在徐州，则注书之时与地自言亦明。……考康成客徐州在初平三年，时已六十六岁。后四年，为建安元年，自徐州归，归后四年即卒，其孙小同仅四五岁。此注既晚年客中之作，门人当未及传授。自归后，其稿久淹匿衍，亦

---

① ［清］曾朴：《补后汉书艺文志并考》卷3"郑康成注《孝经》"条，载《二十五史补编》，上海开明书店民国二十五年至二十六年（1936—1937）版。

著书满家者之常，必俟小同长大，检得遗稿，始出而传之。此所以赵商《碑铭》不及具载，宋均注纬亦曰"无闻"，诸门人追述师言，匪惟《郑志》《郑记》都不言及，即撰著《目录》且无此书，皆以其时注稿未出，并未传习故也。后来稿出，《目录》行世已久，小同自不得增入，谢承、薛莹、司马彪、袁山松诸人撰《康成传》自止据《目录》载之，即《中经簿》以据《目录》无此，故知止从其书题，而不加"名玄"二字，非有他也。①

此说有根有据，合情合理，令人信服。

严可均《全后汉文编》曰：

《孝经注》，或言郑小同作。今据《唐会要》七十七引郑玄《六艺论》叙《孝经》云"玄又为之注"，明非小同作也。②

严可均又曰：

或又问曰："近人疑《孝经》郑小同注，何据乎？"答曰："此说始于《太平寰宇记》，谓'今《孝经序》盖康成彻孙所作'。盖者，疑词，'彻孙'必误。近刻改为'胤孙'，近似矣。小同，汉魏间同人，注本现存，亦宜宝贵，然而旧无此说。《经典序录》云：'世所行郑注，相乘以为郑玄。引晋穆帝集讲《孝经》云以郑玄为主，陆澄所见宋齐本题郑玄注，《旧唐志》《新唐志》称郑玄

---

① ［清］郑珍：《郑学录》卷3《书目·孝经注》，载《巢经巢全集》，民国二十年（1931）上海中华书局铅印本。
② ［清］姚振宗：《后汉艺文志》卷1，载《二十五史补编》，上海开明书店民国二十五年至二十六年（1936—1937）版。

注，未有题郑小同者也。'"①

问题已明，注《孝经》之"郑氏"绝非郑小同，而是郑玄无疑。

至于"郑称"之说，唯见《春秋公羊传·昭公十五年》疏，云"何氏解《孝经》与郑称同，与康成异"，更是不知何据。"称"或是误字，《校勘记》引浦镗云："郑称当孔传之误。"《校勘记》又引梁玉绳云："郑偁（称）为魏侍中，有答魏武帝金币之问，见《续后汉书·舆服志》注。又，《魏志》延康元年注引《魏略》言偁（称）笃学大儒，为武德侯叡傅。叡即魏明帝也。"② 今查《三国志·魏书·文帝纪》裴松之注引《魏略》，确有"侍中郑称"其人，且为"笃学大儒"，但并未曾言其曾注《孝经》，目录书也未见著录，岂能言其注《孝经》？

四、郑玄注《孝经》无疑

郑玄注《孝经》，除见于《后汉书》本传外，还见于多种文献记载，如：郑玄曾撰《六艺论》，虽佚，但在宋均《孝经纬注》有引文，其叙《孝经》云"玄又为之注"，是郑玄自言为《孝经》作注。

唐代史承节在万岁通天初撰《后汉大司农郑公之碑》，具载郑玄经注，其中有《孝经注》。为郑玄撰写碑文，其言必有根据。

从后世目录来看，著录《孝经》时明确题为"郑玄注"的，史志目录，如《旧唐书·经籍志》和《新唐书·艺文志》，官、私新修图书目录，如宋代官修的《崇文总目》和陈振孙的《直斋书录解题》；题为"郑氏注"者，如《宋史·艺文志》，乃沿袭《隋书·经籍志》。其实，

---

① [清]曾朴：《补后汉书艺文志并考》卷3"郑康成注《孝经》"条，载《二十五史补编》，上海开明书店民国二十五年至二十六年（1936—1937）版。
② 《春秋公羊传注疏》卷23《昭公十五年》，载《十三经注疏》，中华书局1980年影印本。

此"郑氏"是后学对郑玄的尊称，在魏晋南北朝时期多见，并不值得怀疑。

郑玄是何时何因到徐州南城山去注《孝经》的呢？今考郑玄行踪：汉灵帝中平六年（189），郑玄为躲避青州黄巾军而到徐州，直至汉献帝建安元年（196）才回高密，在徐州长达7年。郑玄在徐州的活动，见于记载的，主要是在南城山注《孝经》。其《孝经序》云："仆避难于南城之山，栖迟岩石之下，念昔先人，余暇述夫子之志而注《孝经》。"① 《太平寰宇记·沂州·费县》："南城山……今西上可二里许，有石室焉，周回五丈，俗云郑康成注《孝经》于此。"②《齐乘》卷4："南成城，费县南百余里，齐檀子所守，汉侯国，属东海，因南成山而名。汉末黄巾之乱，郑康成避难此山，有注经石室。"③ 可见，郑玄晚年在南城山注《孝经》是可以肯定的。至于他为何到徐州南城山，盖因当时郑玄故里青州黄巾军甚盛，而徐州则较为安宁。据史书记载：陶谦"为徐州刺史，击黄巾，破走之。……是时，徐州百姓殷盛，谷米丰赡，流民多归之"④。

郑玄《孝经注》是其晚年客中之作，自徐州归高密时年已七十，且生活极不安定。建安二年（197），"时大将军袁绍总兵冀州，遣使要玄，大会宾客"；建安三年（198），"公车征为大司农，给安车一乘，所过长吏送迎"；建安五年（200），"时袁绍与曹操相距于官渡，令其子谭遣使逼玄随军。不得已，载病到元城县，疾笃不进"⑤，六月，病逝于元城。郑玄自徐州回乡后，4年即卒，或未及定稿，亦尚未向弟子传授，故赵商《碑帖》不具载，宋均注纬曰"无闻"，门人《郑志》《郑

---

① 《太平御览》卷42《地部·南城山》引《孝经·序》，中华书局1960年影印本。
② 《太平寰宇记》卷23《沂州·费县·南城山》，商务印书馆1935年"丛书集成初编"本。
③ ［元］于钦：《齐乘》卷4《古迹》，明嘉靖四十三年（1564）刻本。
④ 《三国志》卷8《魏书·陶谦传》，中华书局1959年版。
⑤ 《后汉书》卷35《郑玄列传》，中华书局1965年版。

记》皆未言及。及郑小同长大成人，整理其祖父遗注，发现此书，始向社会传布，并尊称"郑氏注"。在魏晋南北朝时期，郑玄弟子及再传弟子众多，皆尊郑玄为"郑氏"，故《隋书》作者相沿署名"郑氏注"，但有的学者已不甚清楚"郑氏"为谁，致使刘知几有"十二验"之论，后世个别学者对文献记载视而不见，专爱猎奇，又衍出作者为"郑小同""郑称"之说。

（原载《古籍整理研究学刊》2010年第2期，总第144期。）

郑玄散佚经注及辑佚

郑玄遍注群经，但自唐代统一经学以后，除《周礼注》《仪礼注》《礼记注》《毛诗传笺》四部经注完整保存下来之外，其余如《周易注》《尚书注》《孝经注》《论语注》等皆散佚。对这些散佚的经注，后代学者多有辑佚，今将郑玄散佚经注及其辑佚略做介绍。

一、《周易注》

据《后汉书·郑玄列传》，郑玄曾为《周易》作注。郑玄《周易注》，《隋书·经籍志》《旧唐书·经籍志》著录皆为9卷，《新唐书·艺文志》著录为10卷。宋代以后的目录书即不见著录，说明此书于宋代以后亡佚。宋末，学者王应麟最早从事郑玄佚注的辑佚，编成《周易郑康成注》1卷，《玉海》附刻，另有《秘册汇函》《四库全书》《四部丛刊三编》等版本。清代，惠栋又增补成《郑氏周易》3卷，收入《雅雨堂藏书》；丁杰、张惠言又进行订正，为《周易郑氏注》3卷，见《张皋文笺易诠全集》。此外，对郑玄《周易注》从事辑佚的，还有袁钧辑《易注》9卷，见《郑氏佚书》；孔广林辑《周易注》12卷，见《通德遗书所见录》；黄奭辑《周易注》1卷，见《黄氏逸书考·通德堂经解》。

在西汉宣帝时，《易》有施雠、孟喜、梁丘贺三家，都立于学官。

又有京房所传《易》，汉元帝时曾立于学官。至东汉，施、孟、梁丘、京氏四家并立，传者甚众。此外，汉初还有费直所传《古文易》，只在民间流传。东汉著名经学家陈元、郑众皆传费氏学，马融、荀爽为之作传。郑玄早年曾从第五元先学京氏《易》，后又从马融受费氏《易》，晚年作注亦采用费氏《易》。

《周易》在流传过程中，错简、讹误情况相当严重，虽经刘向以中古文校施、孟、梁丘《易》，但仍存在不少问题。郑玄对《周易》经传中的文字做了大量的整理工作，他参照诸本，校正错简，进行校勘，补订脱伪。如"有孚窒"之"窒"作"咥"，同马融本；"衰多益寡"之"衰"作"桴"，同荀爽本；"乘其墉"之"墉"作"庸"，"枯杨生稊"之"稊"作"荑"，同帛书《周易》；"失而勿恤"之"失"作"矢"，同帛书《周易》、孟喜《易》、马融《易》；"后说之弧"之"弧"作"壶"，同帛书《周易》、京氏《易》、马融《易》；"其行次且"之"次"作"趑"，同《说文》。

郑玄对《周易》经传文字的训释，多引《尔雅》。如注《坎》："系，拘也。"注《丰》："戕，伤也。"注《大壮·象》："祥，善也。"皆取于《尔雅·释诂》。注《泰》："荒，虚也。"注《系辞》："像，拟也。"则取于《尔雅·释言》。注《震》："哑哑，乐也。"注《大畜》："逐逐，两马也。"则取于《尔雅·释训》。还有取自《释亲》《释器》《释天》《释地》《释丘》《释山》《释草》《释木》《释虫》《释畜》者。

郑玄还从音韵学角度注释《周易》，因声求义，如注《需》卦卦辞："需，读为秀，阳气秀而不直前者，畏上坎也。"注《蒙》九"苞蒙"云："苞当作彪，彪，文也。"如此注释，拓展了《易》学研究领域，对于训释《周易》卦爻辞有重要意义。

郑玄注《周易》，除对经传进行训释外，还进一步阐明义理，这一特点极为突出。他对许多卦的训释只限于使用本卦卦象，其意在于借象以明理。如注《明夷》卦云："夷，伤也。日出地上，其明乃光，至其入也,明则伤矣,故谓之明夷。"这是对卦象的解释。他接着又说:"日之明伤,犹圣人君子有明德而遭乱世,抑在下位,则宜自艰,无干事政,以避小人之害也。"此借卦象发挥义理,圣人君子和小人皆由卦象引申出来,又指出圣人君子应以什么态度应对乱世,注入了个人的思想理念。郑玄还脱离卦象,更直接以义理注解《易》的卦辞、爻辞。如注《艮》卦云:"艮之言很也。艮为山,山立峙,各于其所,无相顺之时,犹君在上,臣在下,恩敬不相与通,故谓之艮也。"此由卦象艮为山作类比,引发出君臣关系应相顺相通的义理。又如注《随》卦云:"震,动也;兑,说也,内动之以德,外说之以言,则天下之人咸慕其行而随从之,故谓之随也。"[1]这里赋予《随》以君子进德修业的义理。郑玄注《易》输入大量理性因素,开始把《易》学由象数引入义理的发展方向,对后世《易》学的发展产生了很大影响。

二、《古文尚书注》

据《后汉书·郑玄列传》,郑玄还曾为《古文尚书》作注。《尚书》有今、古文之别。西汉,《今文尚书》立于学官,《古文尚书》一直是私学。至东汉,虽然《古文尚书》仍然在民间流传,但在学术界的影响不断扩大,到汉章帝时得到了朝廷的承认,古文经学家卫宏、贾逵、马融等皆治《古文尚书》,并为之作注。郑玄早年曾从古文经学家张恭祖受《古文尚书》,后又就学于马融,所受也是《古文尚书》。在党锢被解除以后,郑玄在教授弟子之余为《古文尚书》作注。他在经文上承受了杜林漆书古文本,又涉猎了《逸书》;在经学上承受了卫、贾、马等所传古文之学,并兼采今文家一些经学以及谶纬之说。故郑玄能集其大成。

---

[1] 以上所举例文,皆引自清代袁钧所辑《郑氏佚书·周易注》,清光绪十四年(1888)浙江书局刻本。

郑玄《古文尚书注》，《隋书·经籍志》《旧唐书·经籍志》《新唐书·艺文志》等皆著录为9卷，《宋史·艺文志》始不著录，当在宋代散佚。宋末王应麟始加以撰集，清人多有补订。如孙星衍补辑为《古文尚书马郑注》10卷，见《岱南阁丛书》；李调元补订为《郑氏古文尚书》10卷，见《函海》；孔广林增订为《尚书郑注》10卷，见《通德遗书所见录》。此外，袁钧辑《尚书注》9卷，见《郑氏佚书》；黄奭辑《尚书古文注》1卷，见《黄氏逸书考·通德堂经解》。

郑玄注《古文尚书》，先进行校勘，如原书有脱文，不直接补出，而在注中说明。原书中有误字，也不径改，而在注中说明，然后作注。他还据其他经书校出异文，在注中说明。他在注中或解释词语，或解释名物，或说明句意，或注明音读和通假。

郑玄的《古文尚书注》虽只存佚文，但对阅读《尚书》仍有重要的参考价值。

第一，《尚书》文字佶屈聱牙，号称难治。郑玄兼采各家，择善而从，加以己见，成一家之言，可作为我们阅读《尚书》的参考。如《皋陶谟》："宽而栗，柔而立，愿而恭，乱而敬，扰而毅，直而温，简而廉，刚而塞，强而顺。"郑注："宽谓度量宽宏，柔谓性行和柔，扰为事理扰顺。三者相类，即《洪范》云'柔克'也。愿谓容貌恭正，乱谓刚柔治理，直谓身形正直。三者相类，即《洪范》云'正直'也。简谓气量凝简，刚谓事理刚断，强谓性行坚强。三者相类，即《洪范》云'刚克'也。而九德之次，从宽而至刚也，惟扰而毅在愿、乱之下耳。其《洪范》三德，先人事而后天地，与此不同。"郑注可以使我们读懂这段经文。

第二，《尚书》是上古政治文献汇编，涉及较多的古代人物和事迹。郑注注重史实，引用了不少上古传说和故事，为后人了解这些传说和故事在汉代的流传情况提供了资料。如《尧典》"伯禹作司空"，郑注："初，尧冬官为共工，舜举禹治水，尧知其有圣德，必成功，故改命司空。以官名宠异之,非常官也。至禹登百揆之任,舍司空之职为共工与虞,故曰垂作共工,益作朕虞。"这是关于舜举禹的传说。

第三,《尚书》的内容与政治关系密切,如涉及国家的治理、君臣关系等问题。郑玄在注中寄托了自己的政治理想,这些内容是研究郑玄思想的重要资料。如《洪范》:"恭作肃,从作乂,明作哲,聪作谋,睿作圣。"郑注:"皆其政所致也。君貌恭则臣礼肃,君言从则臣职治,君视明则臣照晳,君听聪则臣进谋,君思睿则臣贤智。"又:"三德:一曰正直,二曰刚克,三曰柔克。"郑注:"三德,人各有一德,谓人臣也。正直,中平之人。克,能也。刚而能柔,柔而能刚,谓宽猛相济,以成治立功。刚则强,柔则弱,此陷于灭亡之道,非能也。"又:"平康正直,强弗友刚克,燮友柔克。"郑注:"人臣各有一德,天子择使之。安平之国,使中平守一之人治之,使不失旧职而已。国有不顺孝敬之行者,则使刚能之人诛治之。其有中和之行者,则使柔能之人治之,差正之。"① 这些内容不能仅看作是对原文的注释,其中显然透露出他对治世能臣的期待和对清平政治的向往。

第四,郑玄在注释中还较多地引用当时流行的图书典籍,以证其说,单是写出书名的就有20多种。有经书,如《诗经》《周礼》《礼记》《春秋》《左传》;有传说,如《易传》《书传》《书说》《礼说》;有地理书,如《山海经》《地理志》《地说》《地记》等;还有其他著作。这些典籍,有的今已不存,赖其注保存了一些佚文。

第五,郑玄还为《尚书·序》作注,今各家辑本末卷为此注佚文。注中保存了汉代流传的百篇《书序》篇名及序,为我们研究《尚书》在汉代的流传情况提供了参考资料。

郑注简明扼要,易于掌握,在当时受到广泛推崇,后世学者在撰

---

① 以上所举例文,皆引自清代袁钧所辑《郑氏佚书·尚书注》,清光绪十四年(1888)浙江书局刻本。

书、注书时也多有引用。唐代孔颖达等奉诏撰《五经正义》时，《尚书正义》虽未用郑注本，但疏中多有引用。在《毛诗正义》《周礼正义》《礼记正义》《春秋左传正义》《春秋公羊传注疏》《春秋穀梁传注疏》中也多有引用。魏晋至隋唐时期，裴松之《三国志注》、裴骃《史记集解》、郦道元《水经注》、李善《文选注》、李贤《后汉书注》、张守节《史记正义》和杜佑《通典》、李吉甫《元和郡县志》等也都有引用。郑注也存在一些问题。如《尚书》中的某些文献成于战国，文中的某些制度系后人伪托，而郑玄却相信其真实存在，并以周制进行对比。他还以阴阳五行说和纬书注经，并以谶纬附会人事，难免荒谬。

三、《孝经注》

郑玄为《孝经》作注，见《后汉书·郑玄列传》。在其所撰《六艺论》中，亦自称为《孝经》作注，更为可信。然《隋书·经籍志》对此书所题"郑氏注"是否为郑玄表示怀疑，其实此"郑氏"是后学对郑玄的尊称。《旧唐书·经籍志》《新唐书·艺文志》著录此书均称"郑玄注"，历代多数学者信此不疑。但因此书系郑玄晚年之作，未及传授给弟子，故多数弟子不知，加之其孙郑小同传出时题为"郑氏注"，久之，少数学者提出质疑。为此，笔者曾撰写《郑玄注孝经考辨》(发表于东北师范大学古籍整理研究所主办的《古籍整理研究学刊》，2010年第2期)一文，进行专门论述，此不多赘述。

在汉代，《孝经》也有今、古文之分。郑玄注《孝经》，用的是今文。郑玄注《孝经》的时间，是他避黄巾起义军于徐州期间。当时，他住在南城山，在一个石室里完成了对《孝经》的注释。魏晋之际，郑玄《孝经注》主要在民间流传，东晋元帝时始立于学官。唐玄宗为《孝经》作注时，多引郑注。宋代邢昺作《孝经正义》，用唐玄宗注，郑注逐渐少见。南宋乾道年间，熊克、袁枢得郑注，并曾于京口刊刻，即京口本。南宋以后，郑注散佚。

对郑玄《孝经注》从事辑佚的，多为清代学者。主要有：王谟辑《孝经注》1卷，见《汉魏遗书钞·经翼》；袁钧辑《孝经注》1卷，见《郑氏佚书》；孔广林辑《孝经注》1卷，见《通德遗书所见录》；陈鳣辑《孝经郑氏注》1卷，见《涉闻梓旧》《丛书集成初编·哲学类》；严可均辑《孝经郑注》1卷，见《咫尺斋丛书》第3集；臧庸辑《孝经郑氏解》1卷，见《知不足斋丛书》第21集；黄奭辑《孝经解》1卷，见《汉学堂丛书·高密遗书》《黄氏逸书考·通德堂经解》。此外，尚有日本学者冈田挺之辑《孝经郑注》1卷，见《知不足斋丛书》第21集、《榕园丛书》甲集。

郑玄《孝经注》的体例，与他注其他经书的大体相同。据其佚文，也是随文释词。如《开明宗义章》："先王有至德要道。"郑注："禹，三王最先者。至德，孝悌也。要道，礼乐也。"解释句意。如《三才章》："先之以敬让而民不争。"郑注："上好礼，若文王敬让于朝，虞芮推畔于田，则下效之。"串讲大意。如《开明宗义章》："夫孝始于事亲，中于事君，终于立身。"郑注："父母生之，是事亲为始。四十强而仕，是事君为中。七十行步不逮，悬车致仕，是立身为终也。"

从郑玄《孝经注》的佚文来看，内容仍较丰富，对阅读《孝经》有一定参考价值。如《天子章》："刑于四海。"郑注："刑，见也。"《孝治章》："有觉德行。"郑注："觉，大也。"这些词语解释，对读懂《孝经》非常关键。郑玄还用自己的政治伦理思想注《孝经》，这对研究郑玄思想是重要资料。如《开明宗义章》："夫孝，德之本也。"郑注："人之行莫大于孝，故为德本。"这表现了郑玄以孝为本的儒家思想。又如《诸侯章》："而和其民人。"郑注："薄赋敛，省徭役。"《三才章》："其政不严而治。"郑注："政不烦苛。"《事君章》："进思尽忠。"郑注：

"死君之难为尽忠。"① 这些注释，对研究郑玄的政治思想都有参考价值。

四、《论语注》

郑玄为《论语》作注，亦见《后汉书·郑玄列传》。西汉，《论语》有古、齐、鲁三家。汉成帝时，张禹以鲁说为基础，采齐说合理成分，作《鲁安昌侯说》，即《张侯论》。其说影响很大，东汉以《论语》名家者包咸、周氏皆有《论语章句》，并出自《张侯论》。自《张侯论》行，《齐论语》渐无人传习，约至东汉时失传。《古文论语》一直在民间流传，马融曾为作训说。郑玄注《论语》，以《张侯论》为底本，又以古文校之。

郑玄《论语注》，《隋书·经籍志》《旧唐书·经籍志》《新唐书·艺文志》都著录为 10 卷，但《宋史·艺文志》即不著录，当在宋代以后亡佚。清代对郑玄《论语注》进行辑佚的有：王谟辑《论语注》1 卷，见《汉魏遗书钞·经翼》；袁钧辑《论语注》10 卷，见《郑氏佚书》；孔广林辑《论语注》10 卷，见《通德遗书所见录》；宋翔凤辑《论语郑氏注》10 卷，见《浮溪精舍丛书》《食旧堂丛书》；马国翰辑《论语郑氏注》10 卷，见《玉函山房辑佚书·经编·论语类》《郑学汇函》；黄奭辑《论语注》1 卷，见《汉学堂丛书·高密遗书》《黄氏逸书考·通德堂经解》；王仁俊辑《论语郑氏注》1 卷，见《玉函山房辑佚书续编·经编·论语孟子类》《十三经汉注》。至民国时期，尤璋又辑《郑注论语》1 卷，见《小学搜佚下编补》。此外，20 世纪初以来，在敦煌秘室和新疆吐鲁番墓葬中陆续发现了不少唐写本《论语郑氏注》残卷，收入王素编《唐写本论语郑氏注及其研究》一书，由文物出版社 1991 年

---

① 以上所举例文，皆引自清代袁钧所辑《郑氏佚书·孝经注》，清光绪十四年（1888）浙江书局刻本。

11月出版。将这些唐写本合在一起，可以看到《论语》20篇中的11篇郑注的全部或局部，有很高的参考价值。

据《论语注》佚文，郑玄是以《古文论语》校《鲁论语》，将校出的异文在注中说明。注中有解释词语、注明读音、指出误字、解释句意、串讲全段等。其注释简明易懂，释义准确，对阅读《论语》有一定的参考价值。如《为政》："子张学干禄。"郑注："子张，弟子也，姓颛孙，名师，字子张也。干，求也。禄，禄位也。"又如《学而》："如切如磋，如琢如磨。"郑注："骨曰切，象曰磋，玉曰琢，石曰磨。"注中涉及校勘的内容有24条，可使我们了解《古文论语》和《鲁论语》的差别。郑玄还在注中倾注了自己的一些思想观点，这对于研究郑玄的思想有一定价值。如《学而》："孝弟也者，其为仁之本与？"郑注："孝为百行之本。言人之为行，没先于孝。"这表现了郑玄以孝为本的政治思想。又如《述而》："不愤不启，不悱不发，举一隅不以三隅反，则不复也。"郑注："孔子与人言，必待其人心愤愤、口悱悱，乃后启发为之说也。如此，则识思之深也。说则举一隅以语之，其人不思其类，则不复重教之也。"[①] 这里借注释孔子的教学原则，表现出自己的教育思想。

五、《春秋左传注》[②]

南朝宋刘义庆《世说新语·文学》载：郑玄欲注《春秋传》，尚未成，时行与服虔遇，宿客舍。先未相识，服在外车上与人说己注《传》意，玄听之良久，多与己同。玄就车与语曰："吾久欲注，尚未了，听君向言，多与吾同，今当尽以所注与君。"遂为《服氏注》。

---

① 以上所举例文，皆引自清代袁钧所辑《郑氏佚书·论语注》，清光绪十四年（1888）浙江书局刻本。

② 未成，以之授服虔。

根据以上记载，郑玄曾注《春秋左氏传》，但未最后成书，并将其书稿送与服虔，服虔据之成书。此外，服虔所注《左传》既多与郑玄相同，自然多采郑注，所以服注中多有郑注。在曹魏时，贾逵、服虔二家《左传注》盛行于时。至晋朝，杜预注《左传》，因其以平吴之功，官爵显赫，威震一时，与服虔并立于官学。南北朝时，唯传服注。隋朝，杜注盛行，服注衰微。唐朝修《五经正义》，孔颖达奉诏撰《春秋左传正义》时，采用杜预注，服注遂在唐时逐渐亡佚。据《隋书·经籍志》，服虔《春秋左氏传注》为31卷，《旧唐书·经籍志》为30卷。清代学者多有辑本，袁钧辑《服注左传》12卷，并将之收入《郑氏佚书》。另有马国翰辑《春秋左氏传解谊》4卷，见《玉函山房辑佚书·经编·春秋类》；黄奭辑《春秋左氏传解谊》1卷，见《黄氏逸书考·汉学堂经解》；王仁俊辑《春秋左氏传服氏注》1卷，见《玉函山房辑佚书续编·经编·春秋类》。

六、《孟子注》

《隋书·经籍志》和《旧唐书·经籍志》皆著录："《孟子》七卷，郑玄注。"《新唐书·艺文志》亦著录："郑玄注《孟子》七卷。"郑樵《通志·艺文略》则曰："《孟子》七卷，郑氏注。"

郑玄《孟子注》，《后汉书·郑玄列传》不载，传记亦无征引，后世学者或云亡佚，或疑依托。清代郑珍《郑学录·书目》曰："《孟子注》，《隋志》七卷，唐后亡。唯《史记·五帝本纪》'尧知子丹朱之不肖'索隐称'郑玄曰：肖，似也；不肖，言不似人也。'一条，是其遗文仅见者。"[①] 清代姚振宗《后汉艺文志》引马国翰曰："《后汉书》本传

---

① ［清］郑珍：《郑学录·书目》，载《巢经巢全集》，民国二十年（1931）上海中华书局铅印本。

详列所著书，不言《孟子》，而《隋志》有'《孟子》七卷，郑玄注'。《孟子》七卷，未知何据，或为郑学者依托其说而成此书与？"①亦有力主郑玄有《孟子注》者。清代曾朴《补后汉书艺文志并考》案曰："《史记·五帝本纪》：'尧知子丹朱之不肖。'《集解》引郑玄曰：'肖，似也。'《周本纪》'逾梁山'，《正义》引郑玄曰：'岐山在梁山西南。'皆出《孟注》。而其最显者，《五帝本纪》连引三条，曰：'历山'，'在河东'。'雷泽'：'雷夏，兖州泽，今属济阴。''负夏'：'卫地。'皆称'郑玄曰'。此三条，除却《孟注》，复何所附邪？周氏谓诸书无引，失之。"曾朴还举例说明"郑所注诸经，引《孟子》与今本多异"。②

郑玄是否有《孟子注》，存疑。《隋书·经籍志》所载，或为郑玄注，或为他人伪托。此书佚文罕见。

（原载《高密人文自然遗产》2013年第1期，总第18期。）

---

① ［清］姚振宗：《后汉艺文志》，载《二十五史补编》，上海开明书店民国二十五年至二十六年（1936—1937）版。

② ［清］曾朴：《补后汉书艺文志并考》，载《二十五史补编》，上海开明书店民国二十五年至二十六年（1936—1937）版。

郑玄杂著略说

郑玄一生既遍注群经，又遍注群纬，还撰写了不少其他著作，这里称之为杂著。他说："自乐以论赞之功，庶不遗后人之羞。"[①] 所谓"论"，即论述，包括考辨方面的著作。所谓"赞"，犹叙录，包括序言、解题方面的著作。此外，尚有答难、议、谒文、书、图等。这些著作大都失传，或有辑佚，据笔者统计，尚可见到佚文者，有28种。今择其要者，略做介绍。

一、郑玄关于"论"的著作

郑玄所作的"论"，有正论，有驳论。属于正论的著作，如《六艺论》《鲁礼禘祫义》《丧服变除》等；属于驳论的著作，如《发墨守》《箴膏肓》《释废疾》《驳五经异义》等。

（一）《六艺论》

《六艺论》，《隋书·经籍志》《旧唐书·经籍志》《新唐书·艺文志》皆著录，为1卷。但《宋史·艺文志》始不著录，说明其在唐以后逐渐亡佚。清代从事《六艺论》辑佚的学者，主要有王谟、袁钧、孔广林、

[①]《后汉书》卷35《郑玄列传》，中华书局1965年版。

陈鳣、臧琳等，各为 1 卷，分别见《汉魏遗书钞》《郑氏佚书》《通德遗书所见录》《涉闻梓旧》《拜经堂丛书》等。

《六艺论》是郑玄评论儒家"六经"的著作。所谓"六艺"，本应包括《易》《书》《诗》《礼》《乐》《春秋》六经，但辑本无《乐论》，而有《孝经论》。从辑本来看，它包括总论和分论。分别论述"六艺"的产生和内容源流。《六艺论》保存了郑玄对"六经"的基本观点，特别是关于各经源流的论述，具有重要参考价值。如《礼论》有郑玄对礼的看法，有对《礼》成书时间的论述，有汉代《礼》篇目和发展情况的记载，对研究《礼》学很有价值。《易论》中关于《易经》成书年代的论述，关于《易》名含义的论述，对研究《易》学很有价值。《书论》中关于《尚书》成书过程的论述，对研究《尚书》学很有价值。《诗论》中关于《诗经》成书过程的论述，对研究《诗经》学很有价值；关于"注《诗》宗毛为主"的一段论述，是郑玄笺《诗》的总原则，也是注释群经的基本原则。《春秋论》中"《左氏》善于礼，《公羊》善于谶，《穀梁》善于经"[①]的论述，抓住了《春秋》"三传"的特点，是研究郑玄《春秋》学的重要依据。但《六艺论》不仅杂取今、古文经说，而且兼取纬书之说，影响了其立说的科学性。

(二)《鲁礼禘祫义》

亦称《鲁礼禘祫志》，简称《禘祫志》，是专门论述禘祫之礼的著作。原书已佚，清人王谟、袁钧、孔广林、马国翰、黄奭等皆有辑本，各为 1 卷，分别见《汉魏遗书钞》《郑氏佚书》《通德遗书所见录》《玉函山房辑佚书》《高密遗书》等。

何谓"禘祫"？《说文·示部》："禘，禘祭也。周礼曰五岁一禘。"

---

① [清]袁钧辑《郑氏佚书·六艺论》，清光绪十四年（1888）浙江书局刻本。

又："祫，大合祭先祖亲疏远近也。《周礼》曰三岁一祫。"① 郑玄根据《春秋》记载指出，鲁国君三年丧毕，行祫祭于太祖庙，明年行禘祭于各庙；三年后再行祫祭，五年后再行禘祭。如是更迭进行，所谓"五年再殷祭""三年祫，五年禘"。鲁行天子礼，故天子礼同。这是《鲁礼禘祫志》的主要内容。关于郑氏禘祫之说，散见于他书的还有两点：其一，禘、祫为四时祭以外的大祭，禘祭大于四时祭，小于夏祭。其二，祫，合祭，所有毁庙之主及未毁庙之主合祭于太祖庙；禘祭则分祭于各庙。

禘祫之礼，历来是《礼》学家争论的热点，在郑氏之前，已有各种不同说法。郑氏阐明禘祫之说后，有信其说者，有持异议者。

（三）《丧服变除》

《丧服变除》是郑玄的又一部礼制专著，是专门说明丧服制度的。郑玄的同类著作，据《隋书·经籍志》著录，有注《丧服经传》1卷，《丧服谱》1卷；又据《旧唐书·经籍志》著录，有注《丧服记》1卷。《新唐书·艺文志》同。《宋史·艺文志》已不见著录，当在宋代亡佚。清人袁钧、孔广林、马国翰、黄奭等有辑本，各为1卷，分别见《郑氏佚书》《通德遗书所见录》《玉函山房辑佚书》《高密遗书》等。

丧礼是《礼》学的重要组成部分，也是《礼》学研究的重要内容，一向受到《礼》学家的重视。郑玄精研"三礼"，对丧礼的研究也极为重视。今存《丧服变除》佚文不足10条，其内容是说明不同身份的人如何服丧。如："子为父斩缞，始死，笄纚如故，既袭三称，衣十五升布深衣，扱上衽，徒跣，交手哭。"②

---

① ［汉］许慎：《说文解字》第一篇上《示部》，中华书局1963年版。
② ［唐］杜佑：《通典》卷84《礼四十四·凶六》"始死服变"，浙江古籍出版社1988年版。

（四）《发墨守》《箴膏肓》《释废疾》

郑玄这三部著作是为驳斥何休所著《公羊墨守》《左氏膏肓》《穀梁废疾》三书的观点而作。从《隋书·经籍志》来看，何氏三书皆有著录，并著录："《春秋穀梁废疾》三卷，何休撰，郑玄释，张靖笺。"至《旧唐书·经籍志》则著录为："《春秋左氏膏肓》十卷，何休撰，郑玄箴。"《春秋公羊墨守》二卷，何休撰，郑玄发。"《春秋穀梁废疾》三卷，何休作，郑玄释，张靖成箴。"《新唐书·艺文志》同。这种情况说明，郑玄的三部著作和何氏三书在隋朝以前各自单行，至唐代郑、何之书已合二为一。唐以后，逐渐亡佚。清人王复、袁钧、孔广林、黄奭等有辑本，分别见《问经堂丛书》《郑氏佚书》《通德遗书所见录》《通德堂经解》等丛书。

从郑氏三书的佚文来看，他对何休的观点逐条予以驳斥。他驳斥何休时，引经据典，或引用《周礼》，或引用《诗经》，使何休在经典面前不战自败。《公羊传》解经，往往脱离历史事实，只根据主观理解来附会经义。对此，郑玄根据历史事实，指出《公羊》经说的失误。既然《公羊传》所述不符合历史事实，何休的"墨守"吹嘘也就不攻自破。郑玄还利用《公羊》家所阐述的《春秋》"微言大义"反驳何休，使之处于自相矛盾的境地。为此，何休只得发出"康成入吾室，操吾矛，以伐我乎"[①]之叹。

郑氏三书，连论敌何休都为之叹服，足见其见解之精辟。今存佚文虽不到原文的十分之一二，但仍有重要价值。其一，三书对研究汉代今、古文经学派的斗争有重要价值。何休是今文经学家，他伸《公羊传》而难《左传》《穀梁传》。郑玄治经，以古文为主，兼采今文。他驳斥何休，用事实说话，使论敌的观点不攻自破。郑玄战胜何休，古文经学派占了上风，他结束了汉武帝以来今文经学独尊的局面，促进了今、

---

① 《后汉书》卷35《郑玄列传》，中华书局1965年版。

古文经学的融合。其二，三书是研究郑玄《春秋》学的重要资料。郑玄认为，《春秋》三传各有所长。他治《春秋》，宗《左传》而兼取《公羊传》《穀梁传》。他根据历史事实，驳斥了何休对《左传》《穀梁传》的责难，指出《公羊传》经说的失误，攻破了何休的吹嘘，动摇了人们对《公羊传》经说的迷信，加强了《左传》的地位。从郑玄驳斥何休的特点来看，也说明郑玄对《春秋》经传的研究，是把重点放到史实方面，较少空谈"经义"，表现出求实精神。

(五)《驳五经异义》

《驳五经异义》一书，是郑玄驳斥许慎《五经异义》的著作。《旧唐书·经籍志》著录："《五经异义》十卷，许慎撰，郑玄驳。"《新唐书·艺文志》著录同。《宋史·艺文志》始不著录，当在宋代亡佚。清人王谟、王复、袁钧、孔广林、黄奭等有辑本，卷数各不相同，分别见《汉魏遗书钞》《问经堂丛书》《郑氏佚书》《通德遗书所见录》《高密遗书》等丛书。

从各辑本来看，都是先列许慎《五经异义》之文，简称《异义》，下列郑玄驳议，简称"驳曰"，或"驳云"。郑玄《驳五经异义》一书的佚文，同时也保存了许慎《五经异义》的佚文。这些佚文，记载了《春秋》学公羊、穀梁、左氏三家及《礼》学戴氏说、《周礼》说、《尚书》欧阳说、夏侯说等流派的争论，不仅是关于今古文经学两派争论的记录，而且也是关于齐学、鲁学、后氏《礼》学与古文经学旧派之间争议的写照。郑玄之驳议，又是他的经学观点。如"九族"一段，《异义》记载了《礼》戴氏说、《尚书》欧阳氏说和《古文尚书》说，而郑玄从《古文尚书》说。又如"臣子已死犹名"一段，可以看出，在《春秋》公羊、穀梁、左氏三派的争议中，或两派观点接近，或两派观点不同，说明三派是相互独立的，他们分别代表着今文经学的齐学、鲁学以及后来兴起的古文经学。从所记载的《礼》戴氏说、《周礼》说，可以看出后氏《礼》学与其他各派的分歧。从所记载的《尚书》今、古文经学两派的不同观点，可以看出两派的分歧还是相当大的，几乎对遇到的问题都要做不同的解释。这些汉代经学各派争论的记录，对研究汉代经学有重要价值。

二、郑玄关于"赞"的著作

郑玄关于"赞"的著作，有解题，有序言。解题，如《易赞》《书赞》《三礼目录》等；序言，如《毛诗谱》《自序》《尚书大传序》《周礼序》《论语注序》《孝经注序》《诗谱序》等，今简介如下。

（一）《易赞》

《易赞》可看作郑玄对《周易》的解题。原文已佚，散见于《世说新语·文学》刘孝标注和《周易正义》卷首《八论》。清代袁钧辑其佚文，附于《易注》卷9末。

郑玄在《易赞》中解释了《易》的含义，说："《易》之为名也，一言而函三义：简易，一也；变易，二也；不易，三也。"他以"简易""变易""不易"6字，高度概括地阐明了《易》名的深刻含义。郑玄还据《系辞》指出了《易》道的广大。他对《易》名含义的解释，其观点源于《易纬·乾凿度》。所谓"易"，即"简易"，包括易知、易行，执简以驭繁，由一以统万，广大悉备，无所不包，《系辞》所谓"易简而天下之理得矣"。所谓"变易"，指气而言，变动不居，运行不已，化生万物，即事物随时都在运动变化，《系辞》所谓"《易》，穷则变，变则通，通则久"。所谓"不易"，是指事物的相对稳定性，《系辞》所谓"天尊地卑，乾坤定矣；卑高以陈，贵贱位矣"。①郑玄对《易》名

---

① 本段引文均参《世说新语·文学》刘孝标注，上海古籍出版社1982年影印本。

的解释及其思想，尤其是其"变易"思想具有辩证法的因素，是应该肯定的。

郑玄在《易赞》中，还对八卦及重卦的作者，提出了自己的观点。他认为，伏羲作八卦，神农重卦。伏羲作八卦的观点，源于《易·系辞下》，是先秦故说，郑玄取之，但此说很难论定。关于重卦作者，《易·系辞下》未有言明，先秦古籍皆未言及。至西汉，司马迁在《史记·周本纪》中提出文王重卦说，班固因袭此说。郑玄又提出神农重卦说，可备一说。

郑玄在《易赞》中对三代《易》名做了解释，说："夏曰《连山》，殷曰《归藏》，周曰《周易》。《连山》者，象山之出云，连连不绝。《归藏》者，万物莫不归藏于其中。《周易》者，言易道周普，无所不备。"① 关于三代《易》名，见《周礼·太卜》，郑玄注文与此同。这一解释，也成一家之言。但唐代孔颖达奉命撰《五经正义》，其中的《周易正义》取王弼注，而不取郑玄注，致其亡佚。

(二)《书赞》

《书赞》可看作郑玄对《尚书》的解题。孔颖达《尚书·序》疏云："郑玄谓之'赞'者，以序不分散，避其序名，故谓之赞。赞者，明也，佐也，佐成序义，明以注解故也。"原文已佚，散见于《经典释文·序录》、《尚书·序》疏、《尚书·虞书》题疏等。清代袁钧辑其佚文，附于《尚书注》卷9末。王仁俊辑《书赞》1卷，见《玉函山房辑佚书续编》。

郑玄在《书赞》中首先对《尚书》的名称含义做了解释，说："孔子撰《书》，尊而命之曰《尚书》。尚者，上也，盖言若天书然。"② 释

---

① 《周易正义》卷首《第三论三代易名》，载《十三经注疏》，中华书局1980年影印本。
② [唐]陆德明：《经典释文·序录》，中华书局1983年影印本。

143

"尚"为"上",就训诂而言,是正确的,但他又把"上"引申为"天",认为《尚书》"若天书然",则是对《尚书》的神化。郑玄对《尚书》名义的解释,观点来自纬书,未必正确,但保存了一些汉代今文经师遗说,对研究汉代经学有一定价值。

郑玄在《书赞》中对《古文尚书》的来历、篇数以及传授情况做了说明。他说:"《书》初出屋壁,皆周时象形文字,今所谓科斗书,以形言之为科斗,指体,即周之古文。"① 又说:"经五十八篇。"又说:"我先师棘下生(子)安国亦好此学,卫、贾、马二三君子之业,则雅才好博,既宣之矣。"② 这些记述为研究东汉《古文尚书》有关问题提供了资料。

《书赞》还涉及百篇《书序》,说:"《虞夏书》二十篇,《商书》四十篇,《周书》四十篇。"并指出:"《序》,孔子所作。"③ 这些是研究郑玄《尚书》学的参考资料。

(三)《三礼目录》

《三礼目录》是郑玄对"三礼"的篇目解题,包括《周礼目录》《仪礼目录》《礼记目录》。《隋书·经籍志》《旧唐书·经籍志》《新唐书·艺文志》等皆有著录。《宋史·艺文志》始不著录,其当在宋代亡佚。其佚文散见于《经典释文》《周礼注疏》《仪礼注疏》《礼记注疏》各篇题目之下。清代学者从事辑佚的,有王谟、袁钧、孔广林、臧庸、黄奭等,分别见《汉魏遗书钞》《郑氏佚书》《通德遗书所见录》《拜经堂丛书》《高密遗书》等,各为1卷。

《三礼目录》包含着郑玄对"三礼"诸篇的深刻见解。《周礼目录》对各个篇目进行解释。如《周礼目录·天官冢宰第一》云:"象天所立

---

① 《尚书·序》疏,载《十三经注疏》,中华书局1980年影印本。
② 《尚书·虞书》大题疏引,载《十三经注疏》,中华书局1980年影印本。
③ 《尚书·尧典·序》疏,载《十三经注疏》,中华书局1980年影印本。

之官。冢，大也。宰者，官也。天者，统理万物。天子立冢宰，使掌邦治，亦所以总御众官，使不失职。不言司者，大宰总御众官，不主一官之事也。"① 这是郑玄对《周礼》6 篇中《天官冢宰》的见解。《仪礼目录》说明每篇为何礼，在五礼中属哪一礼。如《仪礼目录·乡饮酒礼第四》云："诸侯之乡大夫三年大比，将献贤者、能者于其君，以礼宾之，与之饮酒之礼。乡饮酒于五礼属嘉礼。"② 这是郑玄对《仪礼·乡饮酒礼》一篇的见解。《礼记目录》解释篇名的由来。如《礼记目录·学记第十八》云："名曰《学记》者，以其记人学教之义。此于《别录》属《通论》。"③ 这是郑玄对《礼记·学记》一篇的见解。这些见解，对了解"三礼"各篇篇名的意义、要旨、内容，都有重要参考价值。

《仪礼目录》还保存了大戴、小戴《礼》和刘向《别录》中关于《仪礼》的篇次，对研究汉代《仪礼》大戴、小戴之学以及《别录》的著录很有参考价值。郑玄习小戴《礼》，并以古文经校 17 篇而作注。大戴、小戴和庆氏《礼》，17 篇的排列原来就各有不同的次序，刘向校书，又另有一种排列次序。各家的篇次都依据于各家对经义的理解。根据《仪礼目录》中关于大戴、小戴《礼》和刘向《别录》篇次的记载，可知郑玄注《仪礼》用的是刘向《别录》的篇次，与大戴、小戴《礼》的篇次皆不同。如《聘礼》是第八，大戴《礼》为第十四，小戴《礼》为第十五；《公食大夫礼》为第九，大戴《礼》为第十五，小戴《礼》为第十六。

《礼记目录》还保存了刘向《别录》关于《礼记》各篇的分类，对研究《别录》的分类很有价值。如《曲礼》云："此于《别录》属制

---

① ［清］袁钧辑《郑氏佚书·周礼目录·天官冢宰第一》，清光绪十四年（1888）浙江书局刻本。
② ［清］袁钧辑《郑氏佚书·仪礼目录·乡饮酒第四》，清光绪十四年（1888）浙江书局刻本。
③ ［清］袁钧辑《郑氏佚书·礼记目录·学记第十八》，清光绪十四年（1888）浙江书局刻本。

度。"《檀弓》云："此于《别录》属通论。"《月令》云："此于《别录》属明堂阴阳记。"① 此外，涉及《别录》的分类还有丧服、世子法、祭祀、子法、乐记、吉礼、吉事等。

《三礼目录》是郑玄完成"三礼"注后单独写的一部分。它由《序》和篇目解释组成，既有郑玄对"三礼"的看法，也包含了郑玄的《礼》学思想。他在《礼序》中说："礼者，体也，履也。统之于心曰体，践而行之曰履。""体之为圣，履之为贤。"② 这是他对礼的理解。他还叙述周公制礼和后世礼的社会地位。从《三礼目录》还可以看出郑玄以《周礼》为《礼》学中心的观点。如《周礼目录》强调《周官》是天子治国的官政之法。各篇均言天子立某官，使掌其职，并在《冬官考工记目录》中说："古周礼六篇者，天子所专秉以治天下，诸侯不得用焉。"郑玄在《仪礼目录》中每篇皆说明某礼于五礼属某礼，分为吉、凶、宾、嘉礼，表现了他对礼的分类观点。

（四）《毛诗谱》

简称《诗谱》，实际是郑玄为《诗经》写的序。《诗谱·序》"以立斯谱"，孔颖达疏云："郑于'三礼'、《论语》，为之作序，此谱亦是序类，避子夏序名，以其列诸侯世及诗之次，故名谱也。"③

《毛诗谱》，《旧唐书·经籍志》《新唐书·艺文志》均有著录。至宋代，已残缺。欧阳修曾于绛州得一残本，为之补正。清代从事辑佚的，有王谟、袁钧、孔广林、李光廷、黄奭、胡元仪等，分别见《汉魏遗书钞》《郑氏佚书》《通德遗书所见录》《反约篇》《高密遗书》《皇清经解续编》等丛书，各为1卷。

---

① ［清］袁钧辑《郑氏佚书·礼记目录·学记第十八》，清光绪十四年（1888）浙江书局刻本。
② ［清］袁钧辑《郑氏佚书·三礼目录》，清光绪十四年（1888）浙江书局刻本。
③ 《毛诗正义》卷首《诗谱·序》，载《十三经注疏》，中华书局1980年影印本。

郑玄在笺《诗》的过程中形成了一套完整的诗歌理论，这一理论集中体现在《诗谱序》中，可归纳为以下几点：

第一，继承先儒"诗言志，歌咏言"的诗论传统，肯定诗歌言志抒情的功能，认识到诗歌所具有的对社会生活的认识作用，提出审乐知政的理论。他阐述了各个历史时期的社会生活在《诗经》中的反映，阐明了诗歌源于生活并表现生活的"言志"理论。他把《诗经》中的诗做了时代特征上的划分和性质上的界定。风诗中的《周南》《召南》，小雅中的《鹿鸣之什》，大雅中的《文王之什》，以及反映周民族的先祖活动的《生民》《公刘》等，反映的是统治集团上升时期及鼎盛时期的社会生活内容，是治世之音，郑玄称之为"诗之正经"。风诗中的《邶风》以下十三国风，小雅中的大部分诗作，反映的是西周末至春秋中叶礼崩乐坏动荡年代的生活。这些作品是西周时期《周南》《召南》风之正经的质变；大雅中的《民劳》《板》《荡》等，小雅中的《节南山》等，是周厉王、周幽王之后的讽刺之作，是周王朝鼎盛期之雅声之正经的变奏。这是乱世之音，郑玄称之为"变风变雅"。

第二，郑玄在《诗谱·序》中提出了"诗之大纲"的说法，这是研究诗的方法论。他说："欲知源流清浊之所处，则循其上下而省之；欲知风化芳臭气泽之所及，则傍行而观之。此诗之大纲也。"[①] 就是说，诗歌的研究要追本讨源，要与其所反映的历史时期结合起来，还要考察诗歌产生的地域及风土人情，去把握诗歌的个性特征。具体到对《诗经》作品的研究，就是"划期论世""次第立谱""分国作谱"。郑玄从纵的角度将《诗经》的作品分为"诗之正经"和"变风变雅"，又从横的角度将《诗经》分为《周南召南谱》《邶鄘卫谱》等。

第三，郑玄肯定诗的美刺作用。他在《诗谱·序》中说："迄及商王，不风不雅。何者？论功颂德，所以将顺其美；刺过讥失，所以匡救

[①] 《毛诗正义》卷首《诗谱·序》，载《十三经注疏》，中华书局1980年影印本。

其恶。各与其党，则为法者彰显，为戒者著明。"说明诗的美刺作用不仅在美刺过去的事实，而要顺匡未来的行动，即诗不仅有认识作用，而且有教育作用。郑玄认为，"诗之正经"具有"顺其美"的作用，"变风变雅"则有"作后王之鉴"的作用。二者的作用皆不可忽视。

《毛诗谱》既考证《诗经》的地域，也考证《诗经》的世次，对阅读、研究《诗经》有重要参考价值。郑玄研究《诗经》的方法是"分国作谱"，考察诗产生的地域及其风土人情。因为方域的地理环境与风土人情等因素会直接影响作品的内容及其风格，所以这是一种正确的方法。《毛诗谱》是研究《诗经》的重要著作。郑玄认为，《毛诗·大序》是子夏所作，《小序》是子夏、毛公合作，子夏意有不尽，毛公更足成之。《毛诗谱》的思想亦多袭《大序》和《小序》，二者的观点是一脉相承的。

(五)《自序》

《自序》，严可均《全后汉文》辑自《孝经序》并注正义、《唐会要》卷77、《文苑英华》卷767。其内容是郑玄概括叙述自己一生注经的情况，说："遭党锢之祸，逃难注《礼》。党锢事解，注《古文尚书》《毛诗》《论语》。为袁谭所逼，来至元城，乃注《周易》。"文字不多，极为精练，可使我们了解其注经的先后顺序，即先注"三礼"，再注《书》《诗》《论语》，晚年注《周易》。这对我们研究郑玄生平很有价值。

(六)《周礼序》

《周礼序》，见贾公彦《序周礼废兴》，因郑玄之序夹杂其中，很难区分，王仁俊将"灼然可知者"录出，见《玉函山房辑佚书续编》。

郑玄在《序》中首先指出："世祖以来，通人达士太中大夫郑少赣名兴及子大司农仲师名众、故议郎卫次仲、侍中贾君景伯、南郡太守马季长，皆作《周礼解诂》。"郑玄认为，这些前辈对《周礼》所作的注释,是应该肯定的,但也存在一些问题,故在前人基础上重新作注。他说:"窃观二三君子之文章,顾省竹帛之浮辞,其所变易灼然如晦之见明,其所弥缝奄然如合符复析,斯可谓雅达广揽者也。然犹有参错,同事相违,则就其原文字之声类考训诂,捃秘逸。谓二郑者,同宗之大儒,明理于典籍,粗识皇祖大经《周官》之义,存古字,发疑正读,亦信多善,徒寡且约,用不显传于世。今赞而辨之,庶成此家世所训也。"郑玄还在序中谈到《周官》的名义、作者的意图等,他说:"《周官》者,周天子之官也。《书序》曰:'成王既黜殷命,灭淮夷还归,在丰作《周官》。'"又说:"斯道也,文武所以纲纪,周国君临天下,周公定之致隆平龙凤之瑞。"[①]此序对研究郑玄注《周礼》有一定参考价值。

(七)《尚书大传序》

《尚书大传序》,严可均《全后汉文》辑自《中兴书目》,《郑司农集》收录。文中叙述《尚书大传》的传授、成书过程、上奏朝廷情况及篇数,云:"盖自伏生也。伏生为秦博士,至孝文时,年且百岁。张生、欧阳生从其学而授之。"又云:"生终后,数子各论所闻,以己意弥缝其间,别作章句,又特撰大义,因经属指,名之曰传。刘子政校书,得而上之。凡四十一篇。至玄始诠次为八十三篇。"[②]这对研究《尚书大传》的传授情况及郑玄为之作注等是珍贵史料。

(八)《诗谱序》

《诗谱序》,严可均《全后汉文》有辑佚,《郑司农集》收录。郑玄在《诗谱序》中论述了诗产生的时代,云:"诗之兴也,谅不于上皇之

---

① 本段引文参《周礼正义序·序周礼废兴》,载《十三经注疏》,中华书局1980年影印本。

② 《郑司农集·尚书大传·序》,载《雅雨堂丛书》,清乾隆二十一年(1756)德州卢氏刊本。

世。大庭、轩辕，逮于高辛，其时有亡，载籍亦蔑云焉。《虞书》曰：'诗言志，歌咏言，声依永，律和声。'然则诗之道，放于此乎？"① 郑玄提出"诗之大纲"的方法，这是研究诗的方法论，前已述及。这样从纵的和横的角度进行研究，其好处是"举一纲而万目张，解一卷而众篇明，于力则鲜，于思则寡"②，对诗能产生总体印象。

（九）《孝经注序》

《孝经注序》，严可均《全后汉文》辑自《大唐新语》卷9、《太平御览》卷42、《太平寰宇记》卷23。郑玄在《孝经序》中阐明了《孝经》的重要价值，云："《孝经》者，三才之经纬，五行之纪纲。"又解释了《孝经》的名义，云："孝为百行之首，经者不易之称。"还说明了郑玄自己注《孝经》的情况，云："仆被难于南城山，栖迟岩石之下，念昔先人余暇，述夫子之志而注《孝经》。"③ 郑玄注《孝经》，曾有人怀疑，据此叙及其他史料，可以肯定郑玄曾注《孝经》。

三、郑玄其他杂著

郑玄其他杂著，今传于世或有部分佚文者，有10余种，今将《答林孝存周礼难》《皇后敬父母议》《戒子益恩书》《孔子弟子目录》《三礼图》等略做介绍。

---

① 《郑司农集·诗谱·序》，载《雅雨堂丛书》，清乾隆二十一年（1756）德州卢氏刊本。
② 《郑司农集·诗谱·序》，载《雅雨堂丛书》，清乾隆二十一年（1756）德州卢氏刊本。
③ 《太平御览》卷42《地部·南城山》引《孝经·序》，中华书局1960年影印本。

（一）《答林孝存周礼难》

此书亦称《答林硕难礼》。郑玄作《周礼注》，认为《周礼》是周公致太平之书，是周天子的官制，而林孝存（名硕）以为"《周官》末世渎乱不验之书，故作《十论七难》，以排弃之"[①]，郑玄遂答其论难而成此书。

郑玄此书，《后汉书》本传有记载，然《隋书·经籍志》未著录，当在唐前亡佚。清人从事辑佚的学者，有袁钧、孔广林、黄奭、王仁俊等，各为1卷，分别见《郑氏佚书》《通德遗书所见录》《高密遗书》《玉函山房辑佚书续编》等。

从今存佚文来看，林孝存的《十论七难》，今唯存"一难"，郑玄"十论"之答已无征，"七难"之答尚存5条，仅是片段。其内容仍可证明郑玄博通于《礼》，不仅是研究《周礼》的资料，而且对研究郑玄的经学思想有重要参考价值。

（二）《皇后敬父母议》

《皇后敬父母议》是郑玄针对礼仪制度在具体执行中存在的问题提出的解决建议。文见《通典》卷67《郑康成集》，严可均《全后汉文》收入。

汉献帝皇后之父、屯骑校尉、不其亭侯伏完朝贺公廷，拜如众臣，及皇后在离宫，后拜如子礼。对此，三公大臣展开议论，提出四种看法：其一，认为皇后是天下之母，伏完虽皇后之父，不可令后独拜于朝；其二，认为应当交拜，令后存人子之道，完不废人臣之义；其三，认为子尊不加于父母，《春秋》有例证，欲令完犹行父法，后专奉子礼，公私之朝，后当独拜；其四，认为皇后至尊，父亦至亲，交拜则父子无

[①] ［清］袁钧辑《郑氏佚书·答林孝存周礼难》，清光绪十四年（1888）浙江书局刻本。

别，完拜则伤子道，后拜则损至尊，欲令公朝者完拜如众臣，于公宫后拜如子。四者何为正礼？郑玄议曰："四者不同，抑有由焉，天子所不臣三：其一，后之父母也，天子尚有不臣者，况于后乎？"①接着，他又举《春秋》"鲁隐公二年""桓公八年""桓公九年"之记载予以说明。然后肯定地说："今不其亭侯在京师，礼事出入，宜从臣礼，若后适离宫，及归宁父母，从子礼。"②

郑玄不仅精于《礼》，而且博通诸经。在这个问题上，他主要根据《春秋》经的记载，阐明了自己的观点，这对研究郑玄的《礼》学思想有一定参考价值。

《皇后敬父母议》，对后世礼制有一定影响。据《晋书》《通典》等文献记载，晋代遇到这类问题，是按郑玄的观点处理的。

(三)《戒子益恩书》

《戒子益恩书》是郑玄晚年写给儿子益恩的家书。写作时间在汉献帝建安元年（196），时郑玄70岁。《后汉书》本传全文收录，《艺文类聚》卷23、《太平御览》卷459引《郑玄别传》和《全后汉文》皆收此文。

《戒子益恩书》的内容，是述志教子。他首先叙述了自己的志向和早年的求学情况，说："吾家旧贫，（不）为父母群弟所容，去厮役之吏，游学周、秦之都，往来幽、并、兖、豫之域，获觐乎在位通人，处逸大儒，得意者咸从捧手，有所授焉。遂博稽《六艺》，粗览传记，时睹秘书纬术之奥。"他又简单地叙述了40岁以后的经历："年过四十，乃归供养。假田播植，以娱朝夕。遇阉尹擅势，坐党禁锢，十有四年，而蒙赦令。"他又拒绝官府的多次征辟，"但念述先圣之元意，思整百家

---

① 《郑康成集·皇后敬父母议》，山东皇华馆书局2015年版。
② 《郑康成集·皇后敬父母议》，山东皇华馆书局2015年版。

之不齐"。为躲避黄巾起义,"萍浮南北"。他最后告诫儿子:"其勖求君子之道,研钻勿替,敬慎威仪,以近有德。"回顾自己的一生,他感到满意,说:"吾虽无绂冕之绪,颇有让爵之高。自乐以论赞之功,庶不遗后人之羞。"遗憾的是:"亡亲坟垄未成,所好群书率皆腐敝,不得于礼堂写定,传于其人。"①

《戒子益恩书》是研究郑玄生平及其思想的第一手资料,具有较高的史料价值。它也是历代家训中的名篇,全文深沉含蓄,旨意深远,受到后世学者称赞。清代刘熙载《艺概》称此文"雍雍穆穆,隐然涵《诗》《礼》之气",故可作为历代学者之轨范。

(四)《孔子弟子目录》

《孔子弟子目录》,见《史记·仲尼弟子列传》裴骃集解所引。《隋书·经籍志》《旧唐书·经籍志》《新唐书·艺文志》皆有著录。唐以后亡佚。清代学者从事辑佚的,有袁钧、孔广林、王谟、宋翔凤、马国翰、黄奭等,各为1卷,分别见《郑氏佚书》《通德遗书所见录》《汉魏遗书钞》《浮溪精舍丛书》《玉函山房辑佚书》《高密遗书》等。

据《史记·仲尼弟子列传》裴骃集解所引,本书名称应是《孔子弟子目录》。其内容是抄录《史记·仲尼弟子列传》中孔子弟子姓名并加注,故《经典释文》《旧唐书·经籍志》《新唐书·艺文志》皆称"郑玄注"。后人将其附《论语》后,遂妄加"论语"二字,又妄加"篇目"二字。由此形成的名称皆误,因裴骃集解所引,自"颜幸"以下,皆《论语》所无。

《史记·仲尼弟子列传》载:"孔子曰'受业身通者七十有七人',皆异能之士也。"《孔子家语》中,孔子弟子也有77人。据清人辑本,

---

① 本段引文皆出自《戒子益恩书》,载《后汉书》卷35《郑玄列传》,中华书局1965年版。

《孔子弟子目录》亦抄录 77 人。郑玄在每人姓名之下所注内容为字和籍贯等。如："宰予，字子我，鲁人。""原宪，字子思，鲁人。""高柴，字子羔，卫人，少孔子三十二岁。""樊须，字子迟，齐人。""公孙龙，字子石，楚人。"①

《孔子弟子目录》把孔子弟子集中抄录在一起，并加简注，极为醒目，便于索引，可省却许多翻检之劳，为研究孔子弟子提供了方便。

（五）《三礼图》

《三礼图》，今署名郑玄、阮谌撰。《隋书·经籍志》著录："《三礼图》九卷，郑玄及后汉侍中阮谌等撰。"据推测，郑玄注"三礼"并为之作图，阮谌又在郑玄基础上予以修订，后佚。清代马国翰"考聂崇义《三礼图》引郑氏图、阮氏图，又引旧图，皆一书之文，复从他书搜采辑为一卷，即就聂图次第编之"②。

今《三礼图》内，有《冕服图》《后服图》《冠冕图》《宫室图》《乐器图》《射侯图》《弓矢图》《旌旗图》《祭玉图》《匏爵图》《鼎器图》《尊彝图》《笾巾图》《丧器图》等。实际上只有文字，无图。每类又分若干名物。如《冕服图》下有大裘之服、鷩冕、毳冕、玄冕、爵弁服等；《后服图》下有袆衣、揄翟、阙翟、鞠衣、展衣、褖衣、合聂、桥等。《三礼图》虽图已佚，但所存文字是对古代名物的说明，对于研究古代名物具有重要参考价值。

（原载《高密人文自然遗产》2012 年第 1 期，总第 16 期。）

---

① ［清］袁钧辑《郑氏佚书·孔子弟子目录》，清光绪十四年（1888）浙江书局刻本。
② ［清］马国翰辑《玉函山房辑佚书·三礼图》，上海古籍出版社 1990 年版。

郑玄的纬书注

郑玄不仅遍注群经，而且广注众纬。

所谓"经"，一般人都知道，是指孔子传授的《易》《书》《诗》《礼》《乐》《春秋》等"六艺"，儒家后学尊称为"经"，还把自己对经的解释和引申发挥称为"传"。那什么是"纬"呢？纬是与经相对而言的，它比附经传，依托孔子，是汉代神学迷信、阴阳五行说与经义相结合的产物。

与纬相关的是谶，谶和纬常连称"谶纬"。谶讲预言、征验，比纬产生得早，但在经学被定于一尊以后，也依傍经术形成纬书。所以，谶和纬都是儒学宗教化的产物，并无本质的区别，故常合称"谶纬"。东汉，由于统治者的提倡，谶纬被尊为"秘经"①，号为"内学"②，具有神学正宗的权威性，盛极一时。当时的谶纬之书，有"河洛五九，六艺四九"③之说，共计81篇。所谓"河洛五九"，指《河图》9篇，《洛书》6篇和假托从伏羲到孔子演绎的30篇，共45篇；所谓"六艺四九"，指包括《易纬》《书纬》《诗纬》《礼纬》《乐纬》《孝经纬》《春秋纬》的《七经纬》36篇。郑玄自幼好学，无所不窥，除读经之外，对当时流行

---

① 《后汉书》卷30上《苏竟列传》"孔丘秘经"及李贤注，中华书局1965年版。
② 《后汉书》卷82上《方术列传·序》"习为内学"及李贤注，中华书局1965年版。
③ 《后汉书》卷59《张衡列传》"河洛六艺"李贤注，中华书局1965年版。

的谶纬之学也曾下力研究，并在给群经作注之前，就已经给纬书作注。他所注的纬书，有《易纬》《书纬》《诗纬》《礼纬》《乐纬》等。由于汉以后历代统治者的禁毁，这些注大多亡佚，今只有辑本。下面略做介绍。

一、郑玄的《易纬注》

汉代传下来的《易纬》有《稽览图》《乾凿度》《坤灵图》《通卦验》《是类谋》《辨终备》6种，郑玄都曾为之作注。

（一）郑玄《易纬稽览图注》

宋代陈振孙《直斋书录解题》著录为3卷，《宋史·艺文志》著录为1卷，《文献通考·经籍考》著录为2卷，又一本3卷，《四库全书总目·经部·易类六》著录为2卷，是从《永乐大典》中辑出，其解题云："谨以《后汉书·郎𫖮传》《杨赐传》，《隋书·王劭传》所见纬文及注，参校无不符合，其为郑注原书无疑。"今查《后汉书·郎𫖮传》引《易稽览图》一条如下：

"甲子卦气起中孚，六日八十分日之七。"郑玄注云："六以候也。八十分为一日之七者，一卦六日七分也。"[①]

又《隋书·王劭传》引《稽览图》：

"治道得，则阴物变为阳物。"郑注："葱变为韭亦是。"[②]

---

① 《后汉书》卷30下《郎𫖮传》，中华书局1965年版。
② 《隋书》卷69《王劭传》，中华书局1973年版。

（二）郑玄《易纬乾凿度注》

《邯郸书目》著录为2卷，《通志·艺文略》《郡斋读书志》《文献通考·经籍考》著录并同，《宋史·艺文志》著录为3卷。《四库全书总目·经部·易类六》著录也是2卷，是从《永乐大典》中辑出。

（三）郑玄《易纬坤灵图注》

《邯郸书目》著录为1卷，《郡斋读书志》《文献通考·经籍考》著录并同，清修《四库全书》，从《永乐大典》中辑出1卷。

（四）郑玄《易纬通卦验注》

《邯郸书目》著录为2卷，晁公武《郡斋读书志》、陈振孙《直斋书录解题》、《文献通考·经籍考》及《宋史·艺文志》著录并同。清修《四库全书》，从《永乐大典》中辑出2卷。

（五）郑玄《易纬是类谋注》

《邯郸书目》著录为1卷，晁公武《郡斋读书志》、《文献通考·经籍考》著录并同。清修《四库全书》，从《永乐大典》中辑出1卷。清代学者孙诒让云："旧题郑康成注，今考订，非是。"[①]案《太平御览》卷874引《易纬是类谋》及郑玄注，与今本注文完全不同。如"太山失金鸡，西岳亡玉羊"，郑玄注："太山失金鸡者，箕星亡也。箕星为风，风动鸡鸣。今朝侯者亡，故鸡亦亡。西岳亡玉羊者，狼星亡。狼在于未为羊。"而今本注作："金鸡、玉羊，二岳之精为玉羊，推义宜然，未昔闻也。"[②]郑玄确曾注《易纬是类谋》，然今辑本疑非郑玄作。

---

① ［清］孙诒让：《札迻》卷1，齐鲁书社1989年版。
② 《太平御览》卷874《易纬是类谋注》，中华书局1960年影印本。

（六）郑玄《易纬辨终备注》

《邯郸书目》著录1卷，晁公武《郡斋读书志》、《文献通考·经籍考》著录并同。清修《四库全书》，从《永乐大典》中辑出数十言。

根据《隋书·经籍志》记载，郑玄《易纬注》，在南朝梁时有9卷，至唐朝存8卷，已有部分散佚。至《旧唐书·经籍志》《新唐书·艺文志》《崇文总目》已不著录，只有宋均《易纬注》9卷。而在私人书目郑樵《通志·艺文略》、晁公武《郡斋读书志》、陈振孙《直斋书录解题》中却有著录。清修《四库全书》时，还从《永乐大典》中辑出《易纬乾坤凿度注》和《易纬乾元序制记注》二种，当是宋人伪托，非郑玄注。

清代学者对郑玄《易纬注》进行辑佚的，主要有黄奭，所辑各书均为1卷，见《汉学堂丛书·通纬·易类》《黄氏逸书考·通纬》。赵在翰所辑各书亦各为1卷，见《七纬·易纬》。

二、郑玄《书纬注》及其他纬注

（一）郑玄《书纬注》

汉代《书纬》流传下来的有《璇玑钤》《考灵曜》《刑德放》《帝命验》《运期授》5种，另有《尚书中候》18篇，也是纬书。郑玄对上述纬书皆曾作注。

从历代目录书的著录来看，《隋书·经籍志》："《尚书纬》三卷，郑玄注，梁六卷。《尚书中候》五卷，郑玄注，梁有八卷，今残缺。"[①]《旧唐书·经籍志》和《新唐书·艺文志》均著录郑玄注"《书纬》三卷"[②]，而不载郑注《尚书中候》。《通志·艺文略》著录，但《文献通

---

① 《隋书》卷32《经籍志》，中华书局1973年版。
② 《旧唐书》卷46《经籍志》，中华书局1975年版。《新唐书》卷57《艺文志》，中华书局1975年版。

考·经籍考》和《宋史·艺文志》已不著录,说明《书纬》郑注在宋代以后已亡佚。

郑玄《书纬注》散佚以后,明代孙瑴最早辑郑玄《尚书考灵曜注》2卷。至清代,从事郑玄《书纬注》辑佚的有马国翰,所辑郑玄注《尚书纬璇玑钤》等5种各为1卷,《尚书中候注》3卷,见《玉函山房辑佚书·经编纬书类》。黄奭辑郑玄注《尚书璇玑钤》等4种,各为1卷,见《汉学堂丛书·通纬书类》和《黄氏逸书考·通纬》。乔松年辑郑玄注《尚书考灵曜》不分卷,见《乔勤恪公全集·纬捃》和《山右丛书初编·纬捃》。王仁俊辑郑玄注《尚书纬考灵曜》1卷、《尚书中候郑注》1卷,见《玉函山房辑佚书续编·经编纬书类》。王谟辑郑玄《尚书中候注》1卷,见《汉魏丛书钞·经翼》。袁钧辑郑玄《尚书中候注》1卷,见《郑氏佚书》。孔广林辑《尚书中候郑注》5卷,见《学津讨原》第二集。

(二)郑玄《诗纬注》

《隋书·经籍志》:"《诗纬》十八卷,魏博士宋均注,梁十卷。"不言郑玄注。而《旧唐书·经籍志》载:"《诗纬》三卷,郑玄注。又十卷,宋均注。"《新唐书·艺文志》著录同。疑《隋书·经籍志》所载宋均注《诗纬》18卷中有郑注,《旧唐书·经籍志》将其分出。汉代,《诗纬》流传下来的,有《推度灾》《泛历枢》《含神雾》3种,据《旧唐书·经籍志》所载,当各为1卷。

(三)郑玄《礼纬注》

《礼纬》有郑玄、宋均二家注。《隋书·经籍志》载:"《礼纬》三卷,郑玄注,亡。"《旧唐书·经籍志》《新唐书·艺文志》只著录宋均注《礼纬》3卷。这说明郑玄曾为《礼纬》作注,隋唐时已亡佚。汉代《礼纬》流传下来的有《含文嘉》《稽命征》《斗威仪》,按《隋书·经籍志》著录"三卷"计，当各为1卷。

《隋书·经籍志》又载："《礼记默房》二卷，宋均注。梁有三卷，郑玄注，亡。"姚振宗《隋书经籍志考证》云："案此即《礼纬》佚出者。"这说明郑玄还曾为《礼纬》类的《礼记默房》作注，隋代已佚。

三、郑玄纬书注的内容和价值

郑玄纬书注虽只存佚文，但内容仍相当丰富。

首先，注释词语，兼释句意。纬书文字晦涩难懂，若无注释，难弄明白。郑玄学问渊博，既精经学，又通纬学。他的纬书注准确精练，明白易懂。如《周易·乾凿度》卷上："孔子曰：'易者，易也，变易也，不易也。'管三成为道德苞籥。"①郑注："管，统也。德者，得也。道者，理也。籥者，要也。言《易》道统此三事，故能成天下之道德，故云包道之要籥也。"②

其次，阐发纬书的阴阳五行说和天人感应思想。《易纬》讲卦气征验以明吉凶，郑注阐发这一思想。如《易纬稽览图》卷上："侵消息者，或阴专政，或阴侵阳。"郑注："温卦以温侵，寒卦以寒侵。阳者君，阴者臣，臣专君政事亦阴侵阳，臣谋杀其君亦阴侵阳也。"又："凡异所生，灾所起，各以其政，变之则除，其不可变，则施之亦除。"郑注："改其政者，谓失火令则行水令，失土令则行木令，失金令则行火令，则灾除去也。不可变，谓杀贤者也。施之者，死者不可复生，封禄其子孙，使得血食，则灾除也。"③郑玄就是这样通过注进一步阐发纬书

---

① 《四库全书》馆臣按："'为道德'三字，明钱叔宝本作'德为道'。"今按：如此，应标点为"管三成德，为道苞籥"。
② 《四库全书》卷6《经部·易类六》，中国台北商务印书馆1983年影印《四库全书》文渊阁本。
③ 《四库全书》卷6《经部·易类六》，中国台北商务印书馆1983年影印《四库全书》文渊阁本。

的思想。

纬书以阴阳五行说立论，它附会经义，与儒学相结合，构成一个复杂而庞大的神学体系，其内容相当丰富，除解释经书之外，还涉及古代典制、天文、地理、历法、气象、灾异、符瑞、神话、传说等。抛弃其神学迷信内容，纬书可作为研究古代哲学、政治、思想及天文、历法等自然科学的资料。郑玄对纬书的注释，有助于今人读懂这些纬书。注中对纬书思想的阐释和发挥，为研究谶纬提供了丰富的资料，从中也可以研究郑玄的思想。

（原载《高密人文自然遗产》2014年第1期，总第20期。）

郑玄与何休的论战

东汉后期，政治腐败，外戚宦官交替专权，造成社会极端的黑暗。在学术领域，随着古文经学的发展，今、古文经学严重对立，互相攻击如仇雠。今文经学，因长期立于学官，靠官方势力，继续维持其经学的垄断地位，极力压制、排挤古文经学的发展。

就《春秋》学来看，东汉光武帝置今文经十四博士，取消了《穀梁》学博士，《左氏春秋》随着古文经学的兴起而成为热点，《公羊》学面临日趋衰微的情势。在这种情况下，《公羊》学派的张玄沟通了《公羊》学的严氏和颜氏两派，李育又在白虎观会议上取得辩论的成功。到东汉末年，《春秋公羊》学派出现了一位集大成的人物，名叫何休，他融合今文五经各家学说，包括汉初第一代经师胡毋生的"条例"，《春秋公羊》学大师董仲舒的学说，兼取《严氏春秋》和《颜氏春秋》以及东汉今文博士李育和博士羊弼的学说，进一步"自设条例"，重新构建了《公羊》学的体系，使《公羊传》成为一部更有系统的今文经学经典。

何休（129—182），字邵公，任城樊（今山东济宁市兖州区西南）人。父何豹，官至少府。何休不善言辞，但有心计，笃志好学，以精研六经闻名远近。先以列卿之子拜为郎中，因非所好而称病离职。后太傅陈蕃征辟他参政，因陈蕃谋诛宦官，事泄被杀，何休受牵连，遭党锢之祸。党禁解，辟司徒，拜议郎，迁谏议大夫。在被禁锢期间，他闭门不出，精心研究今文经，尤其好《公羊》学。他花费了17年的时间，撰成《春秋公羊解诂》一书，为《公羊传》制定"义例"，系统地阐发《春秋》中的"微言大义"，可以说是从理论上对两汉的《公羊》学做了总结。他又站在《公羊》学的立场上，为伸《公羊传》而驳《左氏传》《穀梁传》，他又著《公羊墨守》《左氏膏肓》《穀梁废疾》三书，其观点是：《公羊传》义理深远，不可驳难，如墨子之守城一般，难以攻破；而《左氏传》义理乖谬，背《春秋》之旨，如同病危之人，已入膏肓；《穀梁传》也是问题很多，如得了不能治愈的重病，像个废人一般，已不可救药。何休以《公羊》学为武器，通过对《左氏传》《穀梁传》的驳斥，以宣扬今文经学，排斥古文经学。这等于对当时的古文经学提出了挑战。

郑玄比何休长两岁，二人皆好学不倦，在研究经学、谶纬、历算等方面有共同爱好，且皆不乐为官，其遭遇也有些相似。但何休固守今文经学的阵地，不能顺应经学发展的规律，没有郑玄创立通学的闳通气象，对学术规律的认识不如郑玄。郑玄曾是杜密故吏，并受到杜密赏识，被视为党人，遭受禁锢。在被禁锢期间，他闭门不出，潜修经业，先为纬书作注，接着写成《六艺论》，并为"三礼"作注，先后注释了《礼记》《周礼》《仪礼》。在此期间，当他看到何休的著作后，著《发墨守》、《箴膏肓》、《起废疾》(一名《释废疾》)，对何休的《公羊》义理进行批驳。上述何休的书名就已很奇特，在古书中从未见过，而郑玄对何休的驳斥，起的书名更是奇上加奇。《发墨守》即攻破被号称墨子守城一般的防线，《箴膏肓》即诊治被称为已入膏肓的病情，《起废疾》即救起被称为残废的病人。

何休的三部书，《隋书·经籍志》皆有著录，同时又著录："《春秋穀梁废疾》三卷，何休撰，郑玄释，张靖笺。"《旧唐书·经籍志》著录："《春秋左氏膏肓》十卷，何休撰，郑玄箴。""《春秋公羊墨守》二卷，何休撰，郑玄发。""《春秋穀梁废疾》三卷，何休撰，郑玄释，张靖成箴。"《新唐书·艺文志》同。这种情况说明，郑玄的三种著作与何氏三书，在隋朝之前各自单行，至唐代郑、何之书合二为一。宋代，唯《崇文总目》著录"《左氏膏肓》九卷"，始残缺，以后遂亡佚。

清修《四库全书》，收入郑氏三书佚文，计《箴膏肓》1卷，《起废疾》1卷，《发墨守》1卷。相传为王应麟所辑，不可信。清人有辑本多种，主要有：王复辑、武亿校本，各1卷，见《问经堂丛书》；袁钧辑本，各1卷，见《郑氏佚书》；孔广林辑本，各1卷，见《通德遗书所见录》；黄奭辑本，各1卷，见《通德堂经解》。从今存这三部书的佚文来看，郑玄对何休的论点逐条予以驳斥。今归纳为几个方面，举例说明：

第一，引经据典。郑玄熟悉儒家经典，他驳斥何休时，信手拈来，或引用《周礼》，或引用《诗经》，使何休在经典面前不战自败。如何休《左氏膏肓》云："天子车称大路，诸侯车称路车，大夫称车。"他认为郑子侨是大夫，而《左传·襄公十九年》却载"王赐之大路"。可见，"于义，《左氏》为短"。对此，郑玄《箴膏肓》引《诗·小雅·采薇》"彼路斯何？君子之车"，说明"大夫之车称路"；又据《周礼》和《礼记·乡饮酒礼》可"名同于上"，证明"卿大夫之路"可同于"天子大路之名"。所以，"何休之难非也"。[①]

第二，以史实为据。《公羊传》解经，往往脱离历史事实，只根据主观理解来附会经义。对此，郑玄则以历史事实为据，指出《公羊传》经说的失误。如《公羊传·桓公十一年》有"古者，郑国处于留"，"庄公死，已葬，祭仲将往省于留"之说。对此，郑玄在《发墨守》中根据郑国建国的历史，指出：桓公始封，"国在宗周畿内"，即"京兆郑县"；武公"迁居东周畿内"，即"河南新郑"；留"在陈、宋之东"，"郑受封至此适三世"。怎么能有"古者郑国处于留""祭仲将往省于留"

---

① 本段引文见清代袁钧所辑《郑氏佚书》，清光绪十四年（1888）浙江书局刻本。下同。

之事呢？既然《公羊传》所述不符合历史事实，何休的《墨守》吹嘘也就不攻自破了。

第三，以理服人。如何休《穀梁废疾》针对《穀梁传·僖公二十三年》解释宋襄公"不葬"是"失民"，"以其不教民战则是弃其师也"，据《春秋》"贵偏战而恶诈战"，认为"宋襄公所以败于泓者，守礼偏战也，非不敢教其民也"，故《公羊》"美其有承齐桓、尊周室之美志"。郑玄对何休赞美宋襄公不以为然，《释废疾》指出："教民习战而不用，是亦不教也。"指出，诈战是不约好战期而进攻，泓之战不是诈战。既然如此，就应"观敌为策，倍则攻，敌则战，少则守"。然而，宋襄公违背了战争原则，又不纳谏，"故徒善不用贤良，不足以兴霸王之功；徒信不知权谲之谋，不足以交邻国，会远疆"。郑玄纳辩于理之中，使何休不能再辩驳。

第四，以子之矛，攻子之盾。郑玄利用《公羊》家所阐述的《春秋》"微言大义"反驳何休，使何处于自相矛盾的境地。如《公羊》家强调《春秋》的华夏之辨，褒扬夷狄的进化，痛斥华夏诸国的不尊礼法行为，而何休有时立论疏忽，反被郑玄抓住。《穀梁传·昭公十二年》据《春秋》"晋伐鲜虞"解释说："其曰晋，狄之也。其狄之何也？不正其与夷狄交伐中国，故狄称之也。"何休《穀梁废疾》曰："《春秋》多与夷狄并伐，何以不狄也？"郑玄《释废疾》曰："晋不见因会以绥诸夏而伐同姓，贬之可也。狄之大重晋，为厥慭之会，实谋救蔡。以八国之师而不救，楚终灭蔡。今又伐徐，晋不纠合诸侯以遂前志，舍而伐鲜虞，是楚而不如也，故狄称之焉。"郑玄叙述了一段历史事实，认为华夏诸国不能相互救助，坐视蛮夷灭掉兄弟国家，这和夷狄无异，故不说"晋伐北狄"，而直书"晋伐鲜虞"，把晋和夷狄并列以示讥刺。这里，郑玄反客为主，以其人之道还治其人之身，使何休有口难辩。

郑玄引经据典，摆事实，讲道理，使何休无可再辩，只好缴械，并感叹地说:"康成入吾室,操吾矛,以伐我乎!"① 郑玄的著作连论敌都为之叹服,足见其见解之精辟。惜今只存佚文,即使如此,仍有重要价值。

首先,三书是研究汉代今、古文经学斗争的重要资料。何休是今文经学家,他伸《公羊》而难《左氏》《穀梁》,而郑玄治经,以古文经为主,兼采今文经。他驳斥何休,用事实说话,使其观点不攻自破。郑玄战胜何休,古文经学派占了上风,从而结束了汉武帝以来今文经学独尊的局面,促进了今、古文经学的融合。此后,今、古文经学之争宣告结束,融合今、古文经学于一体的"郑学"成为学术的主流。

其次,三书是研究郑玄《春秋》学的重要资料。郑玄认为,《春秋》"三传"各有所长。他治《春秋》,重史实,较少空谈经义,表现出求实精神,故宗《左传》而兼取《公羊传》《穀梁传》。他根据历史事实,驳斥了何休对《左传》《穀梁传》的责难,指出《公羊传》经说的失误,攻破了何休的观点,动摇了人们对《公羊传》经说的信仰,加强了《左传》的地位。

郑玄与何休的这次论战,宣告了今、古文经学之争的结束,融合今、古文经学为一体而形成的"郑学"成为天下所宗的儒学,成为学术的主流,为郑玄经注的普及铺平了道路。

郑玄驳斥何休的三书面世以后,不仅使论敌口服心服,也使广大经生无不为之感叹,佩服之至。于是,一传十,十传百,郑玄的声誉越来越高,"求学者不远千里,赢粮而至,如细流之赴巨海,京师谓康成为'经神'"②。

(原载《高密人文自然遗产》2014 年第 2 期,总第 21 期。)

---

① 《后汉书》卷 35《郑玄列传》,中华书局 1965 年版。
② [晋]王嘉:《拾遗记》卷 6,清光绪元年(1875)崇文书局刻本。

郑玄《驳许慎五经异义》

据《后汉书·郑玄列传》，郑玄著有《驳许慎五经异义》一书。

许慎（约58—约147），字叔重，东汉汝南召陵（今河南省漯河市郾城区）人。师事贾逵。曾为郡功曹，被举孝廉。性纯笃，博学经籍，为马融所推敬，时人有"五经无双许叔重"之誉。著有《说文解字》14卷，并叙目为15卷，集古文经学训诂之大成。又著《五经异义》10卷，以古文经说为主，兼采今文经说，所采今、古文经说合计近40家。这种兼采今、古文经说，择善而从的治经路数，与郑玄简直是不谋而合，但郑玄又为什么作《驳许慎五经异义》呢？从其佚文来看，这反映了汉代今、古文经学的重大分歧以及汉代经学的派别论争。

查史部目录，《隋书·经籍志》只著录许慎《五经异义》，而无郑玄之驳。至《旧唐书·经籍志》则著录云："《五经异义》十卷，许慎撰，郑玄驳。"《新唐书·艺文志》同。这种情况说明："郑氏所驳之文即附见于许氏原本之内，而非别为一书。"[1]《宋史·艺文志》始不著录此书，当在宋代亡佚。清修《四库全书》，收入《驳五经异义》1卷、《补遗》1卷，乃后人所辑，旧有题"宋王应麟编"者，无确据，当是假托。

---

[1] 《四库全书总目》卷33《经部总义类》"驳五经异义"条，中华书局1965年影印本。

清代，此书有多种辑本，主要有：王谟辑《驳五经异义》2卷，见《汉魏逸书钞·经翼》；王复辑、武亿校《驳五经异义》1卷，《补遗》1卷，见《问经堂丛书》；袁钧辑、袁尧年补《驳五经异义》10卷，见《郑氏佚书》；孔广林辑并补证《驳五经异义》10卷，见《通德遗书所见录》；黄奭辑《驳五经异义》1卷，见《高密遗书》及《通德堂经解》。

从辑本来看，该书是先列许慎《五经异义》之文，简称《异义》，下列郑玄驳议，简称"驳曰"或"驳云"。如：

九族

《异义》：

今《礼》戴、《尚书》欧阳说：九族乃异姓有亲属者。父族四：五属之内为一族，父女昆弟适人者与其子为一族，己女昆弟适人者与其子为一族，己之女子子适人者与其子为一族。母族三：母之父姓为一族，母之母性为一族，母女昆弟适人者与其子为一族。妻族二：妻之父姓为一族，妻之母性为一族。古《尚书》说：九族者，从高祖至玄孙，凡九，皆同姓。

谨按：《礼》：缌麻三月以上，恩之所及。《礼》：为妻父母有服。明在九族中。九族不得但施于同姓。

驳云：

玄之闻也，妇人归宗，女子虽适人，字犹系姓，明不得与父兄为异族，其子则然。《婚礼》"请期"，辞曰"惟是三族之不虞"。欲及今三族，未有不亿度之事而迎妇也。如此所云，三族不当有异姓，异姓其服皆缌麻。《礼·杂记下》：缌麻之服，不禁嫁女娶妇。是为异姓不在族中明矣。《周礼·小宗伯》："掌三族之别名。"《丧服小记》说"族"之义曰："亲亲以三为五，以五为九。"以此言之，知高祖至玄孙昭然察矣。①

在这篇《九族》中，许慎《五经异义》引《礼》戴说、《尚书》欧阳说，认为"九族乃异姓有亲属者"，即父族四、母族三、妻族二。又引古《尚书》说，九族指上至高祖，下至玄孙，皆同姓亲族。于是加按语认为，九族不能仅包括同姓。郑玄予以驳斥，他据《婚礼》《礼记·杂记下》《周礼·小宗伯》及《礼记·丧服小记》等经典，指出"异姓不在族中明矣"，认为古《尚书》说是。

又如：

田税

《异义》：

今《春秋公羊》说："十一而税。过于十一，大桀小桀；减于十一，大貉小貉。"十一税，天子之正。十一行而颂声作，故《周礼》：国中园廛之赋，二十而税一，近郊十而税一，远郊二十而税三，有军旅之岁，一井九夫，百亩之赋，出禾二百四十斛，刍秉二百四十六釜，米十六斗。

谨案：《公羊》十一税，远近无差。汉制收租田有上、中、下，与《周礼》同义。

驳曰：

《周礼》制税法，轻近而重远者，为民城道沟渠之役，近者劳、远者逸故也。其授民田家，所养者多，与之美田；所养者少，则与之薄田，其调均之而足，故可以为常法。汉无授田之法，富者贵，美且多，贫者贱，薄且少，美薄之收不通相倍蓰，而云

---

① 《春秋左传正义·桓公六年》疏引，载《郑氏佚书》，清光绪十四年（1888）浙江书局刻本。

171

"上、中、下，与《周礼》同义"，未之思也。又，《周礼》六篇，无云"军旅之岁，一井九夫，百亩之税，出禾、刍秉、釜、米"之事，何以得此言乎？①

在这篇《田税》中，许慎《五经异义》举《公羊》"十一而税"说，认为是"天子之正"。又举《周礼》说：国中"二十而税一"，"近郊十而税一，远郊二十而税三"。许慎于是加按语认为，《公羊》十税一，"天子之正"。汉制，按田之上、中、下等级收租，与《周礼》同义。郑玄予以驳斥，指出：《周礼》制税法，轻近重远，因为近者承担修建城池、道路、沟渠等劳役，要以减少税收予以补偿。授田时，家口多者授予好田，家口少者授予薄田，可作为"常法"。汉代无授田之法，富者"美且多"，贫者"薄且少"，说汉代按田之上、中、下等级收田租，是未加以仔细思考。

从以上两处引文可看出郑玄与许慎之间驳论的一点端倪。当时，在今、古文经学之间存在着较大的分歧，即使在今文经学内部、古文经学内部，分歧也是存在的。所以，争论不可避免。只有通过争论，才能辨明是非优劣。

从郑玄《驳五经异义》的佚文中，我们可以看到《春秋》学公羊、穀梁、左氏三家及《礼》学戴氏说、《周礼》说、《尚书》欧阳说、夏侯说等流派的争论。这不仅是关于今、古文经学两派争论的记录，也是关于齐学、鲁学、后氏《礼》学与古文经学旧派之间争论的写照。郑玄之驳议，可以看到郑玄的经学观点。如《九族》一段，《异义》记载了《礼》戴氏说、《尚书》欧阳氏说和《古文尚书》说，而郑玄通过驳议，从《古文尚书》说。又如《田税》一段，许慎列举了《公羊》说、《周礼》说，而郑玄驳论指出，汉代无授田法，与《周礼》所制税法不

---

① 《周礼·载师》疏引，载《郑氏佚书》，清光绪十四年（1888）浙江书局刻本。

同。再如，我们还可以从《臣子已死犹名》一段中看出，在《春秋》公羊、穀梁、左氏三派的争论中，《穀梁传》一派的观点与《左传》一派接近。然而，在另一些记载中，《穀梁传》一派的观点，又与《公羊传》一派相同。这说明，《春秋》学的公羊、穀梁、左氏三派是相互独立的，他们分别代表着今文经学内部的齐学、鲁学以及后来兴起的古文经学。从另外的一些片断记载中，我们还可以看到，《礼》戴说或与《公羊传》说一致，与《左传》不同；或与《公羊传》《左传》均有不同；或与《周礼》一派发生分歧。可以看出后氏《礼》学与其他各派的分歧。因此，此书可以说是汉代经学各派争论的记录，保存了大量有关资料，对研究汉代经学有重要参考价值。

《驳五经异义》的佚文，保存了今、古文经学两派的不同观点，分歧所涉及的范围相当广泛，从国家大事，到日常生活小事，诸如天号、朝名、天子驾数、三公、六宗、田税、类祭、明堂制、罍制、爵制、稷神、灶神等，遇到的问题几乎都要做不同的解释。而判断是非的标准，只能根据经义。正是由于郑玄、许慎二人在经义的理解上存在分歧，在对经典的取舍上也有不同，所以二人在采择上出现差异。实际上，二人都顺应东汉初以来出现的今、古文经学逐渐融合的趋势，意在消弭今、古文经学的对立，而郑玄在调合今、古文经学对立方面更进一步。郑、许二人论辩的结果，导致了经学上的择善而从，迎来了经学史上初露通学的曙光。

（原载《高密人文自然遗产》2015年第1期，总第22期。）

论郑玄的政治思想及其成因

郑玄作为经学家在历史上产生了巨大影响,从汉末到清代一直享有很高的声誉,受到儒家学者的崇敬,历代也产生了不少有关"郑学"的论著。但正因如此,对他的评价和研究也基本上限于经学范围之内。由于他一生致力于儒家经籍的注释和传授,除经注之外,没有系统的学术论著传世,且一生平民,未曾参政,也没有参与重大的政治活动,所以作为思想家的郑玄,被卓越的经学家的声誉掩盖和淹没了。应该看到,郑玄的经注并不只是照本宣科地解释经文,而是融合着自己的思想观点的。其思想观点散见于经注之中,有脉络可寻,而且内容相当丰富。他的思想是对儒家思想的继承和发展,也是和东汉的社会现实分不开的。本文仅就其政治思想及形成原因作简要论述。

一、郑玄的政治思想

郑玄的政治思想主要是通过他的经注表现出来的,它附属于经注,是对经义的阐释,但通过这些经注的确又可以概括他的思想。对他现存经注、佚注及其他杂著进行梳理、归纳,可概括为以下几个方面:

第一,"国以礼为本"的礼治思想。

郑玄对礼的作用有深刻的认识。他在《六艺论》中说:"礼者,序尊卑之制、崇敬让之节也。"①他认为，礼是治国的根本。他在"三礼注"中强调礼对治国、为政的重要性。如《礼记·冠义》："古者冠礼，筮日、筮宾，所以敬冠事，敬冠事所以重礼，重礼所以为国本也。"郑注："国以礼为本。"②又如《礼记·中庸》："优优大哉！礼仪三百，威仪三千。待其人然后行，故曰：苟不至德，至道不凝焉。"郑注："言为政在人，政由礼也。"③他还认为，礼对教民也是很重要的，要让他们知礼。如《礼记·礼运》："故圣人以礼示之，故天下国家可得而正也。"郑注："民知礼则易教。"④可见，郑玄注经时，经常高度概括地阐明经义，也集中地表现出他的思想。

第二，"臣下以顺道承事其君"的忠君思想。

君臣关系是封建礼制的重要内容。郑玄认为，君尊臣卑是天经地义的。《周易·系辞上》："天尊地卑，乾坤定矣。卑高以陈，贵贱位矣。"郑注："君臣尊卑之贵贱，如山泽之有高卑也。"从这种思想出发，他又认为，君臣之间最重要的是臣行"顺道"。如《周易·萃》："萃，亨。"郑注："萃，聚也。坤为顺，兑为说，臣下以顺道承事其君，说德居上待之，上下相应，有事而和通，故曰'萃，亨'也。"⑤此注通过解释萃卦卦象说明了君臣关系。

郑玄认为，人臣要为君尽忠，要能死君之难，做到义、勇兼备。如《孝经·事君章》："进思尽忠。"郑注："死君之难为尽忠。"⑥又如《论语·为政》："见义不为，无勇也。"郑注："见义，谓见君有危难，

---

① [唐]虞世南：《北堂书钞·艺文部一》，引自[清]袁钧辑《郑氏佚书》，清光绪十四年（1888）浙江书局刻本。
② 《礼记正义》卷61《冠义》，载《十三经注疏》，中华书局1980年影印本。
③ 《礼记正义》卷53《中庸》，载《十三经注疏》，中华书局1980年影印本。
④ 《礼记正义》卷21《礼运》，载《十三经注疏》，中华书局1980年影印本。
⑤ [清]袁钧辑《郑氏佚书·周易注五·周易集解》，清光绪十四年（1888）浙江书局刻本。
⑥ 《文选·曹植〈三良诗〉》注，载《郑氏佚书·孝经注》，清光绪十四年（1888）浙江书局刻本。

当致身授命以救君,是见义而为,故勇、义兼言。若朋友推刃,是不义而勇。"①他还认为,为人臣必须具备正直、刚克、柔克三德中之一德,以便君主选择任用。如《尚书·洪范》:"平康,正直,强弗友刚克,燮友柔克。"郑注:"人臣各有一德,天子择使之。安平之国,使中平守一之人治之,使不失旧职而已;国有不顺孝敬之行者,则使刚能之人诛治之;其有中和之行者,则使柔能之人治之,差正之。"②在郑玄看来,为人臣要有刚柔结合、宽猛相济的本领,才能"成治立功"。他说:"刚而能柔,柔而能刚,谓宽猛相济,以成治立功。刚则强,柔则弱,此陷于灭亡之道,非能也。"③

郑玄的忠君思想,还表现在他对处理中央和地方的关系的看法上。他积极维护封建的中央集权制度,反对地方割据势力,说:"君惠臣忠,父慈子孝,是以祸乱无缘得起也。"又在注"故明王之以孝治天下也如此"时说:"故上明王所以灾害不生,祸乱不作,以其孝治天下,故致于此。"④

第三,"任贤""顺民"的人本思想。

所谓"任贤",即任用贤才治理国家。郑玄认为,统治者只有任用贤才,才能兴太平之事。这种政治主张也从他的经注中体现出来。如《仪礼·乡饮酒礼》:"歌《南山有台》,笙《由仪》。"郑注:"《南山有台》,言太平之治,以贤者为本。"⑤又如《诗·小雅·南山有台·序》:"《南山有台》,乐得贤也,得贤则能为邦家定太平之基矣。"郑注:"人

---

① 《周礼·大宗伯》疏,载《郑氏佚书·论语注一》,清光绪十四年(1888)浙江书局刻本。
② 《尚书·洪范》疏,载《郑氏佚书·尚书注六》,清光绪十四年(1888)浙江书局刻本。
③ 《诗·郑风·羔裘》疏,载《郑氏佚书·尚书注六》,清光绪十四年(1888)浙江书局刻本。
④ [清]黄奭辑《通德堂经解·孝经解》,载《黄氏逸书考》,民国二十三年(1935)朱长圻刻本。
⑤ 《仪礼注疏》卷9《乡饮酒礼》,载《十三经注疏》,中华书局1980年影印本。

君得贤，则其德广大坚固，如南山之有基趾。"①他还在注《礼记·中庸》"故为政在人"时说："在于得贤人也。"②

所谓"顺民"，即顺民之心。郑玄认为，顺民是为政的根本。从历史上看，没有离开人民而治理好国家的。如《周礼·地官·乡大夫》："此谓使民兴贤，出使长之；使民兴能，入使治之。"郑注："言为政以顺民为本也。《书》曰：'天聪明自我民聪明，天明威自我民明威。'《老子》曰：'圣人无常心，以百姓心为心。'如是，则古今未有遗民而可为治。"③

第四，"君子遭乱世……无干政事"的避世思想。

郑玄认为，君子遭乱世，就不要参政，以防被小人所害。这种思想在《周易注》中有理性的阐述。如《周易·明夷》："明夷，利艰贞。"郑注："夷，伤也。日出地上，其明乃光。至其入地，明则伤矣，故谓之明夷。日之明伤，犹圣人君子有明德而遭乱世，抑在下位，则宜自艰，无干事政，以避小人之害也。"④郑玄采用本卦卦象或互体说《易》，注入理性因素。《明夷》的卦象离下，象日；坤上，象地。卦象象征日入地中。郑玄借卦象予以发挥，注入"君子有明德，遭乱世，抑在下位，则宜自艰，无干事政，以避小人之害"的义理。这里的君子、小人为卦象的引申，以离代表光明，为君子，坤为阴类，代表小人。所发挥出的义理虽与原卦无关，却是郑玄理性的思考，闪烁着哲理的光芒。又如《剥卦》："剥，不利有攸往。"郑注："阴气侵阳，上至于五，万物零落，故谓之剥也。五阴一阳，小人极盛，君子不可有所之，故不

---

① 《诗经正义》卷10《小雅·南山有台·序》，载《十三经注疏》，中华书局1980年影印本。
② 《礼记正义》卷52《中庸》，载《十三经注疏》，中华书局1980年影印本。
③ 《周礼注疏》卷12《地官·乡大夫》，载《十三经注疏》，中华书局1980年影印本。
④ [清]袁钧辑《郑氏佚书·周易注四·周易集解》，清光绪十四年（1888）浙江书局刻本。

利有攸往也。"① 此注也寓有小人当道、君子不可前去做官的义理。他在被解除党禁之后屡拒征辟，也表现了这种政治态度。

二、郑玄的政治思想是对儒家思想的继承和发展

综观郑玄的政治思想，未能超出儒家思想的范畴，是对儒家思想的继承和发展。

礼治思想是儒家的政治主张。孔子在政治思想上强调"礼"，主张"为国以礼"②。并把礼与仁结合起来，提出"克己复礼为仁"。"克己"的手段是"非礼勿视，非礼勿听，非礼勿言，非礼勿动"③。他把礼作为教学的一项重要内容。他还对《仪礼》进行了整理，成为"五经"之一。孔门后学关于礼的散篇论述编成《礼记》，阐述礼的性质、意义和作用。如《曲礼》说："夫礼者，所以定亲疏、决嫌疑、别同异、明是非也。"又说："道德仁义，非礼不成；教训正俗，非礼不备；分争辨讼，非礼不决；君臣上下、父子兄弟，非礼不定；宦学事师，非礼不亲；班朝治军、莅官行法，非礼威严不行；祷祠祭祀、供给鬼神，非礼不诚不庄。是以君子恭敬、撙节、退让以明礼。"《礼运》说："礼者，君之大柄也，所以别嫌明微、傧鬼神、考制度、别仁义，所以治政安君也。"如此等等。郑玄治经尤重"三礼"，并有深刻的研究和独到的见解。通过研究古代礼制，他萌发了对古代宗法社会礼治的仰慕之情。他认为夏禹、商汤、周文王、武王、成王、周公"能用礼义以成治"④。他说："斯道也，文、武所以纲纪，周国君临天下，周公定之致隆平龙凤

---

① [清]袁钧辑《郑氏佚书·周易注三·周易集解》，清光绪十四年（1888）浙江书局刻本。
② 《论语·先进》，杨伯峻译注，中华书局1962年版。
③ 《论语·颜渊》，杨伯峻译注，中华书局1962年版。
④ 《礼记正义》卷21《礼运》"由此其选也"注，载《十三经注疏》，中华书局1980年影印本。

之瑞。"① 可见，郑玄正是从儒家学派尊奉的经典中，继承了崇尚礼治的思想。

忠君思想也是儒家的政治主张。孔子主张忠君。他认为，君之所以为君，是因地位尊贵，臣子、庶民必须对君尽忠遵礼。他说："君使臣以礼，臣事君以忠。"② 他对君主毕恭毕敬，竭尽全力，毫无越轨行为。《论语·乡党》载孔子上朝，"君在，踧踖如也，与与如也"。国君召他接待宾客，"色勃如也，足躩如也"③。《孝经》是一部儒家讲孝道、孝治的经典著作。其中有《事君章》，云："君子之事上也，进思尽忠，退思补过；将顺其美，匡救其恶。"④ 郑玄熟读经书，对儒家思想烂熟于心，并通过注经予以阐释，从而继承发展了这一思想。

"任贤"也是儒家学派的固有主张。孔子认为，君主要在政治上有大的作为，必须举用贤才。《论语·子路》记载孔子回答弟子仲弓问如何为政时，提出了"举贤才"的主张。《礼记·中庸》还记载了孔子回答哀公问政之言，曰："文武之政，布在方策。其人存，则其政举；其人亡，则其政息。人道敏政，地道敏树。夫政也者，蒲卢也，故为政在人。"就是说，政是靠人推行的，贤人在位就有好的政治，否则就不会有好的政治。郑玄在经注中对儒家"举贤才"的主张进一步阐发，指出"为政在人"是"在于得贤人也"；并在注《礼记·中庸》"取人以身"时说："言明君乃能得人。"⑤

儒家有"重民"思想。孔子主张"节用而爱人，使民以时"⑥。他反对苛政，提出"因民之所利而利之"⑦。孟子又提出"施仁政于民，省刑

---

① 《周礼正义序·序周礼废兴》，载《十三经注疏》，中华书局1980年影印本。
② 《论语·八佾》，杨伯峻译注，中华书局1962年版。
③ 《论语·乡党》，杨伯峻译注，中华书局1962年版。
④ 《孝经注疏》卷8《事君章》，载《十三经注疏》，中华书局1980年影印本。
⑤ 《礼记正义》卷52《中庸》，载《十三经注疏》，中华书局1980年影印本。
⑥ 《论语·学而》，杨伯峻译注，中华书局1962年版。
⑦ 《论语·尧曰》，杨伯峻译注，中华书局1962年版。

罚，薄税敛"[①]。他主张"保民而王"，说："乐民之乐者，民亦乐其乐；忧民之忧者，民亦忧其忧。乐以天下，忧以天下，然而不王者，未之有也。"[②] 他还提出"民贵君轻"的思想，说："民为贵，社稷次之，君为轻。"[③] 在儒家的经书中，贯穿着民本思想。如《尚书·五子之歌》："民惟邦本，本固邦宁。"[④] 又如《周礼》中的大宰、小宰之职皆立足于民。大司徒之职，主管邦内土地和人民，其基本施政与教化措施，更是立足于万民："以荒政十有二聚万民""以保息六养万民""以本俗六安万民""颁职事十有二于邦国都鄙，使以登万民""以乡三物教万民""以乡八则纠万民"等等。[⑤] 郑玄精读经书，笃信《周礼》，对其表现出来的重民思想非常赞赏，并将经书乃至诸子中的这一思想融会贯通，在注释中加以阐发。

在郑玄的政治思想中，礼治思想是其核心的部分。"国以礼为本"，是他对儒家礼治思想的深刻认识和高度概括。君臣关系又是封建礼治的核心内容，所以郑玄又提出"臣下以顺道承事其君"的这一处理君臣关系的原则，提出人臣要为君尽忠，要能死君之难的主张。郑玄的这些政治思想和主张，都是为了维护和加强封建中央集权制度，抑制日益膨胀的地主割据势力，这对解决现实问题有一定的针对性，是一种进步的思想。

在如何治理国家的问题上，郑玄提出"任贤""顺民"的主张。"太平之治，以贤者为本"，"为政以顺民为本"。这是郑玄对儒家民本思想的发展，也是从古今治国的经验中总结出来的，不失为正确的主张。

[①] 《孟子·梁惠王上》，杨伯峻译注，中华书局1960年版。
[②] 《孟子·梁惠王下》，杨伯峻译注，中华书局1960年版。
[③] 《孟子·尽心下》，杨伯峻译注，中华书局1960年版。
[④] 《尚书正义》卷7《五子之歌》，载《十三经注疏》，中华书局1980年影印本。
[⑤] 《周礼注疏》卷3《大宰》，载《十三经注疏》，中华书局1980年影印本。

三、郑玄的政治思想是东汉现实社会的产物

郑玄的政治思想，既是对儒家思想的继承和发展，也是东汉现实社会的产物，有明显的时代特征。

东汉是一个重礼的社会。对于"礼"，最高统治者亲自提倡，躬身实践，又为地方长吏、士族儒宗人物所激扬。如《汉书·礼乐志》云："六经之道同归，而礼乐之用尤急。治身者斯须忘礼，则暴慢入之矣；为国者一朝失礼，则荒乱及之矣。"① 经学家荀爽说："昔者，圣人建天地之中而谓之礼。礼者，所以兴福祥之本，而止祸乱之源也。人能枉欲从礼者，则福归之；顺情废礼者，则祸归之。"② 在这样的社会背景下，形成了当时的隆礼之势。生活在东汉末年的郑玄，是儒宗一派的人物，但他面对的现实是礼制遭到破坏，礼法社会受到冲击，他为此感到惋惜，希望统治者能恢复礼治，所以在经注中流露出以礼治国的思想。

郑玄的忠君思想也是时代的产物。东汉统治者极力宣扬君权神授思想，在白虎观会议上，汉章帝大会群儒，讲议五经同异，用皇帝名义制成定论，班固所撰的《白虎通义》即这次会议的记录，其中的"三纲六纪"说，进一步强调了君主的绝对权威。但是，到东汉末年，在镇压黄巾起义过程中形成的割据势力，各霸一方，朝廷政令不行，中央集权制度遭到严重破坏。当时政治上需要迫切解决的问题，就是解决中央和地方的关系，加强中央集权制度，这是郑玄忠君思想产生的时代原因。他在经注中，强调地方服从中央，提出"臣下以顺道承事其君"；认为地方诸侯应把封国的财富贡献给天子，以加强中央的势力；希望君主政令的发出，如同雷一样威震全国。这些主张都表现出鲜明的时代特色。

---

① 《汉书》卷22《礼乐志》，中华书局1962年版。
② 《后汉书》卷62《荀爽列传》，中华书局1965年版。

郑玄的忠君思想，特别强调"死君之难"，主张为人臣要做到义、勇兼备，这也是时代使然。东汉后期，宦官、外戚交替专权，曾发生两次"党锢之祸"，大批正直的士大夫受到迫害，遭到禁锢。他们或被杀害，或被囚禁，或被流徙。在这些被迫害的人中，有他熟悉的太仆杜密。杜密任北海相时，发现了他这个人才，不仅把他召署郡职，而且送他入太学就读。杜密被时人列为"八俊"之一，这样的人才竟被迫害至死，这使他极为痛心。所以他极力推许为君王捐躯赴难的忠臣，实是对在党锢之祸中被禁锢、遭死难的士族名士和经学名家的一种礼赞。

郑玄"任贤""顺民"的思想，是他对东汉社会现实深入观察的结果。他目睹了汉末宦官、外戚和官僚争权的丑剧，亲身体验了有正义感、有才能的知识分子被禁锢和被迫害的苦痛，从而认识到"为政在人"的道理，认为必须革除弊政，任用贤才，以挽救封建统治。他也亲身经历了东汉末年因朝廷腐败、政治黑暗而爆发的黄巾起义，农民起义军摧枯拉朽的威力，使他看到了人民的伟大力量。作为一个有正义感、头脑清醒的地主阶级知识分子，他认识到统治者只有采取"顺民"的措施，才能缓和阶级矛盾，以维护摇摇欲坠的统治。

郑玄的避世思想，也是他对东汉社会现实经过深邃的观察之后得出的结论。东汉发生的"党锢之祸"，使数百名正直且有才干的官僚士大夫被迫害，他自己也仅因为是杜密的故吏被禁锢达14年之久，这就是"君子有明德而遭乱世"。血的教训证明，在这样的小人当道的乱世，自己的政治主张不仅不可能被最高统治者采纳，而且还可能遭到小人陷害，所以只有"无干政事以避小人之害"。在这种思想指导下，他在党锢被解除之后，屡拒征辟。先是何进征辟，他以幅巾相见，一夜逃去；接着，有三司府两次征辟，皆未前去。又有朝廷征他为博士，未就。后何进被杀，董卓掌权，公卿举他为赵相，未至。袁绍举他为茂才，表为左中郎将，皆被拒绝。连汉献帝征他为大司农，他也因病辞回了。这一连串的行动，态度何等鲜明，何等坚决，表明他对现实始终有清醒的认识，有冷静的观察。当然，他也深受当时社会上名士思想的影响，始终保持清正的节操。

（原载《高密人文自然遗产》2019年第1期，总第26期。）

郑玄在自然科学方面的成就

郑玄知识面广，学问渊博，是一位通才大家。他不仅精通经学、纬学、律学，而且掌握了当时自然科学已有的一些尖端知识。由于他在自然科学方面的著作已经亡佚，所以只能通过他现存的经注来进行探讨。在他的经注中反映出来的，虽只是一鳞半爪，但仍然可以看出，他在自然科学方面也有相当高的成就。

一、郑玄在天文、历法方面的著作

郑玄在天文学方面的著作，有《天文七政论》《周髀二难》《日月交会图注》。

（一）《天文七政论》

此书见《后汉书》本传，可见是一部比较重要的天文学著作。但是，《隋书·经籍志》已不著录此书，可见隋前已经亡佚，卷数亦不详。关于此书名称，唐代刘知几引《郑志目录》作《七政论》，元代戈直《贞观政要》卷7《崇儒学》音释引作《天文》，当是省称。《宋书·天文志一》中，太中大夫徐爰论浑仪制引王蕃云："《虞书》称'在璇玑玉衡，以齐七政'，则今浑天仪日月五星是也。郑玄说：'动运为机，持正为衡，皆以玉为之。视其行度，观受禅是非也。'浑仪，羲和氏之旧器，历代相传，谓之机衡，其所由来，有原统矣。而斯器设在侯台，史官禁密，学者寡得闻见，穿凿之徒，不解机衡之意，见有七政之言，因以为北斗七星，构造虚文，托之图谶，史迁、班固，犹尚惑之。郑玄有瞻雅高远之才，沉静精妙之思，超然独见，改正其说，圣人复出，不易斯言矣。"① 这是今天可以看到的对郑玄《天文七政论》的论述。徐爰推崇郑玄之言溢于言表。

（二）《周髀二难》

此书是郑玄的又一部天文学著作。古人关于天之形状，有盖天、浑天二说。所谓"周髀"，即古之盖天说。汉末，扬雄难盖天八事，以通浑天。其后，桓谭、郑玄、蔡邕、陆绩等人，皆各陈述其说，考验天状。郑玄曾对盖天说提出二难，即此书。《宋书·天文志一》曰："盖天之术，云出周公旦访之殷商，盖假托之说也。其书号曰《周髀》。髀者，表也，周天之术也。其术云：'天如复盖，地如复盆，地中高而四隤，日月随天转运，隐地之高，以为昼夜也。天地相去凡八万里，天地之中，高于外衡八万里，地上之高，高于天之外衡二万里也。'或问盖天于扬雄，扬雄曰：'盖哉！盖哉！'难其八事。郑玄又难其二事。为盖天之学者，不能通也。"② 此书的成因大体如此。

（三）《日月交会图注》

此书《隋书·经籍志》有著录，曰："梁有《日月交会图》，郑玄注，一卷。"可见，此书在南朝梁时尚存，后佚。《日月交会图》当是讲日食的书，郑玄为之作注。清朝曾朴《补后汉书艺文志并考》卷9中，在著录此书后加按语云："《南齐书·天文志》引《交会术》曰：'《春

---

① 《宋书》卷23《天文志》，中华书局1974年版。
② 《宋书》卷23《天文志》，中华书局1974年版。

秋·鲁桓公三年》：日蚀贯中，下上竟黑，疑者以为日月正等，何得小而见日中？'郑玄曰：'月正掩日，日光从四边出，故言从中出也。'此条应出是书。又张彦远《名画记三秘画珍图目录》载之，则唐时尚存也。"①

郑玄在历法方面的著作，是《乾象历注》。他在太学读书时，师事第五元先，通《三统历》。晚年，又向刘洪学习《乾象历》，并为之作注。

（四）《乾象历注》

此书《后汉书》本传有载，可见也是一部比较重要的著作。郑玄先从第五元先学习《三统历》，这部历法是西汉末年刘歆采用《太初历》的数据改定的，所写成的《三统历谱》保存在《汉书·律历志》中。其内容有造历的理论，有节气、朔望、月食及五星等的常数和运算推步方法，还有基本恒星的距度，含有现代天文年历的基本内容，所以被认为是世界上最早的天文年历的雏形。东汉初年施行《太初历》，也曾采用《三统历》。到汉章帝元和二年（85）废止《太初历》，重订并施行《四分历》。汉灵帝光和年间（178—183），刘洪创《乾象历》，这是一部划时代的历法。它创法很多，比《四分历》精密，为后世师法。如它计算了月行的迟疾；从"过周分"（指月行疾迟一周，过于周天的度数），计算出近点月的日数。为预推日月食的时刻，有"求朔望定大小余"和"求朔望加时定度"两个算法。郑玄学习并研究了当时通行的历法，特别是代表当时历法最高水平的《乾象历》创立后，他亲自向这一历法的创立者刘洪学习，"以为穷幽极微"②，经过研究，又为之作注，让更多的人了解这一历法，在当时为先进历法的普及做出贡献，也为此后三国

---

① ［清］曾朴：《补后汉书艺文志并考》卷9，载《二十五史补编》，上海开明书店民国二十五年至二十六年（1936—1937）版。

② 《晋书》卷17《律历志中》，中华书局1974年版。

吴黄武二年（223）颁行使用这一历法创造了条件。

二、从郑玄对经书的注释看其在天文、历法方面的成就

由于郑玄在天文、历法方面的著作皆已亡佚，我们今天已经不能具体了解他在天文、历法上到底达到什么样的水平，但从他现存的经注中，仍可略知其在这方面的成就。

（一）从郑玄对经书中所记载的天象和天文仪器的正确解释看其天文成就

郑玄有丰富的天文学知识，他能正确解释经书中的天文现象，这在汉代是了不起的成就。如《诗·小雅·十月之交》："十月之交，朔月辛卯。日有食之，亦孔之丑。"毛传："之交，日月之交会。"郑笺："周之十月，夏之八月也。八月朔日，日月交会而日食。"比较一下，郑笺远胜毛传。郑玄不仅指出"周之十月"是"夏之八月"，而且指出"八月朔日"有"日食"。这次日食，被后世天文学家证实是周幽王六年十月辛卯朔发生的日食。

清代经学家阮元《〈诗十月之交〉四篇属幽王说》云："《诗》言：'十月之交，朔月辛卯。日有食之。'交食至梁、隋而渐密，至元而愈精。梁虞𠚳，隋张胄元，唐傅仁均、一行，元郭守敬，并推定此日食在周幽王六年十月建酉辛卯朔，日入食限，载在史志。今以雍正癸卯上推之，幽王六年十月辛卯朔正入食限。"①据现代天文学研究，《十月之交》记载的这次日食发生在公元前776年9月6日。陈遵妫《从十二月十四日环食谈起》云："还有《诗经小雅》所载的'十月之交，朔月辛卯。日有食之'，是指公元前776年9月6日的日食，虽较巴比伦最早

---

① ［清］阮元：《揅经室一集》，清道光三年（1823）阮氏文选楼刻本。

的日食纪事早了13年，但在中国这样有悠久历史的文化古国来讲，自然不能认为最早。"①可见，郑玄对《诗经》中这一天象的解释是非常正确的，表现出他很高的天文学水平。这一正确解释，为研究《十月之交》的写作年代提供了可靠依据。

中国古代有关测天定时的天文仪器在儒家典籍中早有记载，但因记载简略，难知其详。郑玄在经注中对古代天文仪器详加解释，这些内容有助于我们对古代天文仪器的了解，这是他的一大贡献。今举例如下：

其一，土圭。亦称"圭表"，是古代测量日影长度的仪器。关于土圭的建造和作用，单看经书难知其详，但从郑玄经注中可得到具体了解。如《周礼·冬官·匠人》："匠人建国，水地以县，置槷以县，视以景。"郑注："于四角立植，而县以水，望其高下。高下既定，乃为位而平地。……故书槷或作弋。杜子春云：'槷当为弋，读为杙。'玄谓：槷，古文'臬'假借字。于所平之地中央，树八尺之臬，以县正之，视之以其景，将以正四方也。"这段注文详细说明了土圭的建造。又："为规，识日出之景与日入之景。昼参诸日中之景，夜考之极星，以正朝夕。"郑注："日出日入之景，其端则东西正也。又以规以识之者，为其难审也。自日出而画其景端，以至日入，既则为规测景两端之内规之规之交，乃审也。度两交之间，中屈之以指臬，则南北正。日中之景，最短者也。极星，谓北辰。"②这段注文说明了土圭的两种作用：第一，分别四方。南北方位正，则四方之位正。第二，测日中以正朝夕。用土圭依最短的日影找到白昼的中点，借助漏壶，夜半也就有了明确的刻数。一日的朝、夕、日中、夜半之时刻准确无误，以此为基准分一日为十二时辰，就十分简便。故土圭实起了日晷的作用。

---

① 转引自袁梅《诗经译注·十月之交》注释考证，齐鲁书社1985年版。
② 《周礼注疏》卷42《冬官·匠人》，载《十三经注疏》，中华书局1980年影印本。

郑玄在其他经注中还有多处涉及土圭的作用。如《周礼·春官·冯相氏》："冬夏致日，春秋致月，以辨四时之叙。"郑注："冬至，日在牵牛，景丈三尺；夏至，日在东井，景尺五寸。此长短之极。极则气至，冬无愆阳，夏无伏阴。春分日在娄，秋分日在角，而月弦于牵牛、东井，亦以其景知气至不。春秋冬夏气皆至，则是四时之叙正矣。"①又如《周礼·地官·大司徒》："以土圭之法测土深，正日景以求地中。日南则景短，多暑；日北则景长，多寒；日东则景夕，多风；日西则景朝，多阴。"郑注："土圭，所以致四时日月之景也。……玄谓：昼漏半而置土圭，表阴阳，审其南北。景短于土圭，谓之日南，是地于日为近南也；景长于土圭，谓之日北，是地于日为近北也；东于土圭，谓之日东，是地于日为近东也；西于土圭，谓之日西，是地于日为近西也。如是测寒暑阴风偏而不和，是未得其所求。凡日景于地，千里而差一寸。"②文中"景"同"影"。这两段注文也涉及土圭的作用，即致四时日月之影。一年中最重要的节气是冬至、夏至。圭表测影，冬至影最长，夏至影最短。以此为基准，春分、秋分得其半，其余节气影之长短各有差。郑玄的其他注释，还涉及土圭的另一作用，即求地中及度地封国，限于篇幅，不录。

其二，漏壶。亦称"漏刻""壶漏"，是古代的一种计时仪器。《周礼》有记载，但难知其详，通过郑玄的注释则可具体了解。如《周礼·夏官·挈壶氏》："凡军事，县壶以序聚柝；凡丧，县壶以代哭者。皆以水火守之，分以日夜。"郑注："郑司农云：'县壶以为漏，以序聚柝，以次更聚击柝备守也。'玄谓：击柝，两木相敲，行夜时也。代亦更也。《礼》：未大殓，代哭。以（水）守壶者，为沃漏也。以火守壶者，夜则视刻数也。分以日夜者，异昼夜漏也。漏之箭，昼夜共百

---

① 《周礼注疏》卷26《春官·冯相氏》，载《十三经注疏》，中华书局1980年影印本。
② 《周礼注疏》卷10《地官·大司徒》，载《十三经注疏》，中华书局1980年影印本。

刻，冬夏之间，有长有短。太史立成法，有四十八箭。"[①] 通过郑玄的注释，我们不仅可以了解古代报时用击柝，计时用漏壶，而且可以知漏壶四十八箭，昼夜共百刻，日夜加水沃漏，夜以火守以视刻数。这一注释，完整记录了古代漏壶的原貌。

（二）从郑玄《礼记·月令》注看其天文学造诣

《礼记·月令》是中国古代天文历数的专著，记述每年夏历12个月的时令及其相关事物，并把各类事物归结在五行相生的系统中，郑玄在注中充分显示了他的天文学造诣。

将郑玄《礼记·月令》注中一年12月日月相会的辰次及斗建摘出，可排列如下：

孟春者，日月会于诹訾而斗建寅之辰也；

仲春者，日月会于降娄而斗建卯之辰也；

季春者，日月会于大梁而斗建辰之辰也；

孟夏者，日月会于实沈二斗建巳之辰也；

仲夏者，日月会于鹑首而斗建午之辰也；

季夏者，日月会于鹑火而斗建未之辰也；

孟秋者，日月会于鹑尾而斗建申之辰也；

仲秋者，日月会于寿星而斗建酉之辰也；

季秋者，日月会于大火而斗建戌之辰也；

孟冬者，日月会于析木耳斗建亥之辰也；

仲冬者，日月会于星纪而斗建子之辰也；

季冬者，日月会于玄枵而斗建丑之辰也。

郑玄又在《周礼·春官·太师》注中，将月建与辰次合以六律，云："黄钟，子之气也，十一月建焉，而辰在星纪；大吕，丑之气也，

[①] 《周礼注疏》卷20《夏官·挈壶氏》，载《十三经注疏》，中华书局1980年影印本。

十二月建焉，而辰在玄枵；大蔟，寅之气也，正月建焉，而辰在诹訾；应钟，亥之气也，十月建焉，而辰在析木；姑洗，辰之气也，三月建焉，而辰在大梁；南吕，酉之气也，八月建焉，而辰在寿星；蕤宾，午之气也，五月建焉，而辰在鹑首；林钟，未之气也，六月建焉，而辰在鹑火；夷则，申之气也，七月建焉，而辰在鹑尾；中吕，巳之气也，四月建焉，而辰在实沈；无射，戌之气也，九月建焉，而辰在大火；夹钟，卯之气也，二月建焉，而辰在降娄。"二注比较，此注以建子、星纪为首，合乎古代的历制，其余并无不同。郑玄注《月令》，依《淮南子·时则训》，斗建与星象配合关系全同。但郑玄在历制上有以今律古的失误，因《月令》用丑正，他以寅正释之，故与《月令》所载天象物候相忤。

十二，是古代天文学上一个重要数字，古人多用以概举天象人事。如《左传·哀公七年》："周之王也，制礼上物，不过十二，以为天之大数也。"《周礼·春官·冯相氏》："冯相氏掌十有二岁、十有二月、十有二辰、十日、二十有八星之位，辨其叙事，以会天位。"如此甚多，但为什么多用"十二"，从来无人研究过。郑玄在注《月令》"孟春之月，日在营室，参中，旦尾中"时指出："日月之行，一岁十二会，圣王因其会而分之，以为大数焉。观斗所建，命其四时。"把这个"十二"大数归源于天象的一年十二个朔望月，虽解释简单，并附会圣王，然不失为正确的解释。与此相关的是郑玄的分野说。《周礼·地官·大司徒》："以土宜为之法辨十有二土之名物，以相民宅。"郑注："十二土，分野十二邦，上系十二次，各有所宜也。"《周礼·春官·保章氏》："以星土辨九州之地，所封封域，皆有分星，以观妖祥。"郑注："玄谓：大界则曰九州。州中诸国中之封域，于星亦有分焉。其书亡矣。堪舆虽有郡国所入度，非古数也。今其存可言者，十二次之分也。星纪，吴、越也；玄枵，齐也；诹訾，卫也；降娄，鲁也；大梁，赵也；实沈，晋也；鹑首，秦也；鹑火，周也；鹑尾，楚也；寿星，郑也；大火，宋也；析木，燕也。"此注保存了按十二次分配州国的分野系统。关于分野的方法与体系各不相同，而郑玄所记十二次分野法与《史记·天官书》二十八宿分野法则是对后世影响最大的。

此外，郑玄《月令》注还保存了研究二十四节气的资料。如注"东风解冻，蛰虫始振"云："汉始亦以惊蛰为正月中。"注"始雨水，桃始华"云："汉初以雨水为二月节。"就是说，今天的"立春、雨水、惊蛰、春分"，汉初还是"立春、惊蛰、雨水、春分"。这说明汉初以前，二十四节气已行用甚久，故汉初之后才略加变动，并沿用至今。

（三）从郑玄对"初吉丁亥"的正确解释看其历法成就

"初吉丁亥"是周代记日常用的词，多见于金文，儒家典籍中亦见。对其正确解释，不仅关系到对经书的理解，也有助于对青铜器的研究。郑玄在经注中对"初吉丁亥"有正确的解释。

"初吉"，亦作"月吉""吉"，郑玄解释为"朔日"。《周礼·天官·大宰》"正月之吉"，郑注："正月，周之正月。吉，谓朔日。"《周礼·地官·大司徒》"正月之吉"，郑注："正月之吉，周正月朔日也。"又《族师》"月吉"，郑注："月吉，每月朔日也。……杜子春云：当为'正月吉'。"《诗·谷风·小明》："二月初吉，载离寒暑。"毛传："初吉，朔日也。"郑玄对毛传无异议，并笺云："乃以二月朔日始行，至今则更夏暑冬寒矣。"对照金文，可知郑注是正确的。西周铜器《令彝》铭文云："佳八月辰在甲辰……佳十月月吉癸未。""十月月吉癸未"，即十月朔日癸未，足见郑注是而杜子春注误。由十月癸未朔，推知八月必甲辰朔，故"辰在甲辰"亦朔日。可知，辰即朔日，史家解释金文"辰在××"，多臆断为日辰，乃是不知月吉为朔日之故。近代，对"初吉"解说颇多分歧，其误盖因抛开郑玄的正确解释而另辟"蹊径"，寻求新解。如王国维以《三统历》之"孟统"推算西周历朔，"悟"出"月相四分"说，认为"初吉"为一个阶段，含一日至七八日。果真如

193

此，一个月相适用于七八天，周人频频记录月相还有什意义呢？

关于"丁亥"，郑玄在经注中也有正确解释。《仪礼·少牢馈食礼》"来日丁亥"，郑注："丁未必亥也，直举一日以言之耳。禘于太庙礼曰：'日用丁亥。不得丁亥，则己亥、辛亥亦用之。无，则苟有亥焉可也。'""苟有亥焉可也"，即以亥日为依托，不一定是丁亥日实指。考金文可知，至迟商代后期便视丁亥为吉日。确定为商末铜器的《商尊》"隹五月辰在丁亥"，合公元前1111年实际天象，即五月丁亥朔。西周中期，乙亥可书为"丁亥"。《吴彝》"隹二月初吉丁亥，隹王二祀"①，只合周穆王二年三月乙亥朔。又如《师兑簋甲》"隹元年五月初吉甲寅"②，《师兑簋乙》"隹三年二月初吉丁亥"③。推历朔可知，元年五月甲寅朔，三年二月不得有丁亥朔，只有乙亥朔。《师兑簋》两器同王，彼此内容衔接。"二月初吉丁亥"，实为二月初吉乙亥。书"初吉丁亥"，取其吉祥之意。

郑玄关于"初吉丁亥"的正确解释，表现出他对古代历制有深刻的研究，这对研究周代铜器系年有重要意义。

三、从郑玄对《考工记·弓人》的一段注释看其力学成就

《考工记》是先秦时期的一部重要的科学技术著作，内容涉及当时手工业的各个部门，分攻木之工、攻金之工、攻皮之工、设色之工、刮摩之工、抟埴之工六部分，分别对车舆、宫室、兵器，以及礼、乐诸器的制作做了详细记载，是研究中国古代科学技术的重要文献。自西汉河间献王刘德将其补入《周官》，刘歆又改《周官》为《周礼》以后，《考工记》就成为《周礼》的一部分。郑玄注《周礼》，也为之作注。其注

---

① 《西周金文辞大系图录考释》58，146，150，科学出版社1957年版。
② 《西周金文辞大系图录考释》58，146，150，科学出版社1957年版。
③ 《西周金文辞大系图录考释》58，146，150，科学出版社1957年版。

释清晰正确，说明他具备多种学科的科技知识，其中涉及力学的一段注释，表现了他的卓越成就。

《周礼·冬官·考工记·弓人》："量其力，有三均。"郑注："有三，读为'又参'。量其力又参均者，谓若干胜一石，加角而胜两石，被筋而胜三石，引之中三尺。假令弓力胜三石，引之中三尺，驰其弦，以绳缓擐之，每加物一石，则张一尺。"学术界认为，郑玄这段注文正确揭示了胡克定律中"力与变形成正比"的线性关系。物体受力时，如其应力在弹性范围内，则应力与应变成正比关系，其比值称为弹性模量。

这一定律是由英国物理学家胡克总结出来的，故名。然而，从郑玄的注文来看，早在公元2世纪，东汉学者郑玄就已经正确揭示了这一弹性定律。1993年4月19日《光明日报》以《弹性定律最早发现者在我国》为题报道说："国防科技大学副教授老亮的研究成果证明：我国东汉学者郑玄早于英国胡克1500年发现弹性定律（胡克定律）。中国科学院学部委员钱临照、钱令希、王仁、胡海昌等认为这一成果极具价值，应写入现行的中学物理课本有关'胡克定律'的介绍。"又说："老亮关于'郑玄说'的发现引起了国内外的关注。这一成果已被载入中国大百科全书出版社出版的《力学词典》，并被一些专家学者在学术专著中引用。王仁教授认为，可将胡克定律改称为'郑玄—胡克定律'。"

从这一段注释可以看出，郑玄当时在力学上已经达到了相当高的水平。由他发现的这一力学定律，后世科学家在1500年后才发现，足见郑玄科技水平之高。郑玄能为当时的一部重要的科技著作作注，也足以反映出他的科学技术水平。

（原载《高密人文自然遗产》2011年第1期，总第14期。）

郑玄遗迹觅踪

郑玄（127—200），字康成，东汉北海国高密县（今山东省高密市）人，是我国古代著名的经学家、教育家。

郑玄20岁以前是在故乡度过的。此后，他外出游学近20年，足迹遍及今山东、河南、河北及陕西等地。41岁他学成归来，曾客耕东莱，授徒讲学。黄巾起义爆发后，他与弟子避乱不其山；又曾客居徐州，在南城山注《孝经》。孔融为北海相，敬重郑玄，告高密特立一乡，曰"郑公乡"，派使者从徐州请回郑玄。郑玄晚年被袁绍逼迫随军，病卒于元城。去世之后，先葬剧东，后归葬高密。

郑玄一生的求学、教授、注经等活动已经过去了将近1800年，今天是否还有踪迹可寻呢？笔者在高密市史志办公室的帮助下，曾对其在山东境内的遗迹进行了寻访。

一、故乡稻城今何在

据文献记载，郑玄故里名曰稻城，亦曰郑城。《齐乘》卷4："稻城，高密西南潍水堰侧，土人呼堰曰赵贞女防，南有高堤，谓之曰岑彭冢，皆谬。此即稻城遗迹。……《郡国志》亦谓之郑城，康成故里在此。旁有稻田万顷，断水造鱼梁，岁收亿万，号万疋梁。今其遗迹，鞠为榛莽矣。"① 乾隆五年（1740）《莱州府志·古迹》："昌邑县，郑公乡，县南一百二十里郑公社，汉属北海郡高密县，后改属昌邑，孔融因郑玄居此，故名。"又曰："高密县，通德门，在稻城旁，孔融为郑玄辟门衢，令容车马，号曰通德门。""稻城，在高密县西南五十里。"② 据此，郑玄故里稻城的位置，在故高密县西南50里，在昌邑县南120里，其地在今高密市双羊镇境内。此地明清时为高密县郑公乡，民国初为高密县郑公区，今为双羊镇。从双羊镇向西南行5公里，当即郑玄故里稻城，今其地为峡山水库淹没。

二、不其山下郑书院

据《后汉书·郑玄列传》载："玄自游学，十余年乃归乡里，家贫，客耕东莱。"东莱在何处？文献记载，或曰劳山，或曰不其山。《元和郡县志·莱州·即墨县》："大劳山，小劳山，在东南三十八里。……昔郑康成领徒于此。"《齐乘》卷1："不期（其）山，即墨东南四十里……《三齐记》云：'郑玄教授此山，草生如薤，长尺余，坚韧异常，号康成书带。'"③ 今按：不其山属崂山山脉，称"崂山"，当系总称。称"不其山"，是实指。故郑玄"客耕东莱"的具体地点在不其山。不其山下郑玄讲学处，后曾建康成书堂或康成书院。《山东通志·古迹》："即墨县，康成书堂在不其山，堂前有书带草，经霜长青。"④ 新编《崂山县志·文物名胜》记述说："康成书院在不其山（铁骑山）东麓的书院村，为东汉经学家郑玄所建。"⑤

---

① ［元］于钦：《齐乘》卷4《古迹》，明嘉靖四十三年（1564）刻本。
② 《莱州府志》卷1《古迹》，清乾隆五年（1740）刻本。
③ ［元］于钦：《齐乘》卷1《山川》，明嘉靖四十三年（1564）刻本。
④ 《山东通志》卷34《疆域志第三·古迹一》，民国四年至七年（1915—1918）《山东通志》刊印局排印本。
⑤ 《新编崂山县志·文物名胜》，青岛出版社1990年版。

从即墨驱车向东南方向行约 20 公里，即到达不其山下的书院村。此地原属故即墨县，今属青岛市城阳区惜福镇。书院村党支部书记介绍说："村北面的山就是不其山，山脚下就是康成书院的遗址。"到康成书院遗址考察，但见几栋民房依山而建，昔日之片瓦只砖皆无从寻觅，所谓"书带草""篆叶楸"也找不见了。再看不其山，只不过百余米高。登上不其山之巅，向四面眺望，东、南、西三面皆山，淮涉河自东南流来汇于此。今不其山东南峡谷内修一水库，名"书院水库"。一条小溪沿山之东侧北下，蜿蜒流入即墨。可见，当年郑玄建庐授徒于此，极占山水之盛。窗含葱茏山色，门对潺潺溪波，真是读书教学的好地方啊！

三、砺阜山下郑公墓

郑玄卒后，初葬剧东。后因墓坏，归葬高密，其地在砺阜山下。民国二十四年（1935）《高密县志·杂稽志·古迹》："郑玄墓，县西五十里砺阜山之南，其祠即在墓前，墓距山约六七里。"[①] 今按：郑玄墓在今双羊镇西北后店村，北有砺阜山，西北临峡山水库。1990 年出版的《高密县志·文化·古迹》："郑康成墓，位于后店郑公祠北 10 米处，原有封土高约 10 米，1979 年被当地群众挖土取平。据说当时曾发现一墓室。"现场考察，郑玄墓前立有一碑，书"汉郑康成先生之墓"，为清乾隆十四年（1749）七月高密县令钱廷熊所立。墓南有郑公祠，为砖石结构，3 间，前有台阶，祠内有郑公塑像。祠前东侧立有一石碑，额头篆刻"大金重修郑公祠碑记"，此即金承安五年（1200）重修郑公祠碑，碑文楷书镌刻，内容记述郑玄简历及其业绩；西侧一座石碑为清乾隆六十年（1795）重修郑公祠碑，碑文隶书镌刻。祠前有古柏一株，枯干犹存，老干盘曲，状若虬龙。祠之东南建一碑亭，碑书"修复

---

① 《高密县志》第二十四编第九章第一节《古迹》，山东人民出版社 1990 年版。

郑公祠碑记",为高密县修复郑公祠筹委会1988年所建;祠前园占地约5亩。

四、黉山书院、康成祠

黉山,原名梓潼山,位于山东省淄博市淄川区东北10里处。郑玄当年游学至此,于山之阳半山腰设书院以教授经学,生徒500余人,为儒家学者所尊崇。《太平寰宇记》卷19《河南道十九·淄川》载:"黉山在县东北十里。《三齐略记》云:'郑玄刊注《诗》《书》日,栖迟于此。山上有古井不竭,独生细草,叶形似薤,俗谓康成书带草。'"[①]

据淄川区史志办公室提供的资料,当年的郑公书院坐北朝南。院内东西学舍,舍前有走廊,北屋为书房。北屋两侧各有一个拱形墙门,有石台阶,沿石阶可进入后院。后院北屋为康成祠,东西两舍为生徒住宿之所。明嘉靖二十五年(1546)《淄川县志》卷3《建设志·学校·附书院》:"康成书院在县东梓潼山十里许。书院之设不知起于何年,岂郑公关中得道东归其齐地生徒讲道而设耶?抑后世尚《诗》《书》、崇儒术据黉山胜概追述而设耶?今郑公晒书台之残碑仅在,而书院荡然不存矣。"[②]

康成祠,亦称郑公庙或郑康成庙,内有郑玄塑像。祠前松柏森森,碑铭林立。康成祠始建年代无碑记可考。元延祐二年(1315)重修此庙,张泰亨撰《郑康成庙记》云:"淄川自古山东一名郡,州治之东北行十里许,有山曰梓潼,山之阳有汉代司农之庙,庙无碑记可考,但故老相传云,此方历代相承,祭祀不绝者,不知其几何年耳。昨因金季天下大乱,风驱电掣,靡物不碎,此庙所以火而不存。"元至正六年

[①]《太平寰宇记》卷19《河南道十九·淄川》,商务印书馆1935年"丛书集成初编"本。

[②]《淄川县志》卷3《建设志·学校·附书院》,明嘉靖二十五年(1546)刊本。

（1346）、明嘉靖五年（1526）均曾重修。嘉靖二十四年（1545）又增修庙及碑文。

郑公庙前建有戏台，可供万人观看。每年农历三月十八日、九月九日，是黉山香火，即郑公庙庙会。庙会前三四天，善男信女纷至沓来，四方商贾云集于此。戏台前侧有一片石台，传说是郑康成晒书台。台旁生有郑公捆书用的鞭书草，又名书带草。

1937年，日本侵略者占领淄川，为修炮楼，将黉山上的树木砍光，并焚毁郑公书院、康成祠，石碑被砸碎。

2009年8月中旬，在高密参加协商召开郑玄学术讨论会事宜后，由潍坊市文化局王振民局长陪同，笔者到淄博市淄川区黉山郑玄讲经遗址进行考察。到淄川区后，王局长又邀请淄川区文化旅游局唐加福局长陪同，当地政府请淄博市委党校李居洋教授进行解说。见此处乃黉山南麓，为向阳之地，坡缓，树木葱茏繁茂，南望是一片沃野，一条小河缓缓流淌，当年当系一条大河，真是读书的好地方。仔细考察当年郑公书院遗址，尚可见当年郑公书院古建筑墙基遗留。据介绍，1991年，淄川区寨里镇为开发黉山风景区，筹集资金，在旧址修建了郑公书院、康成祠两个院落，并塑郑玄像。

（原载《人文与自然》1999年第3期，总第12期。其中，"四、黉山书院、康成祠"下内容为后补内容。）

《郑志》与《郑记》

《郑志》和《郑记》是记载郑玄言论的两部书。原书已佚，今只有辑本。这两部书也是研究郑玄的重要资料，下面对其略做介绍。

一、《郑志》

《后汉书·郑玄列传》曰："门人相与撰玄答弟子问《五经》，依《论语》作《郑志》八篇。"[1]《唐会要》卷77云："郑君卒后，其弟子追论师所著述及应对时人，谓之《郑志》。"[2]唐代史学评论家刘知几的论述与《唐会要》相同。又据《隋书·经籍志》载："《郑志》十一卷，魏侍中郑小同撰。"而《旧唐书·经籍志》和《新唐书·艺文志》所载为"九卷"。

以上记载，若认真分辨，则略有不同。《后汉书》说是"门人相与撰玄答弟子问《五经》"，《唐会要》则说是"其弟子追论师所著述及应对时人"，《隋书·经籍志》又指出是"魏侍中郑小同撰"；再者，《后汉书》说是"依《论语》作《郑志》八篇"，《隋书·经籍志》载为"十一卷"，而《旧唐书·经籍志》和《新唐书·艺文志》则载为"九

---

[1] 《后汉书》卷35《郑玄列传》，中华书局1965年版。
[2] 《唐会要》卷77，上海古籍出版社1991年版。

卷"。《后汉书》的作者范晔为南朝宋人，去汉未远，见到的大多为原始资料，当比唐、宋学者所载可靠。《隋书·经籍志》在编撰时依据了目录书《七录》，此书为南朝梁目录学家阮孝绪所考定，所载亦可信。关于本书的作者，当是郑玄诸弟子追录，由郑玄之孙郑小同编辑成书。关于本书的卷数，最初当是将诸弟子记载的八篇分为"十一卷"，唐以后佚，故五代编《旧唐书·经籍志》时为"九卷"，已佚两卷。北宋编《新唐书·艺文志》仍为"九卷"，至《崇文总目》始不著录，北宋时此书已散佚。

《郑志》散佚以后，至清始有辑本。据郑珍《郑学录》云："国朝秘府有一本，分上、中、下三卷，不知何人辑录，武英殿聚珍版印行。乾隆间，王复、武亿为之注明原书出处，更加订正，又辑《补遗》一卷。"[1] 有《古经解汇函》本。此后，辑录《郑志》的清代学者有孔广林，辑为七卷，见《通德遗书所见录》；袁钧，辑为八卷，见《郑氏佚书》；黄奭亦有辑本，见《通德堂经解》。

据袁钧辑本，本书的体例当是依经分类编次，于每卷题曰"某志"，分别为《易志》《尚书志》《毛诗志》《周礼志》《仪礼志》《礼记志》《春秋志》《杂问志》等。每则之前，有一条经文。然后是"某某问""答曰"，或"答某某云"等。其人不详者，编于后，题《杂问志》。与郑君问答者，有张逸，存53条；赵商，存63条；冷刚，存2条；韦曜，存1条；田琼，存4条；炅模，存2条；王瓒，存2条；刘琰，存2条；孙皓，存4条；等等。其中，以张逸、赵商所问最多，今举例如下。

如《尚书志》中一条：

《书赞》："我先师棘下生（子）安国亦好此学。"

---

[1] ［清］郑珍：《郑学录》卷3《书目》，载《巢经巢全集》，民国二十年（1931）上海中华书局铅印本。

> 张逸问:"《书赞》云'我先师棘下生',何时人?"
> 答云:"齐田氏时善学者所会处也。齐人号之'棘下生',无常人也。"①

《书赞》是郑玄《尚书注》的序,弟子张逸对其中的"我先师棘下生"一句提出了疑问。郑玄的回答解释了两点:1."棘下"是"齐田氏时善学者所会处";2."棘下生"是"齐人"对这些"善学者"的称呼,"无常人"。

又如《周礼注》中一条:

> 《职方氏》:"四夷、八蛮、七闽、九貉、五戎、六狄之人民。"
> 赵商问:"《职方氏》:'掌四夷、八蛮、七闽、九貉、五戎、六狄之数。'注云:'周之所服国数。'《礼记·明堂位》曰:'周公六年,制礼作乐,朝诸侯于明堂。有朝位服事之国数:夷九、蛮八、戎六、狄五。'礼之事异,未达其数。"
> 郑答:"《职方氏》'四夷',四方夷狄也;'九貉',即九夷,在东方;'八蛮',在南方,闽其别也;戎狄之数,或六或五,两文异。《尔雅》虽有其数耳,皆无别国之名。校未甚明,故不定。"②

郑玄弟子赵商问的是在《周礼》和《礼记》中,对四方民族所记为何不同。郑玄对此做了回答。

诸弟子所问,引《易注》2条,引《书赞》1条,引《书注》4条,引《诗笺》12条,引《周礼注》17条,引《礼记注》7条,引《论语注》1条,引《禘祫志》1条,引《驳五经异义》3条。

---

① [清]袁钧辑《郑氏佚书·尚书志》,清光绪十四年(1888)浙江书局刻本。
② [清]袁钧辑《郑氏佚书·周礼志》,清光绪十四年(1888)浙江书局刻本。

从这些佚文中可以看出，郑玄不愧为经学大师，他对经书十分熟悉，故能对弟子的提问对答如流；郑玄与其弟子的关系十分融洽，亲密无间。所以，这些记载是研究郑玄经学思想和教育思想的重要资料，对研究"郑学"有重要参考价值。正如清代经学家皮锡瑞所说："《郑志》乃诸弟子推尊郑君比拟孔子而自比于孔子弟子裒其问答之语以为志，治郑学者宜何如宝贵？"又说："予治郑学有年，念是书可与诸经注义参证，以考郑君生平学术先后异同之故，且知古人之学与年俱进，常有焰然不满之意，而于弟子问难又常有殷然诲人不倦之心，皆后学之所宜法也。"①

二、《郑记》

《唐会要》卷77《贡举下·论经义》云："郑之弟子，分授门徒，各述师言，更相问答，编录其语，谓之《郑记》。唯载《诗》《书》《礼》《易》《论语》。"②《孝经注议》所载唐代史学评论家刘知几的论述与此相同。《隋书·经籍志》《旧唐书·经籍志》《新唐书·艺文志》等，所载皆为"六卷"，并注明撰者为"郑玄弟子"。

《郑记》在宋以后亡佚，清代始见辑本。上述武英殿聚珍本《郑志》，实包括《郑记》在内。此后，有孙冯翼本、秦坚《汉筠斋》本，皆大体仍武英殿本之旧。孔广林辑本，亦未将二者分开。黄奭所辑，始分《郑志》《郑记》为二。袁钧分辑《郑志》《郑记》，见《郑氏佚书》。其小序云："《郑记》与《郑志》别是一书，杂入《郑志》中，非也。"

从袁钧辑本来看，其内容大抵是郑玄弟子互相问答的记录。其中，载赵商答诸问1条，田琼答诸问14条，刘德问田琼6条，王权问焦乔

---

① ［清］皮锡瑞：《皮氏经学丛书·郑志疏证·自序》，清光绪二十五年至三十四年（1899—1908）思贤书局刻本。
② 《唐会要》卷77，上海古籍出版社1991年版。

答 1 条，崇精问焦氏答 3 条，崇翱问氾阁答 1 条，焦氏问张逸 3 条，焦氏答崇精 3 条，焦乔答王权 1 条，陈铄问氾阁 1 条，陈铄问赵商 1 条，陈铿问田琼 2 条，桓翱问氾阁 1 条，氾阁答陈铄、任厥、崇翱、桓翱各 1 条，鲍遗问张逸 1 条，任厥问氾阁 1 条。其体例，也是先列相关经文，然后是"某某问某某曰""某某答曰"。例如：

改葬，缌。
陈铄问赵商曰："亲见尸柩，不可言服，既虞，可除。何为乎三月？"
商答曰："《经》云：'改葬，缌三月而除。'三月，一时无他变易。今既缌，无因便除，故待三月除，以顺缌之数。"①

陈铄和赵商都是郑玄的弟子。陈铄对经文"改葬，缌"不理解，即对改葬服缌三月不理解。赵商为之解答。他先引经文，又讲"今既缌，无因便除，故待三月除"。今天看来，缌即缌麻，在五服中最轻，仅三个月，凡疏远的亲属、亲戚都服缌麻。上古时代，改葬，服缌麻。上述《郑记》这段文字，见《通典·凶礼篇·改葬服议》。袁钧考证曰："父母墓毁。《服议》引郑玄云：'亲见亲柩，不可无服'八字。"此可助理解。

还有一种情况，就是没有问者，只有郑玄某弟子对某句经文进行解释。这种情况也可能是引者将问者漏掉了，今无法知其详。如：

礼不下庶人。
张逸云："非是都不行礼也。但以其遽，物不能备之，故不著

---

① ［清］袁钧辑《郑氏佚书·郑记》，清光绪十四年（1888）浙江书局刻本。

207

于经文三百、威仪三千耳。其有事则假士礼行之。"①

这是张逸对"礼不下庶人"的理解。即不是都不行礼,只是因为他匆忙,不能准备物品,所以不写入经文和威仪中,有事可借行士礼。

从《郑记》的佚文中,我们可窥见"郑学之梗概,并以见汉代经师专门授受,师弟子反复研求,而后笔之于传注,其既详且慎,至于如此"②。我们还可从中看到郑玄的教育思想和教学方法,以及他所教弟子所能达到的高度。清代郑学研究者胡元仪说:"按:今所存《郑记》,凡三十余条。《论语》仅一条,余皆《礼》也。《易》之问答,无一存者矣。所存者,皆郑君弟子更相问答者,其分授门徒者无传焉。以六卷之书,存者三十余事,未及一卷,所佚不少矣。惜哉!"③

(原载《高密人文自然遗产》2013年第2期,总第19期。)

---

① [清]袁钧辑《郑氏佚书·郑记》,清光绪十四年(1888)浙江书局刻本。
② 《四库全书总目》卷33《经部·五经总义类》,中华书局1965年影印本。
③ [清]胡元仪:《北海三考》卷4《注述考下》,民国十五年(1926)"湖南丛书"本。

辑郑玄遗著的丛书

丛书是汇集两种以上著作而冠以总名的书。《说文解字》云："丛，聚也。""丛书"二字连用，最早见于唐朝韩愈的《剥啄行》诗，云："门以两版，丛书其间。"① 这里的"丛书"，是说家里聚集着许多书可读，有远避谗谤、闭门谢客之意，不是书名。"丛书"第一次作书名，见于唐朝陆龟蒙《笠泽丛书》，其序云："丛书者，丛脞之书也。丛脞，犹细碎不遗大，可知其所容也。"② 宋代，王楙有《野客丛书》，是王氏有关考订辨正的杂著。此后，"丛书"之名，有"丛说""丛谈""丛考""丛刊""丛刻""丛钞""合刻""合集""汇刻""汇刊""汇编""全集""大全"等等。我国最早的综合性丛书，是宋朝俞鼎孙、俞经的《儒学警悟》，收宋人著述 6 种 41 卷。

清代是我国古籍丛书刊刻的鼎盛时期。这一时期，朝廷设馆，纂辑成我国历史上最大的一部丛书——《四库全书》，汇集图书 3503 种③。由于统治者文网严密，许多学者以一生精力从事古籍的考据、辑佚、校勘工作，其成果突出地反映在他们汇刻的丛书中，不仅数量多，而且质量高，可谓盛况空前。有仿宋元旧刻的，有精校古书的，有辑佚古籍

---

① 《全唐诗》卷 339《剥啄行》，中华书局 1960 年版。
② ［唐］陆龟蒙：《笠泽丛书》，文物出版社 2014 年版。
③ 这一数字见《辞海》（上海辞书出版社 1979 年版）。据 1956 年中华书局影印的《四库全书总目》，统计为 3461 种。各种抄本又有不同。

的，有网罗遗稿的，有汇刻古今著述的，有汇刻经书的。其中，辑佚古籍的丛书，如黄奭的《黄氏逸书考》(又名《汉学堂丛书》)、王谟的《汉魏遗书钞》、孙冯翼的《问经堂丛书》、马国翰的《玉函山房辑佚书》等。这里谈到的是专门辑郑玄遗著的几种丛书。

一、《高密遗书》和《通德堂经解》

《高密遗书》和《通德堂经解》，皆黄奭辑。黄奭（1809—1853），字右原，一字叔度，原籍安徽歙县，寄居江苏甘泉（今扬州市江都区），世为盐商，家富藏书。他一生以读书稽古为乐，致力于辑佚古书，随得随刊，汇为丛书。咸丰、同治年间，因社会动乱，书版散失，后加以修补，遂题名《汉学堂丛书》刊行。1925年，王鉴在粤中得此书版，计226种，又续增，题名《黄氏逸书考》补刊行世。抗日战争前，由朱长圻重印，前有叶仲经、朱长圻、王鉴三篇序。内容包括《汉学堂经解》112种、《通纬》72种、《子史钩沉》84种、《通德堂经解》17种，共收书285种，是一部规模较大的辑佚书。

黄奭是清代著名学者江藩晚年高足弟子，勤学不倦，精于校勘，长于考据。其辑书的态度是所取必据旧本，态度谨严，一丝不苟。清代著名学者阮元在《高密遗书·序》中说：

> 右原以门下晚学生来谒，己亥后，屡问学，予见其所言，《四库》诸书大略皆能言之，与讲汉学，知其专于郑高密一家，元元本本，有《高密遗书》之辑。余诧之，以为其家以货值为事，刘子厚所云"为世所嫌"，安能知所谓高密郑公者？诘其所学，必有所来。右原乃言幼读书为举业，入安定书院，曾宾谷先生异之，曰："尔勿为时下学，余荐老师宿儒一人与尔为师。"乃甘泉江郑堂子屏藩也。右原以重聘礼延之，馆其家，从之学。右原质本明

敏，又专诚受教，四年，子屏老，病卒。独学又十余年，日事搜讨，从汉唐以来各书中得高密遗书盈尺之稿。稿本有已刊者……未刊者尚十数帙。其稿皆巾箱小本，细书狭行，朱墨纷杂。偶得一条，即加注贴签，且写且校。其有他人已先辑者，与自所辑者，亦各自有分别。吾于是慨然高密之学矣！[①]

阮元这段序言，讲到黄奭乃江藩晚年弟子，"（江藩）病卒。独学又十余年，日事搜讨，从汉唐以来各书中得高密遗书盈尺之稿"。可见，他学成之后，致力于古籍的辑佚，编成《高密遗书》。

黄奭先辑郑玄遗著10种，编成《高密遗书》。其书目是：《尚书大传注》1卷、《毛诗谱》1卷、《答林孝存周礼难》1卷、《鲁礼禘祫义》1卷、《丧服变除》1卷、《三礼目录》1卷、《驳五经异义》1卷、《孝经解》1卷、《论语篇目弟子》1卷、《论语注》1卷，另收《年谱》1种。

在《高密遗书》的基础上，他将辑录的郑玄遗书扩充到17种，编成《通德堂经解》。其书目是《周易注》3卷、《尚书大传注》1卷、《尚书古文注》3卷、《毛诗谱》1卷、《答林孝存周礼难》1卷、《鲁礼禘祫义》1卷、《丧服变除》1卷、《三礼目录》1卷、《驳五经异义》1卷、《孝经解》1卷、《箴膏肓》1卷、《释废疾》1卷、《发墨守》1卷、《六艺论》1卷、《郑志》1卷、《论语篇目弟子》1卷、《论语注》1卷，并附《年谱》1种。

综上可知，《通德堂经解》实包括《高密遗书》。《高密遗书》刊行在前，《通德堂经解》刊行在后。

[①] 《高密遗书·序》，民国二十四年（1935）铅印本。

二、《郑氏佚书》

《郑氏佚书》，清朝袁钧辑。袁钧，字秉国，一字陶轩，号西庐。浙江鄞县人。清代经学家，治经主郑玄一家之言。他仰慕郑玄，推崇"郑学"，致力于郑玄遗著的辑佚，编成《郑氏佚书》。他在该书《序》中说：

> 郑康成氏书，隋、唐《志》并载其目，其时固完好也。五季放纷，渐就阙佚，盖《宋志》所著录，自《毛诗》、"三礼"外，存者希矣。吾乡王伯厚尝辑《易注》，后人或仿为之，顾未有聚为一书者。郑氏，汉代大儒，学究本原，又其师承多古训，今虽散亡之余，十不存一，然断圭零璧，犹在人间，深可宝贵。钧自行束脩，喜读其书，每思网罗写定，卒卒罕暇。今游德清，寓故人嘉定李君赓芸县斋，宴坐无事，借用自娱。李君，好古贤者，与我同志，爱出藏籍，用助搜采。于是取诸经义疏及他所征引，参之往旧所由辑本，辨析伪谬，补正阙失，并齐其不齐者，以次收合，成是编焉。慨自士不说学，师心游谈，古义荡然，其敝也久。圣治隆古，大雅间作，海内知崇汉学矣。欲为汉学，舍郑氏书，曷从哉？自惟固陋，不能有所发明，庶几继乡先生王氏之业，与二三君子共臻斯路，既竭吾才，尽心焉耳已。①

序言中提到的王伯厚，即王应麟，南宋学者，知识渊博，最早从事郑玄《易注》的辑佚，有功于郑学。王应麟是浙江人，袁钧把从事郑玄遗著的辑佚，看作是"继乡先生王氏之业"。袁钧对郑玄这位汉代大儒十分崇敬，"喜读其书"；对郑玄经注的散失极为痛心，"每思网罗写

---

① ［清］袁钧辑《郑氏佚书·序》，清光绪十四年（1888）浙江书局刻本。

定"；把散佚的郑玄经注看作"断圭零璧"，以为"深可宝贵"。他认为要研究汉学，就必须读郑氏之书。

袁钧将其所辑编成《易注》9卷、《尚书注》9卷、《尚书中候注》1卷、《尚书大传注》3卷、《尚书五行传注》1卷、《尚书略说注》1卷、《毛诗谱》3卷、《三礼目录》1卷、《丧服变除》1卷、《鲁礼禘祫义》1卷、《答临硕难礼》1卷、《箴膏肓》1卷、《释废疾》1卷、《发墨守》1卷、《春秋传服氏注》12卷、《孝经注》1卷、《论语注》10卷、《孔子弟子目录》1卷、《驳五经异义》10卷、《六艺论》1卷、《郑志》8卷、《郑记》1卷，并附《郑君纪年》1卷。共计23种，79卷。

袁钧从事郑玄遗著的辑佚，功夫深，搜罗广，故所辑《郑氏佚书》，篇幅大，内容多。与黄奭《通德堂经解》比较，从所辑郑玄遗著数量上看，多出《尚书五行传注》《尚书中候注》《尚书略说注》《春秋传服氏注》和《孝经注》等5部；从篇幅上看，袁钧所辑约30万字，而《通德堂经解》约为20万字，仅为袁钧所辑的2/3。

袁钧还为所辑每部郑玄遗著写序，以便了解其概况。序或长或短。长者，如为所辑《易注》《诗谱》《孝经》《郑志》所写的序；短者，如为所辑《尚书》《三礼目录》《丧服变除》《鲁礼禘祫义》《释废疾》《发墨守》《郑记》所写的序。长者，如为所辑《易注》写的序，约1000多字；短者，如为所辑《郑记》写的序，仅19字。序的内容，大抵叙述该书的流传情况、在各目录书中的著录情形，以及存世的内容、辑录的卷数等。如为所辑《尚书注》写的序说："郑注《尚书》，载《中经簿》，《隋志》九卷。梁、陈所讲，有孔、郑两家，齐时惟传郑义，至隋孔、郑并行，而郑氏甚微，唐新、旧两《书》犹存，《宋志》始不著录。辑录之，依《隋志》九卷。"有的序对书名略作考证，如为《释废疾》写的序说："《本传》作《起废疾》，《郑志目录》'起'作'释'，《隋志》亦作'释'。按范宁《穀梁注》并引郑君'释',当从《郑志》。"①

三、《通德遗书所见录》

《通德遗书所见录》,清代孔广林(1736—?)辑。广林,原名广枋,字丛伯,自号赘翁。山东曲阜人,为经学家孔广森之兄。平生致力于学术,精经学,辑郑玄佚书,编成《通德遗书所见录》甲集。

孔广林所辑郑玄遗书,有《六艺论》1卷、《周易注》12卷、《尚书注》10卷、《尚书中候注》6卷、《尚书大传注》4卷、《毛诗谱》1卷、《三礼目录》1卷、《答周礼难》1卷、《鲁礼禘祫义》1卷、《丧服变除》1卷、《箴左氏膏肓》1卷、《发公羊墨守》1卷、《释穀梁废疾》1卷、《论语注》10卷、《论语篇目弟子》1卷、《驳五经异义》10卷、《郑志》8卷、《孝经注》1卷,共18种,71卷。另有《叙录》1卷。

孔广林在该书《后记》中谈到辑郑君遗著的情形,说:"在昔戊子,广林年二十有三,习'三礼'学,究心郑义,读注疏、诸史及前代名人著述,凡有郑君义训,见即各依其所著书类录之,岁在甲午,辑《易注》《书注》《驳异义》《箴膏肓》《发墨守》《释废疾》《郑志》,为《北海经学七录》。自是日积月累,前后共得十有八种,丁酉春,汇为一集,叙而录之,题曰《通德遗书所见录》,凡七十二卷。"②他原打算再辑郑玄的纬书注,但因故未能进行。晚年,他用半年时间,将所辑郑玄遗书稿予以检校、订正、清录,然后付梓。

与袁钧所辑《郑氏佚书》比较,《通德遗书所见录》所辑书目少《尚书五行传注》《尚书略说注》《春秋传服氏注》《郑记》,并缺《年谱》,

---

① [清]袁钧辑《郑氏佚书·释废疾·序》,光绪十四年(1888)浙江书局刻本。
② [清]孔广林辑《通德遗书所见录》,清光绪十六年(1890)山东书局刻本。

但增《叙录》。从篇幅来看,有的较《郑氏佚书》略多,如《尚书注》《郑志》等;有的较《郑氏佚书》略少,如《周易注》《论语注》《孝经注》等。从总字数来看,比《郑氏佚书》少约 7 万字。其所辑皆注明出处,便于核对。

四、《玉函山房辑佚书》

《玉函山房辑佚书》,清代马国翰(1794—1857)辑。国翰,字词溪,号竹吾,原籍山东历城(今山东省济南市)人。自幼随父在山西读书,勤奋刻苦。每见有异书,亲自抄录。道光十二年(1832)进士,历任知县、知州,搜求古籍,不遗余力。俸禄所入,悉以购书,所积 57000 余卷,名书斋曰"玉函山房"。他有慨于古籍沦亡,为今世学者所不见,乃决意编辑唐以前的亡佚典籍,积数十年精力而后编成《玉函山房辑佚书》。书未刻完,马氏去世,版归章丘李氏,重为印行,始显于世。后匡源得其书,编为目录,故各本的种次多寡有别。以思贤书局所刻巾箱本计,总计为 614 种。它搜罗宏富,卷帙浩繁,为我国私刻辑佚书之冠。他以一人之力独任其艰,其毅力令人敬佩。清代学者李慈铭评价此书说:"寻拾奇零,综理微密,虽多以朱竹坨《经义考》、马宛斯《绎史》、余仲林《古经解钩沉》及张介侯《二酉堂丛书》为蓝本,而博稽广搜,较之王氏《汉魏遗书》详略远判。"①

《玉函山房辑佚书》是分类编排,分经、史、诸子三编,又分 33 类。经编包括易类、尚书类、诗类、周官礼类、仪礼类、礼记类、通礼类、乐类、春秋类、国语类、孝经类、论语类、孟子类、尔雅类、五经总类、纬书类、小学类等 17 类;史编包括杂史类、杂传类、目录类等 3 类;子编包括儒家类、农家类、道家类、法家类、名家类、墨家类、

---

① [清]李慈铭:《越漫堂读书记》,中华书局 1963 年版。

纵横家类、杂家类、小说家类、天文类、阴阳五行类、杂占类、艺术类等13类。各类所包括的书目不等。经编最多，比较完备，达400多种；史编收书最少，仅8种；子编也较多，达170种，但体例不一，多颠倒错讹。

《玉函山房辑佚书》所收郑玄遗书分编在各类中。如《周礼郑氏音》在周官礼类，《郑氏丧服变除》在仪礼类，《鲁礼禘祫志》《三礼图》在通礼类，《论语郑氏注》《论语孔子弟子目录》在论语类，《孟子郑氏注》在孟子类，《六艺论》《郑记》在五经总类，《尚书中候注》在纬书类，等等。纬书类还收入郑玄的《尚书纬璇玑钤》《尚书纬考灵曜》《尚书纬刑德放》《尚书纬帝命验》《尚书纬运期授》等纬书注。他还在每种书之前冠以序录，介绍撰者事迹、书之流传、亡佚经过、分散保存在哪些典籍，间及书之内容长短，以便读者了解该书情况。如《论语郑氏注·序》云：

> 《论语郑氏注》十卷，后汉郑玄撰。玄有《易注》《三礼注》《毛诗笺》并皆著录。其注《论语》，何晏《集解》云："就《鲁语》篇章考之《齐》《古》，为之注。"《隋书·经籍志》《唐书·艺文志》并云"十卷"。《隋志》又云："梁有《古文论语》十卷，郑玄注。"《唐志》又有注《论语释义》十卷，今并佚。近有集《郑注古文论语》二卷，托名宋王应麟者，所收有未尽。海宁陈氏鳣《论语古训》，搜集详备，兹据录之，仍其十卷之旧。考梁、陈之代，郑与何同立国学而郑氏甚微，周、齐郑学独立，至隋何、郑并行而郑氏特盛，故唐人诸书多引之。宋人不尚郑学，遂至湮亡。得此残缺，犹足存汉代大师之矩。①

---

① ［清］马国翰辑《玉函山房辑佚书·论语郑氏注·序》，上海古籍出版社1990年版。

这段序言，首先说明《论语郑氏注》在历代目录书中的著录情况，接着说明此书散佚后出现的辑本及自己辑佚所据，最后又讲到此书在历代的流传情况、散亡原因及辑本之宝贵。可以看出，这些序言为我们研究古佚书提供了方便。

马国翰家贫好学，他"遍校唐以前诸儒撰述，及名氏篇第列于史志及他书可考者，广引博征，自群经注疏、音义，旁及史传、类书，片辞只字，罔弗搜辑"[①]，对辑佚古籍做出了很大贡献。黄奭与马国翰是清代中期一南一北的两大辑佚家。就辑佚的数量而言，马胜于黄；但就其辑本的精审而言，马不如黄。

（本文是参加山左名贤与齐鲁典籍研讨会暨中国历史文献研究会第35届年会提交的论文。）

---

① ［清］匡源：《玉函山房辑佚书·序》，清光绪十八年（1892）湖南思贤书局刻巾箱本。

张舜徽先生对郑玄和"郑学"研究的成就

张舜徽先生是现代著名的文献学家和历史学家,他对中国古代著名的经学家、文献学家郑玄极为推崇,对郑玄创立的"郑学"着力进行了研究,其《郑学丛著》就是对郑玄及其所创立的"郑学"研究的总结和成果的汇集。本文仅就此书所论以探讨其对郑玄和"郑学"研究的成就。

一、研究"郑学",成果辑为《郑学丛著》

张舜徽先生认为,清代乾、嘉时期,学者都是以"许郑之学"为中心进行研究的。道、咸以后,学者治学仍宗尚"许郑"。他早年的治学门径和方法,都是受了清代乾嘉学者的影响。所谓"许郑",是指汉代的学者许慎和郑玄。他极为推崇这两位先贤,并在前人研究的基础上,继续深入研究总结。关于许慎,他经过研究撰写了《说文解字约注》和《广文字蒙求》,既对许书作了补充和订正,也将其文字学方面的贡献进行了总结。关于郑玄,他年轻时就对郑玄的《三礼注》和《毛诗传笺》极为尊重,写了许多笔记,晚年将"郑学"的成就进行总结,写出《郑学叙录》《郑氏校雠学发微》《郑氏经注释例》《郑学传述考》《郑雅》等五部著作,后又推衍郑氏声训之理,撰《演释名》一书,也是张大"郑学"的专著,合刊为《郑学丛著》。对此,他晚年在《八十自叙》

中写道：

> 余之治学，始慕乾嘉诸儒之所为，潜研于文字、音韵、训诂之学者有年。后乃进而治经，于郑氏一家之义，深入而不欲出。即以此小学、经学为基石，推而广之，以理群书。由是博治子、史，积二十载。中年以后，各有所述。爰集录治小学所得者，为《说文解字约注》；集录治经所得者，为《郑学丛著》。①

《郑学丛著》于1984年由齐鲁书社出版，从书名可知是作者研究"郑学"的几部著作的合刊。今将其中所收各书略做说明，以大体了解张先生对郑玄研究的概况。

(一)《郑学叙录》

这是《郑学丛著》所收第一部著作，相当于总论。书中简要介绍了郑玄的生平和注述，概括叙述了汉代经学的今、古文之争，对古代儒家经传的内容进行了分析，对儒家经传和郑玄注述给予新的评价。他认为，郑玄"是中国历史上最著名的经籍文献学家，对古书所作注解专著很多，给当时和后世阅读古书以很大的方便。从东汉一直到今天，凡是要研究汉以前的古书特别是几部儒家重要经传，都必须参考他的注本"②。

(二)《郑氏校雠学发微》

这是《郑学丛著》所收第二部著作。书中分为《辨章六艺》《注述旧典上》《注述旧典下》《条理礼书》《叙次篇目》等15篇，其主要内容

---

① 张舜徽：《讱庵学术讲论集》，岳麓书社1992年版。
② 张舜徽：《郑学丛著·郑学叙录·经籍文献学家郑玄的生平和注述》，齐鲁书社1980年版。

为，阐发"郑学"的深意，指出郑玄在校雠学上的贡献。他认为郑玄学术渊湛，识断精审，能博稽"六艺"，整理遗篇，审音定字，去伪存真，后世经师难以望其项背。

（三）《郑氏经注释例》

这是《郑学丛著》所收第三部著作。书中有《沿用旧诂不标出处例》《宗主旧注不为苟同例》《循文立训例上》《循文立训例下》《订正衍讹例》等20目次。他认为，两汉注述之业最盛，约有传、注、记、说、微、训、故、解、笺、章句等10科，而以传、注为最广。郑玄解释群书，大体名为注。说《诗》依据毛传，更下己意，故名笺。他依郑氏存佚之书，勾稽其义例，予以通释。这不止为张大"郑学"，对于帮助学者弄明古书注述之体，亦大有裨益。

（四）《郑学传述考》

这是《郑学丛著》所收第四部著作。书中罗列记述了汉魏时期郑玄门弟子以及自三国两晋南北朝时期至清末的"郑学"传述者，共计达百人之多。他在本书开篇就说："往读郑珍撰《郑学录》及胡元仪《北海三考》，服其证说周详，有阐幽表微之功。推崇郑学，可云备矣。然以为犹阙一卷书，曰《郑学传述考》。"故撰成是篇，"俾世之考核郑学渊流者，有以知其统系云尔"[①]。

（五）《郑雅》

这是《郑学丛著》所收第五部著作。该书仿照《尔雅》体例，将郑玄注解辑比归纳，顺理陈文，据义系联，以类相从，予以汇编。书前有《纂辑略例》10条。目录有《释诂》《释言》《释训》《释亲》《释宫》

---

① 张舜徽：《郑学丛著·郑学传述考》，齐鲁书社1984年版。

等 19 篇。他在《自序》中谈到,年轻时治毛郑《诗》,效陈澧《毛诗义类》之体例,成《郑笺义类》。后治"三礼",钻研郑注,仍照其体例作《三礼郑注义类》。又博采郑氏群经佚注之可考者,集录为《郑氏佚注义类》。"于是北海精诣,粲然大备。"后遂将此数种,"纂为《郑雅》十九篇"。因此书系少年习作,至老始成,故对"素志克酬",他极为欣喜,称"此编训诂名物之繁赜,倍蓰于《毛传》《尔雅》《说文》。苟能贯通郑学,则群经莫不迎刃而解"①。

(六)《演释名》

这是《郑学丛著》所收第六部著作。分为《释天》《释地》《释山》《释水》《释人》等 15 目,是仿照刘熙《释名》之体,以究万物得名之原而撰成的一部书。郑玄长于音训,但生前无暇条理故训,将其整理成书。刘熙是郑玄弟子,亲承其师音旨,将其写成专书。其《释名》专用音训,以音同或音近的字解释字义,是对郑玄声训的继承和发展。刘熙在其书《自序》中说:"凡所不载,亦欲习者以类求之。"② 即希望后世学者为之扩充增补。张先生早年治学,笃好郑氏,对刘熙《释名》一书下过一番功夫,遂依其义例,稍事补充,分类比次,编成此书。

综上可知,《郑学丛著》是张舜徽先生对郑玄学术贡献研究的总结,是其一生研究"郑学"成就的结晶,是现代学者研究"郑学"不可多得的专著。

二、考证郑注,高度评价郑玄学术成就

在中国古代的东汉时期,产生了两位对后世学术影响很大的学者:

---

① 张舜徽:《郑学丛著·郑雅》,齐鲁书社 1984 年版。
② 张舜徽:《郑学丛著·演释名》,齐鲁书社 1984 年版。

张舜徽先生对郑玄和"郑学"研究的成就

一位是著名的文字学家许慎,一位是杰出的文献学家郑玄。到了清代,学术界大兴朴学之风,学者们都倾慕许慎、郑玄,宗尚"许郑之学"。正如张舜徽先生所说:

> 清代二百六十余年的学术界,特别是乾嘉学者,都围绕了"许郑之学"努力用功。凡是探讨文字的,便以许慎的《说文解字》为依据;研究经学的,便奉郑玄的群经注说为宗主。有的学者,甚至将毕生的心思才力,投入一部书的深入钻研。当时朴实治学的精神,形成了风气,各效所能,写出了不少专著,留下了丰富成果,给予后来研究古代文字和整理文献遗产的人们以莫大的方便。这种成绩,应该在中国学术史上大书特书而不容湮没的。①

他还认为,道光、咸丰以下,学者治学的道路虽有所变化,但崇尚"郑学"的学术空气,从来没有清淡过。可以说,清代的学术界完全被"许郑之学"所笼罩了。他在年轻时,对许慎和郑玄及其著作都进行过研究,下了一番功夫,并各有著述。这里,撇开他对许慎的研究,仅就他对郑玄的成就的研究予以简要论述。

张舜徽先生早年受到清代学者的影响,研究郑玄的《三礼注》(即《周礼注》《仪礼注》《礼记注》)和《毛诗传笺》等,并写了不少笔记,辑录了一些精义。到了晚年,他才以这些旧稿为基础,总结研究郑玄的成果,整理成《郑学叙录》《郑氏校雠学发微》《郑氏经注释例》等书。在这些著作中,他对郑玄及其学术成就的研究有以下几个方面。

其一,介绍郑玄的生平及其对古书注释的成就。他指出,在西汉这一中国文化史上光辉灿烂的时代,涌现出了许多大科学家、史学家、

---

① 张舜徽:《郑学丛著·前言》,齐鲁书社1980年版。

文学家、思想家、文字学家和经籍文献学家，他们继承春秋战国以来的文化遗产，并发扬光大，给中国文化的各个领域内奠定了坚厚的基础，对中国文化的发展做出了巨大贡献。郑玄就是这些著名的历史人物中的一位经籍文献学家。他一生以整理古代文化遗产为职志，对古书所作注解专著很多，给当时和后世阅读古书以很大的方便。凡是要研究汉代以前的古书，特别是几部儒家重要经传，都必须参考他的注本。张先生重点通过《戒子益恩书》这一篇郑玄遗文中最完整、最真实的文献，来说明郑玄一生的行事和志愿。"但念述先圣之元意，思整百家之不齐"，说明他无意仕进，只想在整理古代文化遗产方面做些工作。在当时今、古文经字体不同、内容也不一致的情况下，必须先进行整理，然后才能注释。郑玄在这方面做了耐心而致密的工作，他"既对错简伪文，认真审辨；又取古今文异本，仔细校勘；并且还将古书篇目次第的不同编排，彼此互校，选择比较合理的肯定下来。做好这些工作以后，他才着手进行注释工作"[①]。他还指出，郑玄注书的工作不但很多，而且极广。他注释的经书，完整保存下来的只有《周礼注》《仪礼注》《礼记注》《毛诗传笺》，他对《周易》《尚书》《论语》《孝经》等都注释过，但因其亡佚，今天只能看到后人的辑本。郑玄注经之外，还注纬书，注法律，连宋代大理学家朱熹也十分叹服。可知，郑玄将其一生心思才智，尽瘁于注述。今天我们接受古代文化遗产，还要依靠他的注释，作为阅读远古遗文的桥梁。

张先生又从介绍经学知识入手，深入说明郑玄在古籍整理和注释方面的工作。他介绍了"经"的名称、起源，汉武帝设立的《易》《书》《诗》《礼》《春秋》五经博士，汉代的今、古文经及其斗争。郑玄既是古文经学名家，也兼通今文经学，故在注经的过程中，能取今、古文两派的长处，集两汉经学之大成，使今、古文两派逐渐统一起来。张先生接

---

① 《周礼正义序·序周礼废兴》引，载《十三经注疏》，中华书局1980年影印本。

着又把几种常见的且大多为郑玄所注释的儒家经传进行了简明扼要的介绍和分析,因其与"郑学"有关。在此基础上,他对儒家经传和郑玄的注述给予新的评价。他指出,因郑玄博学多闻,见两派相攻若仇,烦琐的经说又层出不穷,欲取长补短,将其融贯起来,写出简约的注本。于是,郑玄在注经时兼取今、古文,使之汇而为一,且简要易守。当时的学者看到郑玄新的经注,都认为有了简约易守的注本,遂相率不再传抄其他注本。今文家经说少有人过问,加速了它的亡佚。他说:

> 郑氏《易注》一行,而施、孟、梁丘、京之说便不行了;郑氏《书注》一行,而欧阳,大、小夏侯之说便不行了;郑氏《诗笺》一行,而鲁、齐、韩三家之说便不行了;郑氏《礼注》一行,而大、小戴之说便不行了。这是客观形势发展的必然趋势。郑玄却将那些空虚而又烦琐的今文经说,一扫而空,使人们能够得到简约易懂的注本,从阴阳五行迷信的笼罩下解放出来。这对整理古代文化遗产方面,做出了较大的贡献。①

其二,高度评价郑玄在文献学上的成就。文献学是当代学者提出并正在建立和完善的一门学科,其名称不一。据我了解,吴枫先生称之为"中国古典文献学",白寿彝先生称之为"中国历史文献学",张舜徽先生则称之为"中国文献学",也有仅称"文献学"者,如杜泽逊撰《文献学概要》一书。根据白寿彝先生的观点,它包括传统的目录学、版本学、校勘学、辑佚学、辨伪学等。至于传统所谓"校雠学",大体包括校勘、目录、版本等。这里不加详辨,只因张舜徽先生论及郑玄的文献学成就,用的是"校雠学",故提出略加说明。

---

① 张舜徽:《郑学丛著·郑学叙录·儒家经传和郑玄注述的新评价》,齐鲁书社1984年版。

郑玄继孔子整理和编订"六经"之后，第一次全面地、系统地整理和注释了几乎全部儒家经典。他注释群经时，根据当时经有今、古文之别的情况，先从校勘入手，广罗众本，比较经文异同。通过校勘，他找出经文中存在的误字、衍文、脱字、错简等错误，并正定讹误，妥善处理异文。郑玄在遍注群经时，也遍校群经，并在继承前人校勘原则和校勘方法的基础上，又有新的发展，为校勘学做出了贡献。郑玄长于训诂，在继承汉代学者训诂学成果的基础上，取得了创造性的成就。注经时，丰富的训诂术语和"就音求义"原则的广泛运用，在中国训诂学史上影响巨大而深远。可见，郑玄在目录学、校勘学、训诂学方面，也就是在文献学方面取得了巨大的成就。

张舜徽先生在《郑氏校雠学发微·自序》中说：

> 世人徒以康成注经，兼录异文，考订疑误，大有裨于遗经；而不知其不可泯没之功，故犹在考镜源流、厘析篇帙间也。盖必学术渊湛，识断精审，而后能语乎校雠流别之义，后之经师所以不能望及郑氏者在此耳。[①]

张舜徽从"辨章六艺""注述旧典"等15个方面论述了郑玄在校雠学方面的成就。如他在《叙次篇目》一篇中谈到，古书在汉之前多无篇目，即使有之而次第彼此不同，多少亦异。刘向校书时，始条理而论次之。郑玄条理礼书，篇目次第，一以刘向为准。故郑玄遍注群经，唯"三礼"有目录。张舜徽在《广罗众本》一篇中指出，郑玄注经，以校勘文字异同为先务。如校《仪礼》，有今文、古文之辨；校《周礼》，有故书、今书之异。他在《博综众说》中指出，汉代学者，今文、古文，门户纷争，互相攻驳，故经有数家，家有数说，各有专门，不相通假。

[①] 张舜徽：《郑学丛著·郑氏校雠学发微·自序》，齐鲁书社1984年版。

至于末流，乃各尊师说，而不知返求诸本经。"郑氏起于汉末，始一扫而空之。集今古文之大成，破经生之迂拘。其学弘通，网罗众家，舍短取长，不以先入者为主。"①

郑玄在注释群经时，继承了汉代学者文字训诂之学的成就并有所发展，是汉代训诂学成就最大的学者。张先生年轻时就下功夫研究郑玄及其为群经所作注释，并有志通贯之，为之释例。他在《郑学叙录·序》中指出，郑玄注经，顺着文句的次序而作解释。有的字义，是根据经传和《尔雅》；有的字义，是自创新解。他举例说，郑玄在《仪礼·丧服传》"君至尊也"句下注云"天子、诸侯及卿大夫有地者皆曰君"，从根本上把"君"字的阶级性揭示出来。他在《郑氏经注释例》中说："两汉注述之业，莫盛于郑氏。"他将郑氏经注之例归纳为《沿用旧诂不标出处例》《宗主旧注不为苟同例》《循文立训例上》《循文立训例下》《诠次章句例》等 20 篇，各举例说明。在《宗主旧注不为苟同例》中，他将郑玄笺《诗》对毛传等前人旧注的态度进行了概括，说：

> 大抵于前人旧注，有宗主，亦有不同。凡文意自解，或同于旧说者，则不必复言，一也；旧注有不甚分明者，为引申发挥之，二也；不同于旧说者，即出己意辨证之，三也。郑氏之于旧注，要不越斯三例。前二例，人所易知；后一例，可得而扬榷焉。郑氏说经，每致详于名物考证，遇旧说之误者正之。②

他举例说明，郑玄笺《毛诗》之正确，大体不同于毛者多据《雅》诂以易《传》，其发明诗旨则多本三家。有用三家申毛之例，有用三家改毛之例，也有隐攻三家以发明毛义之例，皆有所本。其注《周礼》亦

---

① 张舜徽：《郑学丛著·郑氏校雠学发微·博综郑说第八》，齐鲁书社 1984 年版。
② 张舜徽：《郑学丛著·郑氏经注释例·宗主旧注不为苟同例》，齐鲁书社 1984 年版。

227

然，于杜子春、郑兴、郑众三家之说，择善而从，不为苟同。即有从有不从。凡所不从，辄为订正。

其三，肯定郑玄在古声韵学方面也有创造发明，并对后世有巨大影响。在注经时，郑玄常通过"声类""音类"相同、相近的关系，进行文字通假的分析和说明。张先生举例说：《诗·豳风·东山》："蜎蜎者蠋，烝在桑野。"毛传云："烝，寘也。"郑玄在笺中便说："古者声寘、填、尘同也。"① 清代音韵学家戴震为此肯定其探索古音的创始之功。郑玄在注经时广泛运用音训的方法，凭自己对音义关系的深刻认识，提出了"就音求义"的理论原则。他说："玄窃观二三君子之文章，顾省竹帛之浮辞，其所变易，灼然如晦之见明；其所弥缝，奄然如合符复析，斯可谓雅达广揽者也。然犹有参错，同事相违，则就其原文字之声类，考训诂，捃秘逸。"② 张先生以为，郑玄第一次明确提出了"声类"的概念。郑玄又说："其始书之也，仓促无其字，或以音类比方假借为之，趋于近之而已。受之者非一邦之人，人用其乡，同言异字，同字异言，于此遂生矣。"③ 张先生认为，这里又提出"音类"的概念，遂概括指出："可知他的注述工作，十分强调了'声类'和'音类'的作用。"张先生解释说："大抵发声部位相同的，叫作'声类'；收音部位相同的，叫作'音类'。凡是'声类''音类'相同或相近的字，其义必相同或相近。"郑玄有很高的音韵造诣，对古音了然于胸，又掌握了丰富的训诂资料，故能对此有规律性的认识。张先生又说："可惜他一生尽心力于注述，没有时间写这方面的专著，而只是在注解古书的过程中，遇着有关的问题，略为发凡起例而已。但是他的理论，却为弟子们所继承而发扬光大了。后来刘熙作《释名》，专从声类以推求万物得名

---

① 《毛诗正义》卷8《豳风·东山》郑注，载《十三经注疏》，中华书局1980年影印本。
② 《周礼正义序·序周礼废兴》引，载《十三经注疏》，中华书局1980年影印本。
③ ［唐］陆德明：《经典释文·序录》引，中华书局1983年版。

之原；孙炎作《尔雅音义》，用反语定一切音；都是从郑氏绪论中得到启发、加以发展而成的。"①

三、弘扬"郑学"，考证"郑学"历代传述

东汉学术界长期存在着今文经和古文经的论争，郑玄兼学今、古文经，除审错简、辨伪文外，又取异本仔细校勘，然后再进行注释。他注经以古文经为主，兼取今文经的长处，正如清代经学家皮锡瑞所说：

> 按郑玄注经，皆兼采今、古文。注《易》用费氏古文，爻辰出费氏分野，今既亡佚，而施、孟、梁丘《易》又亡，无以考其异同。注《尚书》用古文，而多异马融；或马从今而郑从古，或马从古而郑从今。是郑注《书》兼采今、古文也。笺《诗》以毛为主，而间易毛字。自云："若有不同，便下己意。"所谓"己意"，实本三家。是郑笺《诗》兼采今、古文也。注《仪礼》并存今、古文；从今文则注内迭出古文，从古文则注内迭出今文。是郑注《仪礼》兼采今、古文也。《周礼》古文无今文，《礼记》亦无今、古文之分，其注皆不必论。注《论语》，就《鲁论》篇章，参之《齐》《古》为之注，云："《鲁》读某为某，今从《古》。"是郑注《论语》兼采今、古文也。注《孝经》多今文说，严可均有辑本。②

由于郑玄能破除家法传统，不拘门户之见，注经又广采众说，择善而从，加以己见，遂使今、古文经融会贯通，并构成新的严密的学说

---

① 张舜徽：《郑学丛著·郑学叙录·儒家经传和郑玄注述的新评价》，齐鲁书社1984年版。

② ［清］皮锡瑞：《经学历史·经学中衰时代》，中华书局1959年版。

体系，从而结束了汉代今、古文经学长期纷争的局面，使经学进入一个统一的时代。这种融会今、古文的经学，受到学者们的推崇，因为是经学大师郑玄所创，故人称"郑学"。"郑学"的产生，在中国经学史上具有划时代的意义。

郑玄遍注群经，其《毛诗传笺》《周礼注》《仪礼注》《礼记注》四部经注完整地保存下来，流传至今，对后世学术发展有巨大而深远的影响。其他经注，虽然失传，但有辑佚，对研究"郑学"亦有参考价值。张舜徽先生年轻时即治毛传郑笺之《诗》，认为陈澧《毛传义类》隐括有条例，与《尔雅》相表里，故效其体，编成《郑笺义类》；后又治"三礼"，钻研郑注，仍按此体例撰成《三礼郑注义类》；还广采郑玄群经佚注之可考者，集录为《郑氏佚注义类》。他欲将此数种书编纂成为一书，但考虑到年纪尚轻，加之忙于教学等事，未能如愿；直至晚年，方才重加整理，或补之，或正之，或改之，编成《郑雅》。今观此书，按《尔雅》19 篇之目次，辑录郑义。整比陈文，同条牵属，共理相贯，确实下了一番功夫，的是弘扬"郑学"之作。他说："间尝以为郑氏遍注群经，包罗弘富。乾嘉诸师，大张许郑之帜，顾分治一经者多，合治群经者少，卒未有汇合郑氏群经注义以成一编者。"又说："苟能贯通郑学，则群经莫不迎刃而解。斯一编也，不第六艺之钤键，抑亦考古之渊薮矣。"[①]可以说，此书具有开创性，对研究"郑学"能起到工具书的作用。

张舜徽先生认为，汉代学者文字训诂书之流别有二：一主形训，许慎《说文解字》如此；一主声训，郑玄群经注义如此。但历代学者为郑玄经师之名所掩，并不知道他亦长于说字。从郑玄经注来看，他不仅长于说字，而且能由古声类以推见物名之原，只是他一生忙于注经，没有来得及整理故训，写成专书。幸其弟子刘熙亲承音旨，得师所授，据

[①] 张舜徽：《郑学丛著·郑雅·自序》，齐鲁书社 1984 年版。

其义例，撰成《释名》一书，以绍郑玄余绪而发扬光大之。此书以同声相谐，以音求义，是一部训诂要典。张先生认为，乾嘉学者研究音韵之学的很多，但大抵详于辨韵而疏于审声，独戴震起而振之，他在《转语二十章·序》中说："疑于义者，以声考之；疑于声者，以义正之。"[①] 钱大昕、王念孙造诣亦精。钱氏对古双声之说卓有发明，又采经传子史之语关声训者辑为《声类》一书，所录《释名》精义为多；王氏疏证《广雅》，不谈其所定古韵21部之说，独推明双声通转之理，至为邃密。近世章炳麟、黄侃亦为文字训诂大家。黄氏在其《声韵略说》中说："《释名》一书，全用声同、声近之字比方；考音之士，最宜措意者也。"[②] 张先生说："余素服膺诸家之言，喜循声以求义。"他认为，古今语言之变，由于双声者多，由于叠韵者少。不同韵的字，以同纽之故而得通转者往往而是。根据刘熙《释名·自序》，凭一人之心思才力，要究天下所有事物所以命名之故，实属不易，并表达出希望后来者为之增补之意。张先生自幼治经，笃好郑玄之学，把刘熙《释名》视为郑学嫡传，反复钻研，锲而不舍，遂以其义例，予以增补，撰《演释名》一书。他"合其门类之所可并者，增其事物之所宜有者"，"畅抒己见，空所依傍"，"与夫比辑纂录之业，固自不同已"。[③]

《后汉书·郑玄列传》曰："玄自游学，十余年乃归乡里。家贫，客耕东莱，学徒相随已数百千人。"又曰："时年六十，弟子河内赵商等自远方至者数千。"[④] 可见，郑氏当时私门讲学，弟子众多，极一时之盛。汉末魏初，郑氏门徒遍天下，经学界几乎成了"郑学"的一统天下，"郑学"大盛。对于郑玄及"郑学"，清代学者研究者很多，并写出

---

① ［清］戴震：《转语二十章·序》，转引自张舜徽《郑学丛著·演释名·自序》，齐鲁书社1984年版。
② 黄侃：《声韵略说》，转引自张舜徽《郑学丛著·郑演释名·自序》，齐鲁书社1984年版。
③ 张舜徽：《郑学丛著·演释名·自序》，齐鲁书社1984年版。
④ 《后汉书》卷35《郑玄列传》，中华书局1965年版。

231

不少著作，其中郑珍《郑学录》和胡元仪《北海三考》是两部推尊"郑学"比较详备的书，张先生称其有阐幽表微之功。但张先生在研究郑玄及"郑学"时，了解到郑玄生前有弟子数千人，他们在郑玄去世后传述"郑学"，自魏晋南北朝至清代，历代治"郑学"者也很多，故以为还应写一部书，叫作《郑学传述考》。他于是以暇日披览史传群书，上自郑氏及门弟子，下及历代治"郑学"并有成就者，举其要而撰成此书。他据《后汉书·郑玄列传》和《郑志》《郑记》等书，以及"正史"、政书、类书等，列出郑玄弟子赵商、崔琰、王经、国渊等门弟子30人；又列出自三国始郑玄之再传弟子及至清代传述"郑学"者约80人。均简要写出其字、号及传述"郑学"的事迹和研究"郑学"的成果，据之可考核"郑学"之源流，了解"郑学"之传授系统，从而填补了"郑学"研究的空白。特别是先生提到近代研究"郑学"者歙县吴承仕，"潜研六艺，专精'三礼'。尝思比迹前列，发愤纂辑，以成'礼学'专门之书。既通贯郑注，复取唐人疏义以证明之。始撰《释车》上下篇，《郑氏禘祫义》一篇，《丧服要略》十篇，以教于国学；后又续成《布帛》《弁服》二编，统名《三礼名物》，而要以申演郑学为归"[①]。这些著作，余惜未能见到。我在撰写《郑玄志》时曾受到张先生研究郑学传述的启发，增加了《郑学及其传述、研究》一篇，用三章的篇幅分别叙述了魏晋南北朝隋唐时期的郑学传述、宋元时期的郑学传述、清初至乾嘉时期的郑学传述，又立《近代以来的郑学研究》一章，叙述近代、现代和当代的郑学研究情况。

（原载董恩林主编《纪念张舜徽百年诞辰国际学术研讨会暨中国历史文献研究会第32届年会论文集》，湖北人民出版社2012年6月出版。）

[①] 张舜徽：《郑学丛著·郑学传述考》，齐鲁书社1984年版。

后 记

郑玄是我国汉代集大成的经学家。他遍注群经，兼采今、古文，择善而从，加以己见，从而结束了经学内部长期纷争的局面，使经学进入一个"小统一时代"。郑玄经注完整保存下来的有《毛诗传笺》《周礼注》《仪礼注》《礼记注》。三部礼书的注，后人合称"三礼注"。

20世纪80年代初，我就科研问题请教安作璋先生，他让我辑郑玄"三礼注"中的汉史资料。我从这时开始系统接触郑玄经注，了解到郑玄注经的方法很多，其中有以今况古，即引汉制、汉俗等以释古制、古义。还有以汉代的俗字、俗语、方言等释经字、经义者，这都是研究汉史的资料。我用了一学期的时间，完成了对《周礼注》中汉史资料的辑录。但因这一科研项目与郑州大学杨天宇的科研项目"撞车"而被叫停。到20世纪90年代初，安作璋先生在主编《齐文化丛书》中的《郑玄集》时，我又点校了《毛诗传笺》和《周礼注》。这两次基础科研工作的进行，使我提高了阅读古文的能力，并进一步掌握了搜集史料的方法。

20世纪末，在《山东省志·诸子名家志》的编写过程中，我承担了主编《郑玄志》的任务。我对郑玄的生平、著述、学术成就、思想等进行了全面系统的研究，并在高密市史志办公室的配合下，对郑玄的家世、遗迹、遗存、祀典等进行了调查。《郑玄志》的编写，使我全面接触了郑玄的研究资料，为研究郑玄打下了坚实的基础。在此基础上，当王志民教授主编《齐鲁历史文化名人研究资料汇编》时，我又承担了编写《郑玄研究资料汇编》的任务，此书于 2007 年出版。2009 年，高密历史文化名人研讨会暨中国历史文献研究会第 30 届年会在高密召开，时任研究会副会长的朱杰人先生提议，由我和杨天宇先生牵头整理郑玄遗著，但一年后杨天宇先生去世，我只好独立承担全面整理郑玄遗著的任务，费时 6 年，终于在 2015 年完成 200 多万字的遗著的整理。

在整理郑玄遗著和编写志的过程中，我对郑玄有了较深入的了解，撰写了有关研究郑玄的论文 20 多篇。这些论文分别发表在《齐鲁晚报》《历史文献研究》《古籍整理研究学刊》《人文与自然》《高密人文自然遗产》等报纸杂志上，今将这些论文择其要者，汇为一集，以便研究郑玄的学者参考。文中不妥之处，望不吝赐教。

图书在版编目（CIP）数据

郑玄论丛 / 耿天勤著 . —北京：北京联合出版公司，2020.12
ISBN 978-7-5596-4763-4

Ⅰ.①郑… Ⅱ.①耿… Ⅲ.①郑玄（127-200）—文集 Ⅳ.① B234.99-53

中国版本图书馆 CIP 数据核字（2020）第 243082 号

郑玄论丛

作　　者：	耿天勤
出 品 人：	赵红仕
责任编辑：	申　妙
出版发行：	北京联合出版有限责任公司
	北京联合天畅文化传播有限公司
社　　址：	北京市西城区德外大街 83 号楼 9 层
邮　　编：	100088
电　　话：	（010）64243832
印　　刷：	北京建宏印刷有限公司
开　　本：	787mm×1092mm　1/16
字　　数：	208 千字
印　　张：	15.5
版　　次：	2020 年 12 月第 1 版
印　　次：	2020 年 12 月第 1 次印刷

ISBN 978-7-5596-4763-4
定　　价：88.00 元

文献分社出品
未经许可，不得以任何方式复制或抄袭本书部分或全部内容
版权所有，侵权必究